国家自然科学基金面上项目
“三北工程典型生态环境优化区域自然的社会建构研究”（42071186）资助
贵州省高校哲学社会科学实验室试点建设项目“西南民族文化遗产数字基因提取技术与创新应用实验室”（黔教哲［2023］04号）资助

沙漠旅游地生态环境与景观要素的互构研究

以宁夏沙坡头为例

董宝玲◎著

A Study on the Interaction between Ecological Environment and Landscape Elements in Desert Tourism Sites:

A Case Study of Shapotou, Ningxia

中国经济出版社
CHINA ECONOMIC PUBLISHING HOUSE
·北京·

图书在版编目（CIP）数据

沙漠旅游地生态环境与景观要素的互构研究：以宁夏沙坡头为例 / 董宝玲著. -- 北京：中国经济出版社，2024.8. -- ISBN 978-7-5136-7857-5

Ⅰ. F592.743

中国国家版本馆 CIP 数据核字第 2024ZZ8491 号

策划编辑　贺　静
责任编辑　王　帅
责任印制　李　伟
封面设计　任燕飞设计

出版发行　中国经济出版社
印 刷 者　北京科信印刷有限公司
经 销 者　各地新华书店
开　　本　710mm×1000mm　1/16
印　　张　17.25
字　　数　257 千字
版　　次　2024 年 8 月第 1 版
印　　次　2024 年 8 月第 1 次
定　　价　89.00 元
广告经营许可证　京西工商广字第 8179 号

中国经济出版社　**网址** http://epc.sinopec.com/epc/　**社址** 北京市东城区安定门外大街 58 号　**邮编** 100011
本版图书如存在印装质量问题，请与本社销售中心联系调换（联系电话：010-57512564）

前言 Preface

旅游被视为助力城乡发展，加速区域脱贫致富的重要“催化剂”，常被作为重要手段引入区域发展及生态治理实践中。该过程中，区别化地建构利用景观要素，往往会形成不同的旅游发展结果，导致两种相离的生态环境状态。一是在生态环境优势区，景观要素的非理性建构会打破生态系统平衡，破坏旅游环境秩序，导致旅游地生态环境恶化，使旅游业成为破坏生态秩序的“罪魁祸首”。如云南大理的洱海，因游客数量猛增，周边民宿、餐饮建筑等人为设施盲目扩张，破坏了原有的生态环境平衡。这一状况致使洱海水体面积缩减、水质下降，并出现富营养化等生态问题，从而引发了关于旅游与环境之间如何平衡与取舍的争议。二是在生态环境脆弱区，景观要素的合理建构利用会增强生态系统的平衡性，丰富景观生态，使旅游业成为维护生态秩序的“稳定剂”。如宁夏中卫的沙坡头，得益于绿色治理技术的进步，在原生景观得以加固维护的基础上衍生出更多的人为构景，生成“世界沙都”“塞上江南”等旅游景观符号，沙坡头也因其独特的沙漠资源和穿插交织的沙漠治理景观，成为国家首批5A级景区，从而实现了生态保育与旅游发展的良性互动。

为此，本书选择宁夏沙坡头作为研究案例地，聚焦沙漠旅游地生态环境和景观要素的互构发展轨迹与演化历程，试图明确如下三个问题：①在生态环境脆弱区，人为建构的景观能否丰富优化社会生态系统；

②生态环境变迁与景观要素建构能否促进生态系统产生旅游服务价值，提高旅游社会福利；③景观要素建构与旅游地可持续发展之间是相互胁迫还是相互促进的关系，抑或是在交互胁迫中相互促进的关系。

本书遵循“生态重塑—价值凝结—效益溢出”的逻辑主线，主要依据自然的社会建构理论，采用“自然主体”和“社会主体”交替的观察视角，分析生态文明建设进程中生态与旅游的关联关系；探索沙漠景观建构效果、价值和功能的时序性演化形式与空间表征形式；评估景观要素建构带来的生态系统旅游服务价值与旅游社会福利；辨析景观要素建构与旅游地可持续发展之间的互构关系。

本书主要由四部分组成：①结合既有文献与深度访谈材料，从生态重塑视角梳理了生态环境与区域旅游发展的关联过程与阶段性演化特征；②采用遥感影像解译和参与式制图等方法，从价值凝结视角分析了在生态环境建设工程——“三北”工程等的持续推进下，自然、文化和社会景观要素的建构效果与表征；③采用调查问卷与结构方程模型的方法，从效应溢出视角对生态环境变迁与景观要素建构带来的旅游社会福利效应进行了评估；④采用实地调研结合归纳演绎的方法，探讨了景观要素建构与旅游地可持续发展之间的互动关系。

具体研究结论如下：一是生态重塑方面，自然的社会建构促进了沙坡头景观要素的改善与优化，促进了沙漠旅游地景观符号标识的生成与沙漠旅游地的发展。随着生态环境治理的持续推进，生态环境与旅游发展的关联互动日益显著，促使旅游业经历了从沉寂阶段向自组织发展阶段、市场化运作阶段，直至提质升级发展阶段的逐步转变。

二是价值凝结方面，不同类型景观的建构效果、价值与功能发生了明确的演化与嬗变。总体而言，沙坡头自然景观生态建设成效显著，呈现出“一增两减三均衡”的发展态势，沙漠化问题得到长期有效遏制，生态环境得以重塑；沙坡头文化景观价值的空间分布呈现出“一核、两区、多中心”的格局，以沙坡头景区为核心，联动沙坡头景区和中卫市区，依托沙坡头村、金沙海、金沙岛等多个中心，人文历史景观成功实现了旅游化价值的凝结；社会景观功能的空间分布呈现出“一带双驱”的特征，促进了“五带一体”、包兰铁路等地理要素的符号表征与意义生产。

三是效应溢出方面，景观要素建构在推动区域旅游经济发展和提升旅游社会福利方面的正面效应大于负面影响。这说明，沙漠生态环境的改善与优化对于促进经济社会协调发展、提高人民生活水平、增强大众获得感与幸福感有积极作用，也证实了在生态文明建设进程中，权力主体在注重生态环境建设的同时要兼顾区域社会的发展，以此达成资源利用的帕累托最优状态，从而营造出生态和旅游协调发展的良好局面。

四是关系辨析方面，在工具理性与价值理性的约束下，景观要素再构成为治理沙漠生态环境的重要途径，景观要素的旅游价值在沙漠治理过程中得以激活，多元群体参与旅游发展的自主与自觉意识也在此进程中得以唤醒。在人类中心主义思想与非人类中心主义思想的影响下，生态环境的旅游化再构赋予了景观叙事功能，也赋予了景观符号价值与意义，整体上促进了旅游地的提质、转型与升级。在功利主义思想与道德主义思想牵制下，当地居民家园守护的惯习已成为景观要素维持的原动力，这些行动与实践助力了沙漠旅游地的可持续发展。“旅游与环境”“生态与发展”的交互胁迫相互促进主基调将会保持不变。

本书尝试的研究创新点：一是搭建了以自然的社会建构理论为基础的生态环境与景观要素互构分析框架，为辩证化看待沙漠生态治理与旅游发展关系提供了基础的科学参照。二是提出了自然、文化与社会景观要素建构维度，为分析景观生态系统的旅游服务价值探明了初步路径。三是开发了景观要素建构对区域旅游社会福利影响的测量量表，为分析沙漠生态治理产生的旅游发展效果提供了更丰富的研究工具与方法。

目录 Contents

4 生态环境与区域旅游发展的关联过程及阶段性特征

5 自然、文化与社会景观要素的建构测量与表征

6 景观要素建构对区域旅游社会福利的影响

7 景观要素建构与旅游地可持续发展的互动关系

8 结论与展望

1　绪论

随着中国“三北”防护林体系建设工程（以下简称“三北”工程）的持续推进，退耕还林、封沙育林、封山育林等工程的有序实施和绿色治理技术与治理水平的不断提升，生态环境脆弱区迎来了旅游发展的新契机。如内蒙古的响沙湾、宁夏中卫的沙坡头和河北承德的塞罕坝，三地因受惠于“三北”工程建设带来的景观环境改善与优化，受益于沙漠生态治理带来的人工建构绿色景观奇迹而分别被评为响沙湾5A级旅游景区、沙坡头5A级旅游景区和七星湖湿地公园5A级旅游景区。三地也因治沙技术的进步与沙漠生态旅游的发展而享誉国内外。这一特殊的生态环境现象与社会发展现象不断刺激研究者思考并探索有关“旅游与环境”“生态与发展”“自然和社会”的关系问题：一是经人为修复与优化的生态环境，能否成为推动区域旅游发展的新契机；二是人为建构生成的景观能否丰富优化生态系统，提升景观的多元价值，促进功能的拓展；三是生态环境的变迁与景观要素的建构能否促进生态系统产生旅游服务价值，增强旅游带来的社会福利效应；四是景观建构与旅游地可持续性发展之间是相互胁迫关系还是相互促进关系，抑或是在交互胁迫中相互促进的关系。为了找到上述问题的答案，本书将以自然的社会建构理论为分析线索，通过回溯归纳生态环境脆弱区生态环境的变迁情况和景观要素的建构情况，与旅游地的生成发展形成关联，并评判案例地旅游可持续发展的潜力和可行性。

对沙漠生态环境的修复与优化，其核心是对自然进行重新定位、重新认识与重新利用的过程，即自然的社会建构过程。在此过程中，一方面，自然的资源基础被人类逐渐打破重组，自然也不断调适其承载力，并在此基础上重新建构出带有人类干预自然痕迹的景观与社会要素。另一方面，人类在干预自然的进程中，不断提升对自然的认知，通过对自然景观的重塑表达人类的目标、价值观与情感，刻写其行为逻辑与观念意识，生成带有人为烙印的景观符号，并映射社会建构背后的人地关系变化。这一自然的社会建构过程其实质是自然的商品化过程。在自然的商品化进程中，干旱、半干旱地区通常以沙漠的修复与优化为载体，以沙漠地域的自然、人文与社会景观要素在不同时期不同阶段的表现形态为依托，通过具象化的方式如植草种树、防沙增绿、沙漠旅游地开发等，以及抽象化的方式如打造“沙坡鸣钟”“星星的故乡”“丝路明珠”等旅游地标符号，来呈现这一过程。

在生态环境脆弱区，旅游产业的生成演化与社会经济的发展往往遵循环境库兹涅茨曲线的发展规律，呈现出倒“U”形曲线的发展轨迹，出现两种极端的发展格局：一是旅游发展与社会发展相互促进、同频进步，呈现出旅游发展与社会发展的双赢格局；二是旅游发展与社会发展相互制约、互相掣肘，呈现出旅游发展与社会发展的两难局面。这两种极端局面既构成了限制地方管理者开展顶层规划与开发决策的制约因素，又成为学界研究关注的热点话题。

综上，生态环境与景观要素之间的互构，景观要素与旅游地可持续发展之间的互动，不仅涵盖了生态重塑进程的具体物质表征，而且蕴含着体现景观要素建构层面的抽象价值凝结，以及社会—生态互构效应带来的旅游效益溢出。为此，本书尝试对沙漠生态环境与景观要素的互构关系进行梳理，并遵循“生态重塑—价值凝结—效益溢出”的逻辑分析主线，采用“自然主体”和“社会主体”的交替观察视角，审视生态文明进程中自然—沙漠的商品化过程与发展轨迹，探索沙漠不同类型景观要素的生态建设效果、价值与功能的时空演化路径与空间分布，解读沙漠旅游地的实践模式，评估治理后沙漠的社会生态系统旅游服务价值、旅游社会福利，以及沙漠生态修复的生态系统社会服务效应。以此，从自然主体视角出发，厘清“旅游与环境”“生态与发展”“自然与社会”之间的关系；从社会主体视角出发，探明“社会建构”后沙漠产生的物质形态改变和价值功能改变，为生态环境修复区提供审视与反思生态文明建设中人地关系与人社关系演变的本土化研究路径。

1.1 研究背景

1.1.1 沙漠生态环境压力倒逼社会实施景观要素建构

在实施“三北”工程以前，中国西北部的大部分地区由于植被覆盖率低，土地荒漠化与沙漠化问题严重，常年受沙尘暴侵袭、扬沙天气肆虐，逐渐演变为生态环境脆弱区与沙漠治理重点区。大风扬沙天气在干旱、半干旱地区的频繁出现严重影响了当地群众的生产与生活，危害了当地群众的生命与财产安全。受土地沙漠化与荒漠化的胁迫，生活在干旱、半干旱地区的群众面临农牧业种植养殖困难、生产方式滞后，人畜饮水困难、基本生活得不到保障等问题。面对这一严峻形势，中央政府在新中国成立之初就开始着手制定减缓沙漠危害、改善环境的治理方略，谋划促进沙漠地区经济社会可持续发展的宏观战略。改革开放以后，为保民生、稳发展、促公平、谋效益，国家从战略高度启动了修复沙漠生态环境的“三北”工程，开启了缩小东西部发展差距的西部大开发战略，并实施了协调平衡城乡发展差异的乡村振兴战略，以此助力干旱、半干旱地区生态环境的改善和区域经济社会的发展。

“三北”工程在各地的具体实施，主要采取植树造林、封山育林、封沙育林、飞播造林、化学治沙、生物治沙、物理治沙等人为建构防风固沙体系的方式改变干旱、半干旱地区的生态环境状况，缓解生态与发展、自然与社会之间的矛盾。在防风固沙体系的具体建构过程中，中国西北各地积极响应中央的沙漠生态治理号召，结合各自区域生态与社会发展实际，探索出具有区域优势与地方特色的防风固沙实践经验。在40余年“三北”工程建设的推进下，这些本地实践经验以沙漠景观要素建构的形式在沙漠地区显著展现，并因顺应时代发展而产生物质形态的变化、价值属性的变化、功能要素的变化和社会意义的变化。

例如，宁夏沙坡头的“麦草方格”技术，在发挥防风固沙、治沙增绿功能的同时散发出特有的沙漠人造景观魅力，从治沙功能出发衍生出沙漠旅游地特有的旅游资源属性，逐步产生科考研学价值、旅游开发价值，促进治沙景观符号的生成；内蒙古恩格贝境内因治沙而生的沙绿交织景观斑块、沙水穿插景观廊道，在发挥防风固沙功效的同时，成为吸引游客的亮点，使恩格贝成为兼具休闲娱乐与生态旅游价值的胜地；河北承德塞罕坝因构筑京津冀生态屏障形成5A级景区——七星湖湿地公园，以“荒原绿海”的姿态彰显出生态修复的社会奇迹。此类生态现象与景观价值属性的变化，促使我们深入思考沙漠地区生态环境与景观要素之间的互动关系，也引发了我们对生态环境变迁如何影响区域社会发展方式变化的深刻反思。

1.1.2 景观要素建构促成沙漠旅游符号与景区生成

中国境内大范围的沙漠生态治理始于1978年以来实施推进的“三北”工程。该工程至今已经历了46年，目前已进入第三阶段的第6期。对于“三北”工程的具体落实，在干旱、半干旱地区，各地常结合实际采取不同的沙漠治理模式，以强化并提升沙漠生态环境的品质。例如，在内蒙古库布齐沙漠地区，主要采取“水冲沙柳”治沙技术提高树苗的存活率；在宁夏腾格里沙漠地区，主要采用“麦草方格”的治沙法，有效固定沙丘，达成防风固沙的目标；在河北承德塞罕坝，主要采取人工造林结合飞播造林等方式，巩固生态环境。各地的治沙成效，分别以内蒙古响沙湾5A级旅游景区、河北七星湖湿地公园5A级旅游景区、宁夏沙坡头5A级旅游景区的出现为标志，生成融合沙漠自然风光与人类治沙实践的“大漠绿洲”“荒原绿海”“沙漠黄河”景观符号。

同时，沙漠生态修复区因防风固沙、治沙植树形成的沙水一体、沙泉一体、沙湖一体等景观，加之沙漠地区开阔宽广的空间及历史文化遗迹的留存，为构建生态休闲度假区、湿地公园、森林公园、自然保护区、文化遗产地提供了条件。此外，随着干旱、半干旱地区基础设施的逐渐完善，为沙漠地区打造兼具自然治理成效展示与经济社会发展成果体现的沙漠旅游区，奠定了良好的自然、生态、环境和社会基础。

在干旱、半干旱地区，沙漠旅游景观符号、沙漠高 A 级景区、沙漠旅游地与沙漠旅游度假区的不断涌现，不仅为沙漠旅游业的发展提供了原生态的自然环境与人为建构的旅游体验场所，而且为本书研究“旅游与环境”的互构、“生态与发展”的互动、“自然与社会”的互建问题提供了特色鲜明的区域案例，引发了笔者对“旅游与环境”“生态与发展”“自然与社会”之间互动关系、互构过程、互建影响等问题的思考。

1.1.3　目的地生态旅游实践关系区域经济社会发展

随着现代文明不断向城市扩展，城市居民在享受城市化与工业文明带来的现代化与便捷性的同时，承受着现代化引发的高强度与快节奏的生活压力。逃离城市喧嚣、抵抗“快餐文化”、追求身心放松等慢旅游方式，成为众多游客尤其是一线城市游客追求身心愉悦的新旅游形态①。慢旅游方式主张游客在旅游过程中放慢节奏，进行深度体验和文化沉浸②，拓宽游客在游览过程中的体验感知与理解，深度体验旅游地的自然环境、文化氛围和社会形态，从而达到远离尘嚣、净化心灵的目的。同时，随着中国逐渐步入后工业文明和后现代社会时期，摆脱一致性、追求差异化、崇尚多样性，强调个性与独特性的生活方式日渐受人们推崇与追寻，传统单一的观光旅游已无法满足人们追求美好生活的需要，自驾旅游、定制旅游、探险旅游、生态旅游等越来越受到旅游者偏爱。

品类丰富、层次鲜明的沙漠生态景象在构建沙漠环境优势、发挥生态属性的同时，随着时代的发展进步，逐渐转化为宝贵的旅游资源，发挥产业融合效能，促进区域经济社会的全面发展。例如，一些地区成功实施了“农业＋旅游”模式，将瓜果蔬菜种植采摘与旅游结合起来，推出了农业观光、农事体验、科普研学等旅游项目，既丰富了旅游产品的多样性、种

---

① 胡家镜，万秋，吕兴洋，等．古镇慢旅游特质要素识别与分析：基于游客体验的视角[J]．资源科学，2019，41(3)：467－474.

② 张旗．慢旅游视角下的游客体验空间研究[J]．广西社会科学，2015(3)：75－79.

类与趣味性，又增加了农林产品的经济附加值，对提高农业生产效率、激发农户的种植积极性、促进第一产业与第三产业融合发展大有裨益。还有一些区域实施了“工业 + 旅游”模式，如开发葡萄酒旅游产品与生态旅游线路等，依托本土资源和地域品牌优势，打造独具特色的产业联合体，有力推动了区域旅游产业的转型升级并助力区域经济社会的高质量发展。

沙漠旅游地生态与旅游的相互实践，不仅挖掘了沙漠原生景观的旅游开发潜力，而且激发了沙漠地区城市与乡村旅游发展活力。例如，一些沙漠旅游村镇依托毗邻高 A 级景区、特色沙漠景观、便利交通条件，大力发展乡村旅游，并在地方政府的统一规划管理下，探索实践农村集体经济，壮大农村集体产业，助力乡村经济社会全面发展。部分沙漠区域通过在核心城市周围投资开发旅游小镇、旅游街区等项目，加速了城市的商业化与旅游化进程，优化了旅游产业结构，也促进了区域经济社会结构的调整。

宁夏地处东部季风区、西北干旱区和青藏高原区三个自然区域的交会地带，自然条件的过渡性、多样性造就了宁夏沙漠集中区得天独厚的资源组合优势①。沙坡头因毗邻腾格里沙漠、占据黄河穿城而过的地理区位，拥有浩瀚的沙漠、高大的沙山、沙水交织的景观等，成为旅游者求知探险、科考教育、消遣娱乐、逃逸放松、置身移情②、休闲康养③等的首选地，为旅游者提供了广袤的旅游场与独特的氛围场④。其沙漠与绿洲交错的景观反差，大漠风光与塞外水乡交织的差异性风景，不仅将自然景观、人文景观与治沙成果融为一体，而且赋予了沙坡头“世界垄断性旅游资源”和“世界沙都”等荣誉，使之成为独具特色的沙漠旅游胜地。沙漠旅游，凭借其独特的生态特质与探险魅力，被世界旅游组织纳入生态旅游和

---

① 薛晨浩，李陇堂，任婕，等．宁夏沙漠旅游适宜度评价[J]．中国沙漠，2014，34(3)：901－910.

② 李陇堂，石磊，杨莲莲，等．沙漠型旅游区体验项目承载力研究：以宁夏沙坡头景区为例[J]．中国沙漠，2017，37(5)：1041－1049.

③ 郑坚强，李森，黄耀丽．我国沙漠旅游资源及其开发利用的研究[J]．商业研究，2002(9)：138－140.

④ 王泓砚，谢彦君，王俊亮．凝视性景观与互动性景观：旅游场景观类型对游客地方感的结构性影响[J]．旅游学刊，2021，36(11)：80－94.

探险旅游的范畴，并与海洋旅游、文化旅游、冰雪旅游一起成为21世纪最新的时尚旅游产品①。沙坡头惊险刺激的滑沙体验，沙水相接的壮美景观，寂寥苍凉的大漠戈壁，长河落日的绝美情境，为游客提供了沉思、摄影、探险、科考的绝佳之地。鉴于沙漠地区生态与旅游的相互实践既关联生态问题又涉及社会问题，本研究聚焦沙漠生态环境脆弱区自然的社会建构能否催生区域旅游发展的新机遇，并深入思考发展沙漠旅游能否有效推动区域社会的高质量发展。

1.1.4　区域经济社会发展关联旅游福利效应的溢出

旅游具有富民效能②，综观中国那些易返贫的集聚区，多分布在生态环境脆弱、地理区位偏远的沙区、荒区、山区、边境地区与民族地区。沙漠旅游业作为沙漠地区促进国民经济和社会发展的主导产业，不仅能助力巩固拓展脱贫攻坚成果，而且能在协调城乡及区域发展、提升普通民众幸福感与获得感方面发挥重要作用，将旅游社会福利效应向相对偏远与贫困的地区辐射。旅游还具有吸纳大量劳动力的产业属性。旅游业在生态环境脆弱区的发展壮大，不仅能解决区域发展滞后的问题，而且能吸纳大量闲置与剩余劳动力就业，在维护社会公平正义、缩小收入分配差距、缓解地区发展不平衡方面都有很大的助益。

在干旱、半干旱地区发展沙漠旅游业能促就业、保民生、稳增长。一方面，发展沙漠旅游业能吸纳大量劳动力、提高民众经济收入，提升贫困群体脱贫的自主能力，激发其致富的内生动力。另一方面，在沙漠地区发展旅游业，能增加相对贫困人口参与旅游发展的机会，创造区域持续竞争优势和提高社会福利水平③。

在干旱、半干旱地区发展沙漠旅游业还能促进社会生态系统可持续发

---

① 魏倩，王海鸿．我国沙漠旅游研究综述[J]．社会科学家，2008(1)：95－98.

② 何继红，孙冰，施招婉，等．基于PPT战略的广东省乐昌市生态旅游扶贫模式探讨[J]．热带地理，2021，41(3)：645－655.

③ 魏莉．基于特色优势的旅游精准扶贫开发思路：以云南省景东彝族自治县旅游开发为例[J]．社会科学家，2022(1)：64－70.

展。一方面，通过巧妙融合文化遗产、自然景观与人造沙漠景点，制定多元化的沙漠旅游发展规划①②，开展丰富的沙漠旅游活动等，不仅吸引了大量游客前来休闲、游憩、观光、消费，从而带动了当地基础设施的完善和服务质量的提升，而且促进了当地消费层次的升级与产业结构的优化。另一方面，沙漠旅游给游客带来异质性、新颖性、独特性的旅游体验，这种体验是建立在沙漠生态环境优化、基础设施完善和景观精心规划与整合的基础之上的。因此，沙漠旅游的发展对沙漠生态环境的持续维护、沙漠景观的合理规划、沙漠资源的优化配置等都提出了极高的要求，这些要求促使沙漠地区不断强化生态环境保护意识、提升生态文明建设水平，进而推动社会生态系统（SES）③ 的协调与可持续发展。

当然，不同地区因生态治理政策、旅游资源禀赋和产业发展模式不同，其旅游发展产生的社会福利效应也具有极大的差异。为了检验生态环境脆弱区景观要素建构带来的生态环境效应和旅游社会福利效应，本研究将沙漠地区景观要素的建构与旅游社会福利之间的关系联结起来，验证发展沙漠旅游是否有利于城乡基础设施建设推进，是否有利于提升人民幸福感与获得感。

1.1.5 生态与旅游的互构尚需社会主体视角研究关注

沙漠环境的开发与利用始终是颇具争议的话题。沙漠是否具备利用空间、开发价值，能否推动社会发展，以及其究竟是灾害还是资源，既取决于不同群体对待沙漠利用的立场，又受到不同历史时期社会对沙漠利用方式的影响。持“沙漠无用论”观点的群体认为，沙漠是贫瘠而荒芜的土地，会限制和压缩人类的生产生活空间，难以为区域发展提供机遇。在沙漠地区发展产业、促进生产，需投入比其他地区更多的资金、技术研发与

---

① REICHEL A, Uriely N. Sustainable tourism development in the Israeli Negev Desert: an integrative approach[J]. Journal of Park & Recreation Administration, 2003,21(4).

② REICHEL A, Uriely N, Shani A. Ecotourism and simulated attractions: tourists' attitudes towards integrated sites in a desert area[J]. Journal of Sustainable Tourism, 2008,16(1):23-41.

③ 苏毅清，秦明，王亚华．劳动力外流背景下土地流转对农村集体行动能力的影响：基于社会生态系统（SES）框架的研究[J]．管理世界，2020,36(7):185-198.

人力资源。持“沙漠资源论”观点的群体认为，沙漠蕴含着丰富的旅游资源与发展潜力，其异质性旅游景观、差异化旅游体验和悠久的历史文化遗存，成为人们放松身心、猎奇冒险、访古求知、探秘寻异的重要目的地。在广袤的沙漠地区发展旅游业，能为社会的可持续发展创造更多机会。目前，虽有研究以生态旅游或生态与旅游的互动为议题，探讨沙漠区域开发与利用问题①，也有研究从生态扰动、生态脆弱性等方面分析沙漠旅游对目的地生态环境发展的影响②③，但这些研究多基于自然主体的视角去洞悉生态与旅游的互构关系，从社会主体视角探讨生态与旅游之间的关联效应的研究仍显不足。

自然界任何事物的存在都有其必然性与合理性，任何事物的属性都有一体多面，沙漠也不例外，它究竟是人类试图远离的荒芜之地，还是人类向往的栖息家园？很大程度上依赖不同历史时期人类看待与利用它的方式，也深受绿色治理技术发展与进步的影响。在中国，得益于“三北”工程的持续推进和飞播治沙、化学治沙、农业治沙、物理治沙技术水平的提升，在沙漠地区，围绕沙漠光伏业、沙漠农业、沙漠中草药种植业、沙漠旅游业等为核心的沙产业不断兴起，不仅推动了沙漠生态治理的深入，而且带动了沙区基础设施的完善和社会经济水平的提升。

虽然沙产业的整体发展态势喜人，但围绕沙漠生态环境保护与破坏，产业发展兴衰的争议始终不断。沙漠治理究竟是在预支未来生态资源，还是在促进环境可持续发展？沙产业究竟是在助力社会经济发展进步，还是在打破沙漠的生态平衡？发展沙漠旅游究竟是在消耗沙漠环境，还是在促进产业可持续发展？对于这些问题，有待于从社会主体视角的实践中去寻

---

① 陈思淇，张玉钧，高云，肖书文，张娇娇．基于 AHP－PROMETHEE－GIS 的半干旱地区生态旅游活动适宜性分析：以宁夏灵武市白芨滩沙漠公园为例［J］．中国沙漠，2022，42（2）：121－133.

② 杨骏．聚焦宁夏回族自治区旅游对沙漠环境的影响［J］．贵州民族研究，2018，39（4）：183－186.

③ 张冠乐，李陇堂，王艳茹，等．宁夏沙湖景区生态旅游环境容量［J］．中国沙漠，2016，36（4）：1153－1161.

找答案，也有待于本研究在实地调研后结合自然的社会建构理论分析来做出解答。

1.2 问题提出

过往对生态与旅游关系的研究多立足于“自然的物质本体”，重视因自然层面的生态系统变迁引发的环境社会要素与结果变化，鲜少关注“自然的社会本体”研究，相对忽视因社会层面的自然建构策略变迁给生态建设成效与社会发展结构进度带来的影响。具体到宁夏沙坡头，这一现象尤为显著，即鲜有研究深入探讨在“三北”工程等的持续推进下，沙漠地区通过景观要素的建构，给旅游与环境、生态与发展、自然与社会之间的复杂关系带来的深刻影响。为此，本书将沙坡头生态治理与景观要素建构置于研究观察的范围之内，以生态环境脆弱区的旅游发展情况为研究切入点，提出如下问题：

（1）在“三北”工程等系列生态治理工程的持续推进下，沙漠地区生态环境与旅游发展之间如何关联互动？

（2）在持续的生态环境建设进程中，不同景观要素的建构效果如何测量？如何表征？人为建构的景观要素能否促进社会生态系统旅游服务价值的产生？

（3）在持续的生态文明建设进程中，景观要素建构是否有利于区域旅游社会福利的溢出？景观要素的建构与旅游地可持续发展之间是相互胁迫的关系还是相互促进的关系？抑或是在交互胁迫中相互促进的关系？

以此，本研究以“生态重塑—价值凝结—效益溢出”为逻辑主线，如图1-1所示。以沙漠生态环境脆弱区——宁夏中卫沙坡头为研究案例，剖析自然在人为因素的干预下，景观要素如何与生态环境互构互动。首先，运用自然的社会建构理论，分析归纳沙坡头生态环境与区域旅游发展的关联过程及阶段性演化特征；其次，分析在生态环境工程持续推进下，自然景观要素建构产生的生态效果、文化景观要素建构产生的多样性旅游价值、社会景观要素建构产生的丰富性旅游功能；再次，分别从自然景观

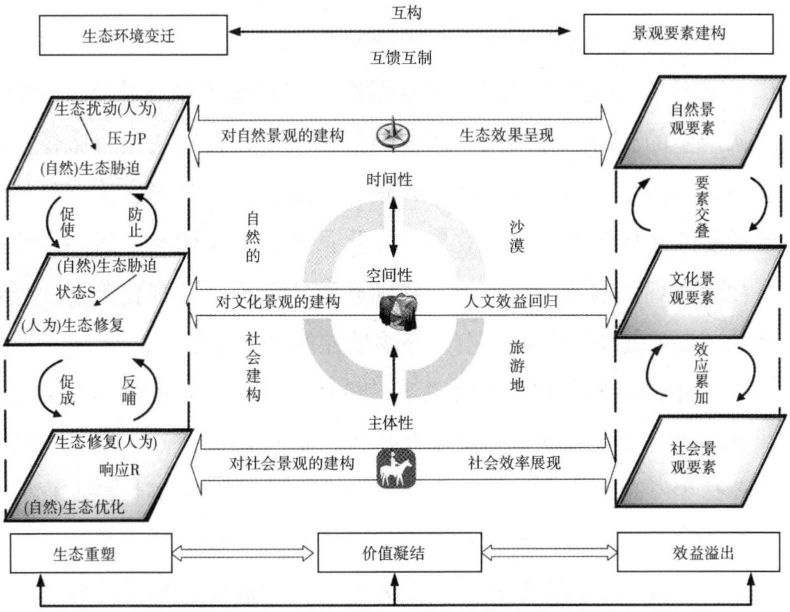

图 1-1　沙漠旅游地生态环境与景观要素互构关系研究分析思路

要素、文化景观要素、社会景观要素三个层面，评估沙坡头景观要素建构对区域旅游社会福利的影响；最后，以自然的商品化演化进程——沙漠旅游景观符号生成和沙漠旅游地的生成与发展历程为分析线索，采用多重价值理念的分析视角，剖析景观要素建构与旅游地可持续发展之间的互动关系。

1.3　研究目标与内容

1.3.1　研究目标

研究基于对案例地的深度了解，结合旅游学、地理学、生态学等多学科理论，采用深度访谈、农户参与式社区评估、参与式制图、遥感影像解译、假设模型检验等方法，试图达成以下四个方面的研究目标：

（1）厘清生态建设工程持续推进下，生态环境改善与区域旅游发展之间的关联过程及阶段性特征。从时间性视角出发，将沙坡头自然的商品化过程，即将沙漠旅游地的生成到发展的各阶段进行细致划分，评估生态环境持续改善如何为地方旅游发展提供新的动力。

（2）评估人为建构生成的景观要素能否丰富优化生态系统，分析景观要素建构产生的旅游服务价值。从空间性视角出发，利用遥感影像数据解译、参与式制图、农户参与式社区评估、深度访谈资料等方法，对沙坡头自然景观要素建构的生态建设效果、文化景观要素建构产生的多样化旅游价值与社会景观要素建构产生的丰富性旅游功能进行可视化分析，呈现不同类型景观要素建构产生的社会生态系统旅游服务价值。

（3）在生态治理工程持续推进下，量化评估景观要素建构对区域旅游社会福利的提升效果。从主体性视角出发，通过扎根理论与假设模型验证方法，评估生态环境变迁和景观要素建构产生的区域旅游社会福利效应。

（4）厘清景观要素建构与旅游业可持续发展之间的互动关系。从关系辨析视角，分析多重因素驱动下景观要素建构与旅游业可持续发展之间的互构过程与效果。

1.3.2 研究内容

研究内容主要分为8章：

第1章，绪论。主要介绍了本书的研究背景、研究目标、研究内容、研究意义、研究思路与技术路线，以及提出了研究拟解决的问题。

第2章，理论基础与研究进展。主要以胁迫、生态胁迫、生态与旅游交互关系为理论研究背景，以景观、景观要素类型划分与识别和景观生态学为理论基础，结合沙漠旅游与沙漠旅游地研究进展情况，分析了既有研究理论的实践应用与发展情况、学科分布与研究方向。并以此为据，阐明了本书的必要性。

第3章，研究设计。主要阐明了研究区的地理位置与历史沿革、研究区的生态文明建设进展与旅游业发展情况、案例地遴选的典型性与代表性，以及本书主要采用的研究方法与数据来源。

第4章，从生态重塑的视角，分析了生态环境与区域旅游发展的关联过程及阶段性特征。研究结合压力—状态—响应（Pressure－State－Response，PSR）模型与生态学等相关理论，运用收集到的宁夏沙坡头生态环境状况、生态治理建设进展及旅游发展情况等相关资料数据，采用资料分析与实地调研相结合的研究方法，对宁夏沙坡头生态环境重塑过程、路径、表现形式，以及旅游发展过程、阶段、效果等进行分析解构。以此呈现自然的社会建构进程中，即沙漠旅游景观符号生成与沙漠旅游地生成与发展进程中，生态环境与旅游发展的互动关联。

第 5 章，从价值凝结的视角，分析了自然、文化与社会景观要素的建构测量与表征。结合自然的社会建构理论，运用收集到的相应时间节点遥感影像数据，采用 ENVI 和 ArcGIS 软件，对宁夏沙坡头自然景观要素的生态建设效果进行了可视化展现与解析。采用参与式制图与农户参与式社区评估的方法，对研究区文化景观价值与社会景观功能进行空间核密度分析，以此找出文化景观与社会基因的地理集散区域和冷热点区域。

第 6 章，从效益溢出的视角，分析了目的地景观要素建构对区域旅游社会福利的影响。在厘清生态环境与区域旅游发展的关联过程及阶段性特征，以及对不同类型景观的生态建设效果、价值和功能的时序性演化特征与空间聚散特征情况了解掌握的基础上，从主体性，即当地居民视角出发，探究沙漠旅游地生态环境变迁与景观建构带来的区域旅游社会福利效应。检验生态文明建设的旅游社会福利效应在沙坡头产生的是积极正向的效应还是消极负向的影响。

第 7 章，从关系辨析视角，分析了多重理念影响下景观要素建构与旅游地可持续发展的互动关系。以工具理性与价值理性引导下的景观要素改善状态，人类中心主义思想与非人类中心主义思想指引下景观功能旅游化拓展，功利主义思想与道德主义思想影响下的旅游可持续性维持为切入点，分析多重理性影响和不确定性环境影响下，景观生态建设与旅游可持续性之间的互促互制过程与互惠互馈效果。

第 8 章，结论与展望。总结了文章的主要研究结论、创新之处与存在的不足，提出了实践与管理启示，并对未来研究方向进行了展望。

1.4 研究意义

1.4.1 理论意义

研究的理论意义有以下三个方面：

（1）从自然的社会建构视角，审视生态环境修复产生的旅游服务价值与意义，弥补生态旅游研究中对人文因素关注的不足。

本书以自然的社会建构为线索，审视生态环境变迁，尤其聚集沙漠生态环境演变。在分析生态环境变迁时，更强调其引发的社会生态系统旅游服务价值变化，关注由此带来的产业结构调整，以及产业结构变化对社会福利的溢出效应。相较于景观生态学的研究对自然生态环境的关切，本书更注重从人文因素层面关注生态环境改善与优化带来的社会影响，弥补了生态学研究中对人文因素关注的不足。

（2）从自然景观、人文景观、社会景观视角，明确景观要素的符号表征，深化对景观要素价值与功能的研究。

本书以景观为基础，在既有研究对自然景观、文化景观进行类别划分及构成要素识别的基础上，结合研究区景观建构实际，建立了不同类型景观建构的分析框架，即从自然景观的生态建设效果，文化景观的价值多样性生产与社会景观的功能丰富性生产层面，拓展了对景观要素在地实践与表征研究的深度。

（3）从主体性——当地居民视角，分析了目的地景观要素建构产生的区域旅游社会福利，验证在生态环境脆弱区发展旅游业能否促进区域经济社会可持续发展。

本书在建立景观要素建构、生态环境变迁与旅游社会福利之间关系模型的基础上，从主体性视角出发，评估了自然的社会建构对沙漠生态环境和干旱、半干旱地区社会经济发展的影响。以问卷调查数据为支撑，以假设模型检验为依据，验证了生态文明建设的重要性与必要性，证实了防风固沙的科学性与合理性。

1.4.2 实践意义

研究的实践意义有以下三个方面：

（1）回顾了宁夏自“三北”工程实施以来的生态建设成果与旅游发展成效，为今后指导旅游与其他产业融合发展，促进旅游业转型、提质、升级提供研究基础。

本书以沙坡头生态环境建设与沙漠旅游业发展为关键时间阶段，节点性地划分不同时代背景下沙坡头生态环境的时序性变化情况、沙漠旅游景观符号生成情况，以及沙漠旅游地发展情况。一方面，对沙坡头的防风固沙与生态文明建设进程进行了关键时间节点划分，以此作为分析生态环境变迁与评价沙漠旅游景观符号生成与沙漠旅游目的地生成与发展的依据。另一方面，对沙坡头因生态环境变迁带来的沙漠旅游业的发展进程与情况进行了关键时间节点划分，以此作为分析指导当地旅游业与其他产业融合发展的考量条件，并为今后进一步促进沙漠旅游业的转型、提质、升级提供研究基础。

（2）审视了沙坡头自然景观生态建设效果、文化景观价值和社会景观功能形成的方式，以及其在地理空间的聚散程度，为今后进一步提升研究区景观规划与旅游规划提供案例参考。

研究从景观要素生态建设效率的时空变化、景观要素的价值生成及功能发生的视角，分析了历经多年沙漠生态治理的沙坡头自然景观格局的发展演变趋势。研究还通过分析文化景观的价值生成及社会景观的功能发生在地理空间上的聚散程度，对文化景观与社会景观的冷热点区域进行视觉表征，探讨人为建构生成的景观能否丰富优化生态系统，分析了社会生态系统产生的旅游服务价值，为今后当地重新调整、规划、设计景观地理要素提供实践案例参考。

（3）评价了经生态环境优化与景观要素建构形成的沙漠旅游地，其生成与发展带来的旅游社会福利，为后续进一步推进沙漠旅游地全面协调与可持续发展提供参照。

研究最终的落点在于关注沙漠生态环境治理能否产生旅游社会生态福

祉与旅游社会发展福祉，而评估其旅游社会生态福祉与旅游社会发展福祉的主要受众对象为长期生活在当地、与当地生态环境有密切接触与紧密联系的当地居民。通过当地居民的感知视角来审视景观要素建构与生态环境变迁带来的旅游社会福利，能直观地反映出沙漠生态治理的成效，鲜明地体现出当地居民对沙漠生态治理措施的感知与评价，为后续进一步实施、落实和调整沙漠治理政策与生态环境管理重点提供参考。

1.5 研究思路与技术路线

研究遵循旅游目的地“生态重塑—价值凝结—效益溢出”的研究思路，按照“厘清生态环境与区域旅游发展的关联过程及阶段性特征，呈现不同景观要素的空间聚散特点，明确社会生态系统的旅游服务价值，评估景观要素建构产生的旅游社会福利，明确景观要素建构与旅游地可持续发展的互动关系”的写作框架，以景观要素自然的社会建构为研究切入点，以沙坡头生态环境的变迁为观测点，关注人为改造的自然以何种形式与路径呈现其发展轨迹，聚焦自然与人的相互作用对区域社会旅游发展造成的影响，具体技术路线见图 1 –2。

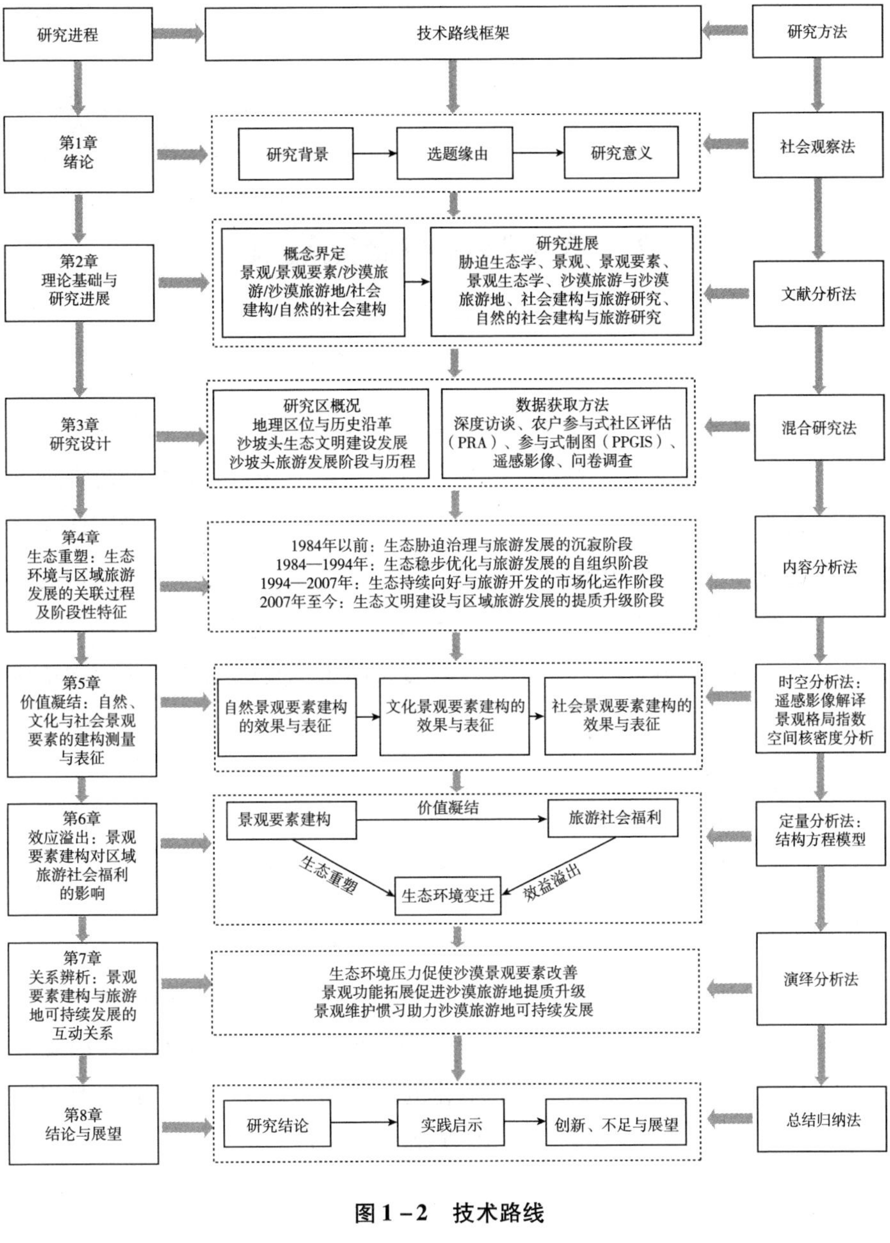
研究进程
技术路线框架
研究方法
第1章
绪论
研究背景
选题缘由
研究意义
社会观察法
第2章
理论基础与
研究进展
概念界定
景观/景观要素/沙漠旅游/沙漠旅游地/社会建构/自然的社会建构
研究进展
胁迫生态学、景观、景观要素、景观生态学、沙漠旅游与沙漠旅游地、社会建构与旅游研究、自然的社会建构与旅游研究
文献分析法
第3章
研究设计
研究区概况
地理区位与历史沿革
沙坡头生态文明建设发展
沙坡头旅游发展阶段与历程
数据获取方法
深度访谈、农户参与式社区评估（PRA）、参与式制图（PPGIS）、遥感影像、问卷调查
混合研究法
第4章
生态重塑：生态环境与区域旅游发展的关联过程及阶段性特征
1984年以前：生态胁迫治理与旅游发展的沉寂阶段
1984—1994年：生态稳步优化与旅游发展的自组织阶段
1994—2007年：生态持续向好与旅游开发的市场化运作阶段
2007年至今：生态文明建设与区域旅游发展的提质升级阶段
内容分析法
第5章
价值凝结：自然、文化与社会景观要素的建构测量与表征
自然景观要素建构的效果与表征
文化景观要素建构的效果与表征
社会景观要素建构的效果与表征
时空分析法：
遥感影像解译
景观格局指数
空间核密度分析
第6章
效应溢出：景观要素建构对区域旅游社会福利的影响
景观要素建构
价值凝结
旅游社会福利
生态重塑
效益溢出
生态环境变迁
定量分析法：
结构方程模型
第7章
关系辨析：景观要素建构与旅游地可持续发展的互动关系
生态环境压力促使沙漠景观要素改善
景观功能拓展促进沙漠旅游地提质升级
景观维护惯习助力沙漠旅游地可持续发展
演绎分析法
第8章
结论与展望
研究结论
实践启示
创新、不足与展望
总结归纳法

图1-2 技术路线

2　理论基础与研究进展

根据文章研究主题的需要，本章就生态环境脆弱区面临的胁迫、生态建设与旅游发展的交互关系研究进展进行了总结；对影响区域旅游发展的景观、景观要素、景观生态，以及对国内外景观研究进展等进行了回顾梳理；对国内外沙漠旅游研究进展与研究议题进行了归纳；对社会建构的自然、社会建构与旅游研究和自然的社会建构与旅游研究趋势进行了回顾。厘清既有研究中存在的问题和不足，以及说明本书采纳和运用上述理论概念的重要性与必要性。

2.1　胁迫生态学

2.1.1　胁迫

胁迫（stress）源于逆境生理学研究[①]，是对生物所处的不利环境的总称；亦起源于生态学[②]，通常指代不利的或消极的影响。德国洪堡大学的克里斯汀·斯坦伯格教授（Christian E. W. Steinberg）在其著作《胁迫生态学：环境压力作为生态驱动力和演化的关键因素》中认为，胁迫是引起生态系统发生变化、产生反应或功能失调的作用过程[③]。Odum 等认为，胁

---

① 刘晖．基于 DPSIR 模型的延边朝鲜族自治州生态系统胁迫评估[D]．延吉：延边大学，2020.

② 徐冬．旅游开发对乡村文化的胁迫效应与机理研究[D]．南京：南京师范大学，2020.

③ 徐冬，黄震方，洪学婷，等．乡村旅游地文化胁迫类型、格局与机理研究：以苏州东山镇为例[J]．地理研究，2020，39(10)：2249－2267.

迫是生态系统正常状态的偏移或改变[①]。Barrett 等将胁迫视为与“反应”（response）相关的概念[②]；Knight 等则把胁迫定义为作用于生态系统并使其产生反应的影响因子[③]。

人类在创造物质财富、加速文明进程的同时，以前所未有的规模和强度影响自然与生态，从而导致地球上的生态系统难以保持平衡状态，面临不同程度的生态胁迫。受胁生态系统（stressed ecosystem）通常面临两种情况：其一，生态系统虽然受到某种外界压力和干扰的胁迫，但尚未影响系统的整体性和平衡性。自然会通过其强大的生态循环在时间的累积下实现自我修复。其二，生态系统受到强烈的外界干扰胁迫，从而使自然无法通过自身的修复缓解这种胁迫，更有甚者认为随着生态胁迫的进一步加剧，受胁生态系统将会演变为受损生态系统（damaged ecosystem），使得生态系统的结构发生变化，功能产生障碍，进而加速生态系统的恶性循环[④]。虽然学者们对胁迫的理解各持己见，但是其基本内涵是一致的，即胁迫是一种影响因子，这种影响因子能够使生态系统发生变化或产生反应，然而，并非所有的胁迫都影响生态系统的生存力（viability）和可持续性（sustainability）[⑤]，胁迫既可能对作用对象或系统产生正向积极的影响，也可能对作用对象或系统产生负面消极的影响。

学者们基于对“胁迫”概念的理解，将胁迫分为“正向胁迫”（eustress）[⑥] 和“逆向胁迫”（dysstress）[⑦] 两种类型。就正向胁迫而言，许多

---

① ODUM E P , FINN J T , FRANZ E H . Perturbation theory and the subsidy – stress gradient [J]. BioScience, 1979(6):349 – 352.

② BARRETT G W , DYNE G , ODUM E P . Stress ecology[J]. BioScience, 1976,26(3).

③ KNIGHT R L, SWANEY D P. In defense of ecosystems[J]. The American Naturalist, 1981, 117(6): 991 – 992.

④ 孙刚,周道玮,盛连喜,等. 胁迫生态学理论框架(下):受胁生态系统的阶段性适应反应[J]. 环境保护,1999(08):32 – 34.

⑤ 孙刚,周道玮. 胁迫生态学研究进展[J]. 农村生态环境,1999(4):42 – 46.

⑥ 孙刚,盛连喜,周道玮,等. 胁迫生态学理论框架生态系统的症状[J]. 环境保护,1999(7):37 – 39.

⑦ 胡雪萍,李丹青. 城镇化进程中生态足迹的动态变化及影响因素分析:以安徽省为例[J]. 长江流域资源与环境,2016,25(2):300 – 306.

生态系统依靠某种胁迫而维持生存与更新。如温带森林中周期性的火烧①，火烧后重建的幼龄林不易受到蚜虫、松毛虫、寄生植物等病虫害侵袭。逆向胁迫指人类活动对生态系统造成的各类负面效应，如大气污染、水污染、沙漠侵害等。就逆向胁迫而言，如果生态系统本身无法缓解如环境恶化等带来的胁迫，那么，受胁迫生态系统将会演变为受损生态系统，造成生态与社会系统的破坏性波动及恶性循环。随着全球化、工业化、城市化的发展，人类活动对区域社会生态系统的干扰力度逐渐加大，这种干扰使区域生态系统的演变在一定程度上发生改变，通常人们把类似的变化定义为“胁迫效应”②。区域生态意义上的胁迫效应多指胁迫造成的负面压力，即缺乏对生态资源进行科学合理的利用与管理，从而导致资源无法实现帕累托最优③，更甚者导致资源利用出现曲线式偏离与失衡。

在中国的干旱、半干旱地区，由于水资源短缺、土地沙漠化与荒漠化严重，区域生态环境尤为脆弱，自然资源极其珍贵。人类若想在此区域实现可持续发展和高质量生存，不仅要考虑自然生态环境对社会发展的限制与约束作用，而且要考虑开发利用资源给生态环境带来的干扰和反噬效应。在开发利用资源时，应秉持谨慎态度，致力于环境保护，确保生态与社会系统维持动态平衡。因此，在生态环境脆弱区，研究生态系统胁迫效应的压力、驱动力与适应力显得尤为重要。

目前，关于胁迫与胁迫效应的研究不只局限于生态学领域，随着经济社会的全面发展，其知识溢出已从生态学扩展至环境学、地理学、管理学、城市研究、旅游地理学等学科之中，见图 2 - 1。

随着旅游业在西部干旱、半干旱地区的发展，区域生态效应与旅游发展的联动效应研究在沙漠化与荒漠化地区占有很大的比重，旅游地理学领

① SPRUGEL D G, BORMANN F H. Natural disturbance and the steady state in high - altitude balsam fir f orests[J]. Scienence, 1981(211): 390 - 393.

② 唐志强,曹瑾,党婕. 水资源约束下西北干旱区生态环境与城市化的响应关系研究:以张掖市为例[J]. 干旱区地理,2014,37(3):520 - 531.

③ 申嘉澍,李双成,梁泽,等. 生态系统服务供需关系研究进展与趋势展望[J]. 自然资源学报,2021,36(8):1909 - 1922.

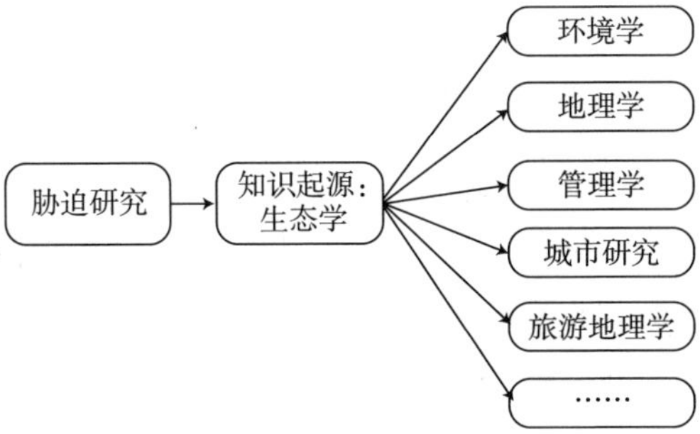

图2－1 胁迫研究的知识起源与溢出路径

域对胁迫理论的应用主要聚焦在旅游开发对生态环境系统造成的胁迫效应上。学者们认为旅游开发对生态系统的胁迫可分为资源胁迫①和环境干扰②两方面。其中，资源胁迫是人类对自然资源过度开发引起的生态破坏与资源耗竭。如大量旅游用地的转化和旅游空间的开发，造成土地利用模式的变化，引发生态系统破坏。环境干扰则表现为旅游活动带来的污染物超出自然环境的净化能力和承载限度进而造成环境恶化。特别对地处生态敏感带的沙漠旅游区而言，因其承载了旅游活动与生产生活的双重功能，使得沙漠旅游区旅游活动与生态系统胁迫的相互作用与影响表现得更为强烈。一方面，旅游过度开发会导致生态系统出现受胁“症候群”（syndrome），使旅游地呈现出预警、抗衡与耗竭的社会功能演化特征③；另一方面，生态胁迫的受胁反应一旦显现，会反向约束沙漠旅游地开发规模和空间结构，导致旅游度假区因失去吸引力而遭到游客和资本的抛弃④。故而，研究沙漠旅游地的胁迫效应、胁迫呈现方式与胁迫响应机制对把握沙漠旅游地未来发展潜力与发展趋势有极强的指导意义。

---

① 王建英，邹利林，黄远水，等．基于胁迫生态理论的旅游度假区用地布局优化：以武夷山国家旅游度假区为例[J]．生态学杂志，2017，36(4)：1165－1172.

② 刘俊，王胜宏，余云云．科技创新：生态旅游发展关键问题的思考[J]．旅游学刊，2021，36(9)：5－7.

③ 孙刚，周道玮，盛连喜，等．胁迫生态学理论框架（下）：受胁生态系统的阶段性适应反应[J]．环境保护，1999(8)：32－34.

④ 孙刚，盛连喜．胁迫生态学理论框架（上）：受胁生态系统的症状[J]．环境保护，1999(7)：3.

2.1.2 生态胁迫

人类在从自然生态系统中获取赖以生存与发展的物质与能量的同时，会不同程度、不同强度地加速对自然的干扰与破坏。被人类开发利用过的自然生态系统不可避免地会留下人类活动的痕迹，使地球上的各类生态系统受到不同程度的胁迫而难以保持自然状态，演化为人为改造后的自然。实际上，生态系统会在一定程度上依靠某种胁迫而得以维持和更新，并给生态系统自身带来利益，但此类胁迫有自身的临界点。当人类活动加速对环境的干预，使生态系统突破其自我维护与更新的临界点时，生态系统将难以完成自我修复，并引发生态服务功能退化、生态系统失衡、生态与社会问题频发[①][②]等现象。

随着城市化、现代化向西部地区的拓展，生态系统内部人类活动因子和活动要素的扰动对区域社会系统的干扰力度逐渐增大。这种干扰破坏了区域系统原有的稳定状态[③]，使区域发展面临生态失衡、环境效应凸显和社会发展受阻等多重矛盾与挑战。这些矛盾在过去集中或散点出现，迫使人类在利用自然、改造社会的进程中，不得不深刻反思人与自然的关系，重新审视社会与生态的矛盾关系，积极探索实现自然与社会动态平衡的新路径，进而引发人类对自然的社会建构方式、生态哲学与伦理的内涵、旅游发展与生态环境之间的复杂关系、生态与社会的动态关系等问题的思考。

而今，随着生态文明理念在中国的普及与推广，保持生态系统的完整、保护自然环境的健康、维护自然社会的平衡、促进区域社会的发展等理念，成为实现生态与社会协调发展、人与自然和谐共生的发展共识。而研究生态胁迫下的社会结构和功能变迁、生态胁迫下的社会反应机制、生

---

① 庄红娟．三峡库区草堂河流域生态系统胁迫特征与生态恢复研究［D］．重庆：重庆师范大学，2011.

② 王纪伟，刘康，瓮耐义．关中地区人类活动对生态系统胁迫变化影响评估［J］．安徽农业科学，2014（11）：3326－3329.

③ 唐志强，曹瑾，党婕．水资源约束下西北干旱区生态环境与城市化的响应关系研究：以张掖市为例［J］．干旱区地理，2014，37（3）：520－531.

态胁迫下的社会响应措施、生态胁迫下的人地协调模式等成为胁迫生态学研究的焦点与热点。

关于生态与社会的动态关系，有学者利用环境库兹涅茨曲线（The Environmental Kuznets Curve，EKC）[①] 来揭示自然环境与社会发展之间的“两难”与“双赢”关系[②]。本研究在吸收环境库兹涅茨曲线观念的基础上，绘制出生态环境建设与经济社会发展的库兹涅茨曲线图，如图2－2所示。

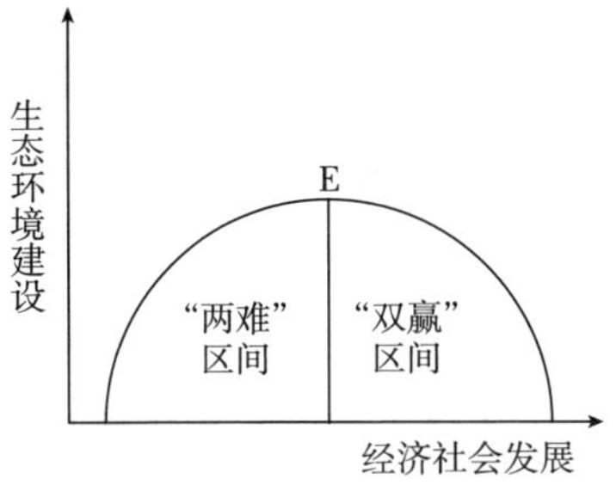

图2－2　环境库兹涅茨曲线

如图2－2所示，在“两难”区间内，人们不得不牺牲生态环境利益换取经济社会效益，或以经济社会效益为代价改善生态环境[③]；在“双赢”区间内，人类的活动可以在改善生态环境质量的同时获得经济社会效益，即实现生态与社会的协调发展[④]。以环境库兹涅茨曲线为议题[⑤⑥⑦]，学界

① 崔鑫生，韩萌，方志．动态演进的倒“U”型环境库兹涅茨曲线[J]．中国人口·资源与环境，2019，29(9)：74－82.

② 李慧明，卜欣欣．环境与经济如何双赢：环境库兹涅茨曲线引发的思考[J]．南开学报，2003(1)：58－64.

③ 崔鑫生，韩萌，方志．动态演进的倒“U”型环境库兹涅茨曲线[J]．中国人口·资源与环境，2019，29(9)：74－82.

④ 陈向阳．环境库兹涅茨曲线的理论与实证研究[J]．中国经济问题，2015(3)：51－62.

⑤ 王勇，俞海，张永亮，杨超，等．中国环境质量拐点：基于EKC的实证判断[J]．中国人口·资源与环境，2016，26(10)：1－7.

⑥ 周正柱，刘庆波，王云云．经济增长与工业环境污染关系的环境库兹涅茨曲线检验：基于长江经济带省域的面板计量模型[J]．南京工业大学学报(社会科学版)，2020，19(2)：64－72，112.

⑦ 赵惠，吴金希．基于环境库兹涅茨曲线的京冀区际环境污染转移的测度研究[J]．中国人口·资源与环境，2020，30(5)：90－97.

衍生出诸多与自然生态环境和社会经济发展相关的理论与实证研究①，启发研究者思考如何应对生态胁迫，将“绿水青山”转化为“金山银山”等问题，并启发学者们延伸至对自然的生态属性与经济属性的探讨②，以及对自然的生态价值与经济价值的关注③。

关于生态环境与社会发展交互胁迫关系的探讨，目前有三大主要观点。一是相互胁迫观，二是相互促进观，三是在交互胁迫中相互促进观④。在持相互胁迫观的研究者看来，生态环境与资源禀赋是社会发展的生命线，脆弱的生态环境与贫瘠的资源要素对社会发展将产生严重的制约作用，同时，社会发展必然会对脆弱的生态环境造成二次破坏，被破坏的生态环境将限制社会发展，造成社会与生态之间的恶性循环。在持相互促进观的研究者看来，生态环境建设与社会发展是一种相互促进的关系，社会发展为增加生态投入创造了条件，有利于生态环境的改善与优化，被优化的生态环境将有利于社会发展。在持在交互胁迫中相互促进观的研究者看来，社会发展与生态环境之间，既有交互胁迫的过程也有相互促进的环节，是一种在交互胁迫中相互促进的关系。一方面社会发展带来的人口集聚、空间扩张、经济增长和结构优化等现象会对生态环境产生胁迫和影响；另一方面生态环境协调调度水资源、土地资源、大气资源和生物资源等来促进经济社会各环节的协调与发展，如图2－3所示。

中国的大西北，坐落于干旱、半干旱气候的交界地带和农牧交错区域，主要以沙地、荒地与旱地为主，植被覆盖率低、降水少、风沙频发、社会经济落后。然而，这一区域作为北方重要的生态安全屏障，具有重要的生态地位。宁夏回族自治区的中卫市，紧邻腾格里沙漠，曾是西北沙情

① 付伟，赵俊权，杜国祯．基于生态足迹与环境库兹涅茨曲线的中国西北部地区生态安全分析［J］．中国人口·资源与环境，2013，23（S1）：107－110.

② 樊胜岳，麻亮亮．中国大陆足迹家族的环境库兹涅茨曲线分析［J］．自然资源学报，2016，31（9）：1452－1462.

③ 马丽梅，史丹．京津冀绿色协同发展进程研究：基于空间环境库兹涅茨曲线的再检验［J］．中国软科学，2017（10）：82－93.

④ 刘瑞程，沈春竹，贾振毅，等．道路景观胁迫下沿海滩涂地区生态网络构建与优化：以盐城市大丰区为例［J］．生态学杂志，2019，38（3）：828－837.

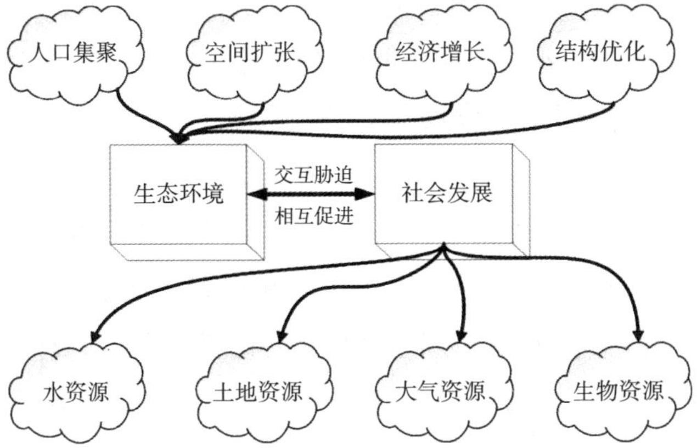

图2-3 生态环境与社会发展的交互胁迫与相互促进关系

最严重的地区之一。该区域虽坐拥壮丽的大漠风光，但生态环境极为脆弱，社会发展相对滞后。就相互促进关系而言，中卫市长期致力于防风治沙工程，不仅取得了显著的治沙成效，而且推动了沙漠旅游业的发展。就交互胁迫关系而言，旅游业的迅速发展对中卫市生态安全造成严重威胁，生态保护与经济发展之间矛盾日益突出，成为阻碍区域可持续发展①的关键因素。

鉴于中卫市生态环境建设与经济社会发展之间矛盾的多重性与关系的复杂性，它成为研究生态环境与社会发展交互胁迫与相互促进关系的一个典型区域。本研究从生态胁迫视角剖析生态脆弱区的生态建设问题和社会发展瓶颈，试图厘清生态胁迫、社会发展与旅游地形成之间的多重关系与问题。

2.1.3 生态与旅游的交互关系

党的十九大曾提出，“建设生态文明是中华民族永续发展的千年大计”。并将建设美丽中国作为实现现代化强国的重大目标，将与生态环境保护相关的生态文明建设提升到前所未有的高度②。与该理论相呼应，现

① 魏小村，李陇堂．基于DPSIR模型的西北干旱风沙区旅游生态安全预警研究：以宁夏回族自治区中卫市为例[J]．生态经济，2021，37(6)：134-139.

② 秦晓楠，孙凤芝，袁文华．中国旅游城市生态安全系统作用机理研究：基于PLS与SD的组合[J]．中国人口·资源与环境，2019，29(7)：31-40.

代旅游业因具有产业链长、资源关联度高、资源消耗率低、环境污染小等特点而被称为无烟工业、绿色产业和非耗竭性产业①，具有资源节约和环境友好的特点②。在生态环境脆弱区，旅游产业与生态建设的交互程度高、相互作用程度强，两者在发展方式上具有高度的依赖性、在发展目标上具有高度的契合性、在价值创造与价值共享上具有高度的互补性，是干旱、半干旱地区解决群众高质量生产生活与区域社会高质量发展的关键所在。然而，近年来，非集约型的旅游发展模式与粗放式的旅游目的地开发方式导致环境污染、生态破坏、人地矛盾等问题频发，对旅游地可持续发展构成了不利影响③，尤其在中国沙漠旅游区，对生态环境脆弱的沙漠地区进行不合理开发与利用，不仅引发了沙漠生态环境承载力的问题，而且加剧了人地关系失衡等矛盾，促使研究者对生态与旅游之间的关系进行更为深入的探索与思考。

交互胁迫理论认为，旅游产业与生态环境之间存在复杂的交互胁迫关系，并遵循“S”形曲线的发展节奏④交替演进。即当生态环境受到旅游产业发展的胁迫作用突破其生态临界值时，生态环境压力开始凸显，旅游产业被迫放缓发展速度，做出相应产业结构和产品体系的调整。而当积极调整措施发挥效用，复合系统矛盾缓解后，新一轮的“恶性—良性”循环再次上演⑤，形成新一轮“S”形曲线运行轨迹。

旅游目的地生态系统本质上是由旅游环境影响和社会经济发展交互作用组成的多变量耦合系统。这一系统推动着生态环境与旅游目的地的运行

---

① 是丽娜，王国聘．湿地旅游的生态伦理属性及其价值选择[J]．南京林业大学学报（人文社会科学版），2019，19（1）：40－50.

② 舒小林，高应蓓，张元霞，等．旅游产业与生态文明城市耦合关系及协调发展研究[J]．中国人口·资源与环境，2015，25（3）：82－90.

③ 魏小衬，李陇堂．基于DPSIR模型的西北干旱风沙区旅游生态安全预警研究：以宁夏回族自治区中卫市为例[J]．生态经济，2021，37（6）：134－139.

④ 王兆峰，陈青青．长江经济带旅游产业与生态环境交互胁迫关系验证及协调效应研究[J]．长江流域资源与环境，2021，30（11）：2581－2593.

⑤ 刘艳艳，王少剑．珠三角地区城市化与生态环境的交互胁迫关系及耦合协调度[J]．人文地理，2015，30（3）：64－71.

轨迹和发展趋势在交互胁迫中螺旋式前进。首先，旅游目的地是集旅游者、当地居民、生态环境等要素于一体的地域综合体[①②③]，其结构和功能的发展与演化以生态旅游资源为依托，以旅游者、当地居民、地方政府等为能动者，维持其结构的稳定性与功能的合理性[④⑤⑥]。当旅游活动强度与广度超出环境承载能力，导致生态环境退化时，旅游目的地的社会经济情况也会因此受阻，进而陷入发展停滞或倒退的困境。其次，生态环境的持续优化是旅游目的地实现良好循环的前提与基础[⑦]，只有生态环境得到优化，才能为旅游活动的开展、旅游资源的开发利用和旅游目的地建设提供资源、环境和基础设施保障，从而促进目的地动态平衡发展[⑧⑨⑩]。地方政府和当地居民通过持续推广营销与参与建设，深切体会到生态环境与目的地发展之间的相互关联与互惠关系，明白生态环境优化是目的地高质量发展的基石，目的地高质量发展又为生态环境进一步改善与优化提供了压力与动力。协调好环境与发展的关系，不仅是协调自然与社会关系的保障，而且是保持区域社会可持续发展的关键所在。

故而，将旅游与生态的交互关系纳入研究范围，一方面，为分析区域

---

① 保继刚，楚义芳．旅游地理学[M]．北京：高等教育出版社，1999.

② 刘静艳．从系统学角度透视生态旅游利益相关者结构关系[J]．旅游学刊，2006，21(5)：17－21.

③ 蒋依依，王仰麟，成升魁．旅游景观生态系统理论[J]．生态学报，2008，28(4)：1786－1793.

④ BRAMWELL B，LANE B．Critical research on the governance of tourism and sustainability[J]．Journal of Sustainable Tourism，2011，19(4－5)：411－421.

⑤ LARSON L R，POUDYAL N C．Developing sustainable tourism through adaptive resource management：A case study of Machu Picchu，Peru[J]．Journal of Sustainable Tourism，2012，20(7)：917－938.

⑥ 胡炜霞．景观生态视角下周边环境与旅游景区协调规划研究：以平遥古城为例[J]．人文地理，2011，26(6)：155－159.

⑦ 蒋依依，成升魁，王仰麟，等．旅游地生态持续性评价及其空间分异分析：以云南省丽江纳西族自治县为例[J]．资源科学，2007(3)：117－123.

⑧ 鲁丰先，秦耀辰，徐两省，等．旅游生态足迹初探：以嵩山景区 2005 年"五一"黄金周为例[J]．人文地理，2006(5)：31－35.

⑨ 李鹏，杨桂华．云南香格里拉旅游线路产品生态足迹[J]．生态学报，2007(7)：2954－2963.

⑩ WHITTLESEA E R，OWEN A．Towards a low carbon future－the development and application of REAP Tourism，a destination footprint and scenario tool[J]．Journal of Sustainable Tourism，2012，20(6)：845－865.

可持续发展提供理论切入口，另一方面，也为评估生态驱动对社会福利和人类福祉等问题产生的广泛影响提供理论思考。

2.2 景观与景观生态学

2.2.1 景观

景观（landscape）一词最早可以追溯到希伯来语“noff”，用于描述耶路撒冷的壮丽景色[①]。在欧洲，景观一词有两个词源，一个来自日耳曼语系，另一个来自拉丁语系，它们各自演变，形成两种不同思维倾向的景观概念。在日耳曼语系（如荷兰语、德语、英语）中，landscape 关注真实存在的“事物”，强调地域作为物质实体的客观存在；在拉丁语系（如法语）中，景观（paysage）是由 16 世纪艺术家创造的词，指一个地方的绘画表现[②]，强调人的主观意识对自然的观察，等同于风景。

在近代地理学中，“景观”一词最早作为生态学和地理学概念出现。19 世纪初，德国地理学家洪堡（Alexander von Humboldt）将“景观”一词引入地理学领域，认为景观是指透视中看到的地表景色[③④]和“自然地理综合体”的代名词，倡导将景观作为地理学的中心问题进行研究，并形成景观地理学派[⑤]；1906 年，德国地理学家奥·施吕特尔（O. Schluter）提出了“文化景观形态”概念，认为景观既有它的外貌支持，又有社会、经济和精神力量的支撑[⑥]。1925 年，索尔（C. O. Sauer）将景观定义为形成地方特征的自然和人文因素的复合体，包括自然景观和文化景观两种形式。

---

① 俞孔坚．论景观概念及其研究的发展[J]．北京林业大学学报，1987(4)：433－439.

② 鲍梓婷．景观作为存在的表征及管理可持续发展的新工具[D]．广州：华南理工大学，2016.

③ 肖笃宁，钟林生．景观分类与评价的生态原则[J]．应用生态学报，1998(2)：217－221.

④ RICHARD H. The Nature of Geography：a critical of current thought in the light of the past [M]. Larcaster，Pa：Association of American Geographers，1939：149.

⑤ 徐海敏．从“景观”到“景观社会”：国内外研究现状述评[J]．廊坊师范学院学报（社会科学版），2009，25(5)：88－91，99.

⑥ 顾朝林，于涛方，李平．人文地理学流派[M]．北京：高等教育出版社，2008：5.

自然景观，包括地貌、动植物、水文、气候、土壤等自然物象①。人文景观又可分为物质文化景观和非物质文化景观，其中，物质文化景观是具有色彩和形态的有形因素，如村落、服饰、街道、交通工具等；非物质文化景观则包括思想意识、生活方式、风俗习惯等。索尔首次阐述了文化对景观的影响②，并在此基础上创立了文化景观学派——伯克莱学派③。20 世纪 30 年代，景观一词又被德国地理学家 Troll 引入生态学范畴，形成景观生态学派④。

在中国语境下，《辞海》对景观一词有三种注释：一是泛指地表景色；二是专指与自然地理区划形态结构一致的区域；三是指地理位置相互隔离但形态特征类同的区域，如草原景观、森林景观等。《人文地理学词典》对景观一词的解释与《辞海》大同小异⑤，国内学者多将景观定义为由自然、半自然和人工生态系统的部分或全部空间镶嵌所构成的地表综合体⑥，这个综合体共同作用于人的视觉、感知和文化活动等方面，既是自然生态系统的载体，又是社会人文精神的媒介，具有生态、经济、社会、文化和美学价值⑦。

对不同研究群体与学术流派来说，景观具有不同的功能、作用和意义。在地理学家看来，景观是一个科学名词，是地表综合自然地理景象的统称；在艺术家眼中，景观是表现与再现的对象；在建筑师看来，景观则是建筑物的配景或背景；生态学家把景观定义为生态系统；旅游学家则把景观当作资源。

---

① 王庸弼．地理五诀[M]．李非，校译．郑州：中州古籍出版社，1999：37.

② CARLO S. The morphology of the landscape[J]. University of California Publications in Geography，1925(2)：19－54.

③ 余红艳．景观生产与景观叙事[D]．上海：华东师范大学，2015.

④ 陈利顶，李秀珍，傅伯杰，等．中国景观生态学发展历程与未来研究重点[J]．生态学报，2014，34(12)：3129－3141.

⑤ 王德刚．旅游资源与旅游景观[J]．桂林旅游高等专科学校学报，1998(1)：11－14.

⑥ 肖笃宁，李秀珍，高峻，等．景观生态学[M]．北京：科学出版社，2003.

⑦ 彭建，吕慧玲，刘焱序，等．国内外多功能景观研究进展与展望[J]．地球科学进展，2015，30(4)：465－476.

景观是兼具视觉美学、生态学意义及社会学的多功能体。在视觉美学方面，景观是可供观赏的景致与建筑，也是可供享受的娱乐场所①②，人类能不断地从景观中获得各种信息，再经过人类理解加工形成社会精神文化。在生态学意义方面，景观是生态系统的能流和物质循环的载体，它与社会物质文化系统紧密相关，其结构通常用斑块（patch）、廊道（corridor）、基质（matrix）和边缘（edge）来描述③。在社会学意义方面，景观是一种文化符号，是建构主体的主观价值再现。人类是景观的主要建构者和主要受益者，景观所提供的生计机会、物种维持、文化娱乐等功能为人类福祉提升提供重要支撑④⑤，对景观加以建构和利用也被视为实现区域可持续发展的重要途径⑥⑦。景观具有物质性、社会性、异质性、可持续性与多功能性等特性，能为人类生产生活和社会发展提供景观服务，能生成人类社会福祉并促进区域社会经济的全面提升。

首先，景观是人类主体建构的物质与社会产物。景观作为物质实体，是地球表面各种地理事象的综合体现，是在自然景观之上叠加人类活动的结果而形成的实体构造。景观也是社会活动与社会关系的表征，是人类活动创造的实体，是社会实践的产物。景观蕴含着社会关系，体现着创造者的意志、目标和价值，既作为生产要素参与社会再生产过程，又是社会生

① 俞晓萍，于华友．中国西部地带旅游景观特色研究[J]．乐山师范学院学报，2003(2)：75－78.

② 吴必虎，党宁，吴冬青．传统商业街区旅游景观整治研究：以安徽屯溪老街为例[J]．规划师，2004(11)：17－20.

③ 杨阿莉，南宇，李海军．生态脆弱区旅游开发与环境建设协调发展问题研究：以石羊河流域为例[J]．资源开发与市场，2009，26(1)：45－48.

④ SOINI K. Exploring human dimensions of multifunctional landscapes through mapping and map－making[J]. Landscape and Urban Planning，2001，57（3/4）：225－239.

⑤ O'FARRELL P J，ANDERSON P M L. Sustainable multifunctional landscapes：a review to implementation[J]. Current Opinion in Environmental Sustainability，2010，2(1－2)：59－65.

⑥ TERMORSHUIZEN J W，OPDAM P. Landscape services as a bridge between landscape ecology and sustainable development[J]. Landscape Ecology，2009，24(8)：1037－1052.

⑦ WU J. Landscape sustainability science：ecosystem services and human well－being in changing landscapes[J]. Landscape Ecology，2013，28(6)：999－1023.

产的结果[①]。景观是理解与塑造人类社会和环境关系最具操作性的尺度，也是提供景观服务，促进人类社会生产与发展福祉的最重要媒体介质[②]。

其次，景观具有时空影响下的异质性。这里的异质性主要指时间上的异质性和空间上的异质性[③]。空间上的异质性主要表现为受地理环境和气候条件的影响，景观的组成要素如斑块、基质、廊道、动植物、生物量、热能、水分、空间矿质养分等在地理空间上总是不均匀和有差异的[④]。因此，景观在不同的自然地理过渡带有“一山有四季，十里不同天”的分布格局，在不同的社会文化区域有“十里不同风，百里不同俗”的文化景观事象。时间上的异质性则主要受人为干扰和社会发展的影响，导致同一区域在不同时间段呈现出不同的景观特征。如过去水草丰美的西北大草原受战争洗礼、过度放牧等因素干扰，在近代演变为不利于生存、人烟稀少的荒漠。新中国成立之初，人迹罕至的沙荒地区经国家大力实施“三北”工程和退耕还林工程等，如今已构建起了沙漠中的绿色长城。因此，景观分布特征的动态变化、景观分布格局的演变以及与之相关的社会事象，不仅能够揭示不同区域历史地理环境的差异，而且能分析不同区域的社会作用方式与社会影响效果。

最后，景观具有可持续性和多功能性的特质。景观可持续性体现在其具有承受干扰的能力[⑤]，确保生态系统的稳定性，以及维持生物多样性上。景观能为人类生产生活提供自然环境和物质保障，具备维护和改善区域人类福祉的综合能力[⑥⑦]。景观多功能性是指景观在发挥其生态功能的同时，

---

① 赵敏．旅游挤出效应下的丽江古城文化景观生产研究［D］．昆明：云南大学，2015.

② 赵文武，房学宁．景观可持续性与景观可持续性科学［J］．生态学报，2014，34（10）：2453 –2459.

③ 刘忠伟，王仰麟．生态旅游及其景观生态学透视［J］．人文地理，2001（3）：11 –15.

④ 李波．云南旅游地质景观类型与区划研究［D］．昆明：昆明理工大学，2009.

⑤ 李凯，侯鹰，Hans Skov –Petersen，Peter S. Andersen．景观规划导向的绿色基础设施研究进展：基于“格局—过程—服务—可持续性”研究范式［J］．自然资源学报，2021，36（2）：435 –448.

⑥ 赵文武，房学宁．景观可持续性与景观可持续性科学［J］．生态学报，2014，34（10）：2453 –2459.

⑦ 林若琪，蔡运龙．转型期乡村多功能性及景观重塑［J］．人文地理，2012，27（2）：45 –49.

兼具社会、经济、文化、历史和美学等其他功能①。Barkmann 等基于供需理论，认为景观能为人类社会提供物质和非物质的商品，以满足社会需求。良好的景观生态环境可产生良好的生态系统社会服务能力，能权衡和协调区域发展差距，有效提升人类生存与生产生活的环境等客观福祉条件，以及兼顾满足人类在经济、社会、教育、文化、健康和生态等方面的主观福祉②需要。

2.2.2 景观要素

在多元一体的现代中国社会，物质产品虽然相对丰富，但不同地区仍存在很大的地域文化差异和不同的物质与精神消费需求③。具备物质性、社会性和商品性并兼有逸情属性与观赏游憩属性的景观要素，不仅是自然生态系统运行到一定阶段的产物，而且是人类社会对自然进行建构并加以利用以满足人类不断增长的物质文化消费需求和精神文化消费需求的产物。因此，对景观要素构成的研究不能将其完全视为自然资源和生态要素而脱离景观存在的社会环境和现实背景，应在统筹分析景观自然要素演变的同时综合考虑景观的人文要素演化轨迹，并兼顾将景观演化的社会环境和现实背景纳入对景观物态、形态、符号、表征、价值与意义等的探索思考中。从自然与社会两方面衡量与协调建构景观的多元价值与意义。

在生态与环境研究语境里，景观构成要素主要指由自然要素和环境影响因子等构成的自然景观综合体，属于荒野的“第一自然”；在文化地理研究语境里，景观构成要素主要指通过人类的社会实践和世代文明积淀而展现的物质与非物质文化事象④，是在自然景观之上叠加人类活动结果后形成的景观集合，属于人类建构的“第二自然”；在社会文化地理研究语境里，景观构成要素主要指权力和制度运行背景下，自然环境与文化生产

---

① KATRIINA S. Exploring human dimensions of multifunctional landscapes through mapping and man - mapping[J]. Landscape and Urban Planning,2001(57):225 - 239.

② 刘焱序,傅伯杰. 景观多功能性: 概念辨析、近今进展与前沿议题[J]. 生态学报,2019,39(8):2645 - 2654.

③ 伍乐平. 基于符号学的哈尼梯田旅游景观管理研究[D]. 昆明:云南大学,2018.

④ 姚亦锋. 以生态景观构建乡村审美空间[J]. 生态学报,2014,34(23):7127 - 7136.

呈现与凝结出来的符号形象、价值表征和意义再现，是建立在自然景观要素与文化景观要素基础之上，通过整合两者，析出的物质化与表征性的符号、话语、价值和意义的集合①，属于人类社会建构的“第三自然”。三者之间的交互关系与要素构成见图2－4。三者以物质形态和表征形式共同呈现出景观的类型与要素。

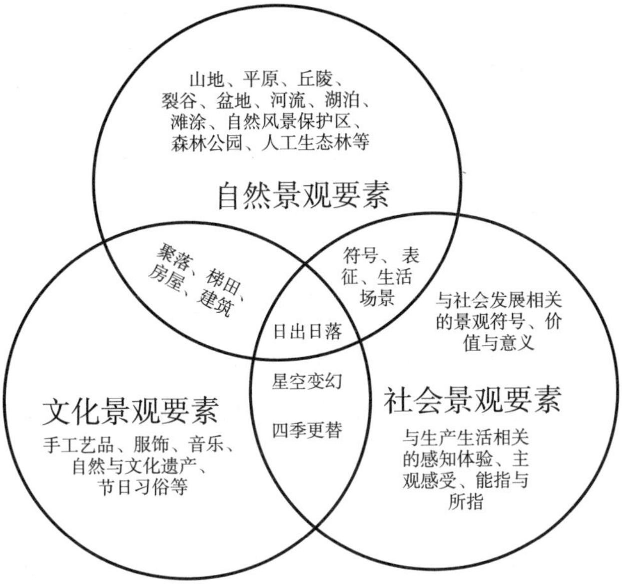

图2－4　自然景观要素、文化景观要素与社会景观要素的交叠关系

（1）自然景观要素。

自然景观要素集合主要包括三大类型，分别是地形地貌、植被体系与水系。其中地形地貌指的是山地、平原、丘陵、裂谷、盆地等；植被体系包括自然风景保护区、森林公园、人工生态林、各类植被斑块及廊道等；水系则包括河流、湖泊、湿地、滩涂、人工水渠等②。自然景观与其他景观类型并不是独立存在的，而是彼此重叠、相互交叉的自然综合体。地理学上景观的整体概念是自然与人文兼容并蓄的自然综合体。如果单提自然

---

① 赵敏．旅游挤出效应下的丽江古城文化景观生产研究[D]．昆明：云南大学，2015.

② 张旭．民宿型乡村景观规划与设计研究初探[D]．武汉：中南林业科技大学，2016.

景观要素时，它主要是指自然界中存在的原始地理现象，如山川、河流、沙漠、森林、草原等，这些都是因地理环境的过渡与差异而形成的自然物象。在旅游地理的研究中，将具有“自然景色和文化事象的地表综合体”视为“资源”[①]，用以进行区域旅游规划与开发、区域旅游功能特色界定和区域旅游可持续发展策略制定等研究。在风景园林学研究中，通常从美学特征和构造价值的角度对自然景观要素加以归类、整理和规划，凸显区域景观的审美价值和游憩价值。

（2）文化景观要素。

文化景观要素集合是在自然景观要素之上，叠加人类活动结果后形成的景观[②]。美国人文地理学家索尔在《景观的形态》[③] 一书中提出，“文化景观”是某个文化群体利用自然景观的产物，“其中文化是驱动力，自然是媒介，文化景观是结果”。国内学者在继承这一概念的基础上对文化景观这一概念加以中国化，认为人文景观指的是居民在长久的日常生活中，以宗教文化、历史文化等文化特质而构建的景观体系，能用来满足人们的物质和精神等方面的需要。其景观要素包括建筑、聚落、服饰、音乐、手工艺品、古代遗址，历史文物、节日习俗等[④]。

在对文化景观类型的划分上，学术界从不同的视角对文化景观进行了多种分类。世界遗产委员会将文化景观划分为“遗址化石类”“持续发展类”和“联想类”三类，之后调整为“设计和创作的景观”（landscape designed and created intentionally by man）、“有机进化而成的景观”（organically evolved landscape）和“关联性文化景观”（associative cultural landscape）。1996 年美国国家公园管理局，将其分为“文化人类学景观”（ethnographic landscape）、“历史设计类景观”（historic designed landscape）、“历史乡土类景观”（historic vernacular landscape）和“历史场所”（histor-

① 王德刚．旅游资源与旅游景观[J]．桂林旅游高等专科学校学报，1998(1)：11－14.

② 赵敏．旅游挤出效应下的丽江古城文化景观生产研究[D]．昆明：云南大学，2015.

③ 聂桂博，艾少伟．景观意义的发掘诀窍：用心，就读出来了——评《触景生情——文化地理学人笔记》[J]．热带地理，2022，42(6)：3.

④ 张旭．民宿型乡村景观规划与设计研究初探[D]．武汉：中南林业科技大学，2016.

ic site）四类。在国内，多位学者对文化景观的分类进行了不同划分。李和平等归纳了世界遗产委员会、美国国家公园管理局对文化景观类型的不同划分后，将文化景观分为设计景观、遗址景观、场所景观、聚落景观和区域景观①五类。还有学者将文化景观分为城市文化景观、园林文化景观、宗教文化景观、乡土文化景观和建筑装饰文化景观②五类。

（3）社会景观要素。

社会景观要素既以自然景观要素与文化景观要素为基础，又凌驾于两者之上，以体现景观价值和景观意义的物质表征与符号象征为其主要特点，具有一定的表意性、象征性和精神凝结性，能体现不同区域的地域民族差异、价值观念差异和精神引领差异。对社会景观的研究，兴起于居伊·德波（Guy Debord）。居伊·德波在《景观社会》和《景观社会评论》两本著作中，阐释了景观社会理论。他认为权力生产景观，通过景观可透视权力关系和社会结构状况。他提出，社会已由商品社会转变为景观社会，景观与霸权相互依附，景观如今已代替商品成为社会生产的主要内容。景观还控制了社会的时间特性，助力了新社会秩序的建构③。德波倡导，当大众日益沦为景观的囚徒时，人们应在日常生活实践中，以艺术与诗意为主要武器，以彰显个性、解放天性为基础，建构个人生活空间和城市公共空间，重新找回人类生活的真实瞬间④。此外，在与社会景观相关联的其他研究中，景观被视为一种包含了各种信息并可被解读的空间，由物质实体与信息流组成⑤。在社会交往中，景观要素往往以符号为媒介，将符号与景观背后的社会关系与社会意义紧密相连，并通过符号表征，赋予景观深刻的人文意义、话语权力和政治意涵。

随着地理学研究的文化转向和情感转向，新文化地理学认为，景观并不仅是传统文化地理学所定义的风景、景象、土地、建筑和聚落，还包括

① 李正．造园意匠[M]．北京:中国建筑工业出版社,2010.
② 张家骥．中国造园论[M]．太原:山西人民出版社,2012.
③ 郭程．居伊·德波景观社会理论研究[D]．济南:山东师范大学,2014.
④ 伍乐平．基于符号学的哈尼梯田旅游景观管理研究[D]．昆明:云南大学,2018.
⑤ 季景涛．基于虚拟现实观的景观创作方法研究[D]．哈尔滨:哈尔滨工业大学,2014.

“看的方式”（ways of seeing），是“意识形态的表现”[①]。而包含在自然、文化与社会景观要素中的旅游景观（tourist spectacle）指被纳入人类旅游活动范围的一切景物、景色、风景、景象和观展。既包括各种自然和人文的旅游资源、旅游吸引物，又包括其开发保护、传播途径、消费方式、体验内容，以及在这些过程中展现的人际关系；既包括视觉语言和图像，又包括听觉、触觉、身体体验、记忆等。因此，对社会景观的研究应结合社会学、人类学、符号学等理论，关注社会文化变迁对景观的塑造，以及景观建构背景下、景观塑造过程中各利益群体对景观环境、景观符号、景观意象等的感知、态度、情感、回忆与评价。这些关于社会景观的研究包括视觉[②]、语言[③]、图像[④]，也包括听觉、触觉、身体体验[⑤]、记忆[⑥]、地方感[⑦⑧]等方面。

2.2.3 景观生态学

20 世纪 30 年代，自德国地理学家 Troll 将景观这一概念引入生态学研究领域后，景观生态学派作为一门新兴学科逐渐崭露头角。景观生态学以生态学相关理论为基础，包含了地理学、系统学等成果，是具有宏观性、区域性和系统性的学科整合[⑨]。其中，景观的空间异质性和生态整体性是

---

① 李蕾蕾．从新文化地理学重构人文地理学的研究框架[J]．地理研究，2004，23（1）：125－134.

② 王萌，李君轶．城市历史文化街区景观对游客情感及行为意向影响研究：以西安历史文化街区为例[J]．西南大学学报（自然科学版），2021，43（10）：146－153.

③ 张蔼恒，孙九霞．语言景观研究进展：地方主体的空间实践[J]．人文地理，2019，34（4）：13－19.

④ 李伯华，郑始年，刘沛林，窦银娣．传统村落空间布局的图式语言研究：以张谷英村为例[J]．地理科学，2019，39（11）：1691－1701.

⑤ 曾诗晴，谢彦君，史艳荣．时光轴里的旅游体验：历史文化街区日常生活的集体记忆表征及景观化凝视[J]．旅游学刊，2021，36（2）：70－79.

⑥ 孔翔，卓方勇．文化景观对建构地方集体记忆的影响：以徽州呈坎古村为例[J]．地理科学，2017，37（1）：110－117.

⑦ 黄文炜，袁振杰．地方、地方性与城中村改造的社会文化考察：以猎德村为例[J]．人文地理，2015，30（3）：42－49.

⑧ 孙九霞，黄秀波，王学基．旅游地特色街区的“非地方化”：制度脱嵌视角的解释[J]．旅游学刊，2017，32（9）：24－33.

⑨ 刘孟安．基于景观生态学思想的寒地建筑形态地景化创作方法研究[D]．哈尔滨：哈尔滨工业大学，2020.

景观生态学的重要研究内容①。此外，景观生态学还有等级性和差异性等特性，并兼有不同地理过渡带的异质性社会文化特征。景观生态是以涵盖自然现象、文化特征和社会事象的景观为基本组成单位，受自然环境和社会文化共同影响、相互作用形成的自然社会生态综合体。对研究景观生态社会功能的形成路径、旅游景观社会生成方式及其对地方发展的推动作用，以及景观管理的未来方向和趋势，景观生态学提供了宝贵的实践指导和启示。

就景观的生态保护功能形成路径而言，目前的主要措施和建设路径是将农业景观、林业景观、畜牧养殖景观纳入保护和利用范围，采取边保护开发、边整合利用的双向建设路径，发掘景观生态的多重价值。如将花卉、蔬菜、瓜果、中草药种植纳入农业景观保护开发范畴，通过对农业景观的分区规划，使之有计划地形成大地农业风景，服务农业生产与区域发展。将治理沙漠、恢复草原、保护湖泊、保持水土等纳入自然生态保护利用范畴，通过对自然生态环境的分阶段有计划治理，使之形成沙漠绿洲景观、草原景观、森林景观、湖泊景观、山体景观与水体景观等②，服务生态文明建设。将放养牛羊、圈栏养殖、桑基养鱼、统一规模养殖等纳入畜牧养殖景观开发利用范畴③，通过对畜牧业景观的有效策划，使之有效转化为旅游活动和研学旅游项目，满足社会发展需求。

就景观的社会发展形成路径而言，目前的主要措施和建设路径为将工程建设景观、城乡建设景观和旅游景观的构建营造等纳入开发和利用范围，采取边开发边利用的融合发展路径，维护景观功能的多样性。如将兴修水库、开发梯田、新建沟道坝系、修建桥梁、道路工程等纳入工程景观建设的范畴④，通过对关系国计民生与社会发展的工程开发建设，使之分

---

① 王仰麟．格局与过程：景观生态学的理论前沿[A]//基础科学进展[M]．中国科学技术出版社，1995.

② 胡美娟，侯国林，周年兴，等．庐山森林景观空间分布格局及多尺度特征[J]．生态学报，2015，35(16)：5294－5305.

③ 喻锋，李晓波，张丽君，等．中国生态用地研究：内涵、分类与时空格局[J]．生态学报，2015，35(14)：4931－4943.

④ 王晞月，张希，王向荣．古老的城市支撑系统：中国古代城市陂塘系统及其空间内涵探究[J]．城市发展研究，2018，25(10)：51－59.

阶段分区域发挥社会功能和游憩价值，在服务区域发展大局的背景下提升社会民生福祉。将城市环境建设、乡村生态环境卫生改造、城乡基础设施完善等纳入城乡景观建设的范畴，通过对城乡人居环境的升级、改造，使之赋予城乡不同的魅力，在不断地优化建设中形成旅游资源和旅游吸引物，在促进区域社会协调发展进程中发挥多重功能。

就旅游景观社会生成方式与地方促进效果而言，旅游景观的形成发展在一定程度上能够促进生态环境的改善与优化。旅游景观生态系统通常由斑块、廊道、基质构成①。斑块是一种节点状要素类型，指以自然景观为主的地域，如森林、湖泊、草地等，也包括旅游活动形成的主要聚集地和各种消费场所，如景点、宿营地、旅馆等。廊道是一种线状要素类型，指旅游功能区之间的林带、交通路线及其条带状的树木、草地、河流等自然要素。基质是斑块和廊道所在的背景生态系统，是旅游景观生态系统内部除去斑块与廊道之外的所有地域空间②。因此，将这些生态影响因子加以系统梳理整合，形成具有生态调节功能和生物学意义的景观环境要素，并分阶段解读其结构与功能的演化，对分析景观与社会的互动演化有一定的实践启示意义。

旅游景观的动态演化一定程度上会影响社会发展进程与景观格局变化。旅游景观生态系统的发展演化不仅与生态环境相关，而且与所在地居民、区域经济和社会发展休戚相关③。其中，人类参与保护、开发、建设自然生态环境，参与旅游景观建设、开发、利用，是形成区域景观生态格局的核心，以人的主观感知和意志为中心的环境政策的制定和实施，成为引导景观生态发展趋势与发展走向的关键。

景观生态系统是由多种景观要素类型构成，并包含自然和社会影响因素的大系统。将景观生态系统类比为一个自然社会综合体，可更加全面、多

---

① 杨阿莉，南宇，李海军．生态脆弱区旅游开发与环境建设协调发展问题研究：以石羊河流域为例[J]．资源开发与市场，2009，26(1)：45－48.

② 蒋依依，王仰麟，成升魁．旅游景观生态系统格局研究方法探讨：以云南省丽江纳西族自治县为例[J]．地理研究，2009，28(4)：1069－1077.

③ 蒋依依，王仰麟，成升魁，等．旅游景观生态系统理论[J]．生态学报，2008(4)：1786－1793.

维、系统地观察自然要素、文化遗产和社会现象的互动变化。同样，对构成自然景观、文化景观与社会景观的影响因子加以具体分析和动态推演，形成具有可操作意义的景观分析评价因子，对研究景观生态产生的社会效果和产出的社会成果，具有现实的可执行性与易操作性，且对于后续从宏观层面指导景观规划布局，协调景观与社会之间的关系提供了有价值的参考。

2.2.4 国内外景观研究进展

为更全面地掌握国内外关于景观研究的议题，深入理解景观与社会、生态与发展之间的互动关系，本研究通过搜索核心期刊与权威期刊中关于景观研究的相关论题，解析了目前景观研究的国内外趋势与进展，为本研究进行景观要素的人文解读，以及其与旅游之间的互构提供理论分析基础。

通过搜索 *Landscape Research*，*Landscape and Urban Planning*，*Landscape Ecology*，*Landscape and Ecological Engineering* 四类国外景观生态与规划领域权威学术期刊，以及 *Tourism Geography*、*Tourism Management*、*Annals of Tourism Research* 三大旅游领域研究期刊中与 landscape 有关的主题词，并将上述期刊的摘要导入 Nvivo 软件中，生成词云图（见图 2 -5）。

图 2 -5 国外关于景观研究的词云图

由图 2 -5 可见，在国外以景观为主题的研究中，与景观密切相关的主题词有旅游（tourism）、城市（urban）、物种（species）、管理（management）、生态（ecological）、发展（development）、文化（culture）、规划

(planning)、森林（forest)、群体（group)、权力（right)、特征（characteristics)、保护（conservation)、社区（comunity）等，主要和生态、自然、旅游、社会、管理等研究相关联。

在国外相关研究中，多倾向于使用景观变化（landscape change)、景观连续性（landscape connectivity)、景观扰动与稳定性（landscape disturbance and stability)、景观认知（landscape cohesion)、景观冲突（landscape conflict)、景观异质性（landscape hetero)、景观联结度（landscape association）来阐释和描述景观性状、形态的变化，以及与社会互动的影响，现将上述期刊主要研究内容整理如表 2－1 所示。

表 2－1　国外景观研究的主要内容

主要期刊	研究起止年份	研究主题	篇数	研究者例举
Landscape Research	2006—2007 年	景观正义与移民福祉；景观变化与管理权力变迁；景观灾难与身份变迁；景观表征与历史的相互作用；景观民主与景观社会福利绩效；景观用地与居民态度	51	Egoz S 等①；Primdahl J 等②；Butler A 等③
Landscape and Urban Planning	2000—2022 年	农业景观中的避难所；郊区感知景观价值；城市街区的景观价值；城市居民景观偏好；景观变化对审美价值的影响	1987	Schirpke U 等④；Inoue T 等⑤；Michalczuk J 等⑥

① EGOZ S, DE NARDI A. Defining landscape justice: the role of landscape in supporting wellbeing of migrants, a literature review[J]. Landscape research, 2017,42(sup1): S74－S89.

② PRIMDAHL J, BOJESEN M, VESTERAGER J P, et al. Hunting and landscape in Denmark: farmers' management of hunting rights and landscape changes[J]. Landscape Research, 2012, 37(6): 659－672.

③ BUTLER A, KNEZ I, ÅKERSKOG A, et al. Foraging for identity: the relationships between landscape activities and landscape identity after catastrophic landscape change[J]. Landscape Research, 2019, 44(3): 303－319.

④ SCHIRPKE U, ZODERER B M, TAPPEINER U, et al. Effects of past landscape changes on aesthetic landscape values in the European Alps[J]. Landscape and Urban Planning, 2021(212): 104109.

⑤ INOUE T, MANABE R, MURAYAMA A, et al. Landscape value in urban neighborhoods: a pilot analysis using street－level images[J]. Landscape and Urban Planning, 2022(221): 104357.

⑥ MICHALCZUK J, MICHALCZUK M. Rural parks as refugia of cavity nesters in an agricultural landscape: which habitat features are important for cavity dwellers? [J]. Landscape and Urban Planning, 2022(223): 104407.

续表

主要期刊	研究起止年份	研究主题	篇数	研究者例举
Landscape Ecology	2000—2022 年	景观生态学与区域可持续；景观生态与物种保护；规划中的景观生态学	2426	Hersperger A M 等①；Musacchio L R②
Landscape and Ecological Engineering	2008—2015 年	景观生态工程；景观与生物多样性；农业景观的生态服务力；景观设计的自然修复贡献	50	Koshimizu H 等③；Müller N 等④；Cetinkaya Ciftcioglu G⑤
Tourism Geography	2008—2021 年	第二故乡景观；遗产景观；旅游中的冲突景观；生活故事景观；阈值风景；景观与政治凝视；纪念地景观与游客情感	19	PitkänenK⑥；Dwyer O 等⑦；Stoffelen A 等⑧
Tourism Management	2000—2020 年	语言景观；景观元素与地方性；景观改造与身份记忆；旅游景观的地方诱惑	20	Lu S 等⑨；Cheng C K 等⑩；Walsham A⑪

---

① HERSPERGER A M, GRĂDINARU S R, PIERRI DAUNT A B, et al. Landscape ecological concepts in planning: review of recent developments[J]. Landscape Ecology, 2021, 36(8): 2329－2345.

② MUSACCHIO L R. The ecology and culture of landscape sustainability: emerging knowledge and innovation in landscape research and practice[J]. Landscape Ecology, 2009, 24(8): 989－992.

③ KOSHIMIZU H, MORIMOTO Y. What is "landscape and ecological engineering"? [J]. Landscape and Ecological Engineering, 2005, 1(1): 1－1.

④ MÜLLER N, Morimoto Y. Landscape design and urban biodiversity[J]. Landscape and Ecological Engineering 2016: 105－106.

⑤ CETINKAYA CIFTCIOGLU G. Assessment of the resilience of the agricultural landscapes and associated ecosystem services at multiple scales (a farm and landscape) in Kyrenia (Girne) Region of Northern Cyprus [J]. Landscape and Ecological Engineering, 2022, 18(2): 277－298.

⑥ PIKTÄNEN K. Second－home landscape: the meaning (s) of landscape for second－home tourism in Finnish Lakeland[J]. Tourism Geographies, 2008, 10(2): 169－192.

⑦ DWYER O, BUTLER D, CARTER P. Commemorative surrogation and the American South's changing heritage landscape[J]. Tourism Geographies, 2013, 15(3): 424－443.

⑧ STOFFELEN A, VANNESTE D. An integrative geotourism approach: bridging conflicts in tourism landscape research[J]. Tourism Geographies, 2015, 17(4): 544－560.

⑨ LU S, LI G, XU M. The linguistic landscape in rural destinations: a case study of Hongcun Village in China[J]. Tourism Management, 2020(77): 104005.

⑩ CHENG C K, KUO H Y. Bonding to a new place never visited: exploring the relationship between landscape elements and place bonding[J]. Tourism Management, 2015(46): 546－560.

⑪ WALSHAM A. The reformation of the landscape: religion, identity, and memory in early modern Britain and Ireland[M]. Oxford University Press, 2011.

续表

主要期刊	研究起止年份	研究主题	篇数	研究者例举
Annals of Tourism Research	2000—2018 年	性别旅游景观；朝圣景观；景观的符号学构造	10	Pritchard A 等①；Daugstad K②；Della Dora V③等

由表 2 -1 可以看出国外关于景观研究的特点和趋势。一方面，文化景观与社会现象的解释研究与分析研究已成熟完善并自成一格；另一方面，景观的研究与社会关系、区域特征、个人身份地位及主体感知之间存在密切联系。这些研究不仅深入剖析了景观结构背后隐含的性别特征、权力关系、文化意涵和话语表征等，而且通过景观这一视角，透视了社会冲突、社会服务、多元杂糅的社会表征等的非均衡分布。研究者进一步反思了景观背后传递的价值观念、道德冲突与处世哲学是如何形成、怎样发展，又如何影响社会发展进程，并最终推动社会更新进步的。

在国内，将景观要素运用于地理学、旅游学和建筑学等学科中的研究在 20 世纪 90 年代逐渐出现。如将乡村聚落视为独特的、复杂的生物个体④⑤，或是进化的有机体⑥，以及将聚落地方性特征比拟为景观基因和景观基因组⑦⑧等。在自然景观的研究方面，国内学者主要从景观生态学视角出发，研究生物多样性、物种多样性、自然景观多样性、生态环境更迭

① PRITCHARD A, MORGAN N J. Privileging the male gaze: gendered tourism landscapes[J]. Annals of Tourism Research, 2000, 27(4): 884 -905.

② DAUGSTAD K. Negotiating landscape in rural tourism[J]. Annals of Tourism Research, 2008, 35(2): 402 -426.

③ DELLA DORA V. Setting and blurring boundaries: pilgrims, tourists, and landscape in Mount Athos and Meteora[J]. Annals of Tourism Research, 2012, 39(2): 951 -974.

④ 吴良镛. 人居环境科学导论[M]. 北京:中国建筑工业出版社,2001.

⑤ [日]藤井明. 聚落探访[M]. 宁晶,译. 北京:中国建筑工业出版社,2003.

⑥ GRIFFITH T. Environment, village and city: a genetic approach to urban Geography(With some reference to possibilism)[J]. Annals of the Association of American Geographers,1942,32(1):1 -67.

⑦ 刘沛林. 中国传统聚落景观基因图谱的构建与应用研究[D]. 北京:北京大学,2011.

⑧ 胡最,刘沛林. 中国传统聚落景观基因组图谱特征[J]. 地理学报,2015,70(10): 1592 -1605.

性、遗传多样性[①]等景观要素在流域范围[②]、自然保护区[③]、国家公园、旅游景区等方面的时空演化特征。也有从山体绿道、植被覆盖、植物设计、园艺花卉等视角研究人为建构的自然景观[④⑤]、园林景观等对城市发展[⑥]、乡村振兴、人居环境改善[⑦]、居民和游客身心调节等的影响。

在文化景观研究方面，刘沛林和胡最等较早利用景观基因这一概念对传统乡村聚落景观进行探索，并在此基础上形成了景观基因的理论分析框架，阐明了传统聚落景观基因、景观基因组和景观基因组图谱之间的关系。研究者认为，景观基因能世代传承并对景观形成起决定作用[⑧]。在社会文化地理学领域，邹统钎等借鉴景观基因的概念描述景观要素构成，将"千年运河"品牌基因划分为核心基因、衍生基因、边缘关联基因、价值观念基因，用于进行运河品牌要素的识别、提取和分析[⑨]。

在社会景观的研究方面，目前对社会景观的识别、提取还没有比较明确的物化与非物化载体。虽然有研究从语言景观、声音景观、书法景观、视觉景观等方面关注景观与社会的互动关系、人类活动对景观的影响，但鲜少将这些社会现象作为社会景观符号进行凝练。在景观与社会互动层面的研究中，相对忽视景观研究的社会性、主体性、情境性与地方性，使得关于景观的研究多被禁锢在自然与文化层面，较少涉及对社会关系、社会

① 彭建，杜悦悦，刘焱序，等．从自然区划、土地变化到景观服务：发展中的中国综合自然地理学[J]．地理研究，2017，36(10)：1819－1833.

② 洪佳，卢晓宁，王玲玲．1973—2013年黄河三角洲湿地景观演变驱动力[J]．生态学报，2016，36(4)：924－935.

③ 路春燕，王宗明，刘明月，等．松嫩平原西部湿地自然保护区保护有效性遥感分析[J]．中国环境科学，2015，35(2)：599－609.

④ 陈娟，王润强，唐雪琼，等．景观基因视角下云南寺观园林景观特征分析：以昆明圆通寺为例[J]．中南林业科技大学学报，2020，40(12)：159－168.

⑤ 陆邵明．眼动追踪视野下上海古典园林文化基因的刻画[J]．同济大学学报(社会科学版)，2020，31(6)：93－102.

⑥ 矫克华．中国园林景观植物设计中儒家文化理念探析[J]．中国人口·资源与环境，2015，25(S2)：224－228.

⑦ 任维，王向荣．温州传统人居环境景观体系研究[J]．中国园林，2021，37(10)：30－35.

⑧ 向远林．陕西传统乡村聚落景观基因变异机制及其修复研究[D]．西安：西北大学，2020.

⑨ 邹统钎，韩全，秦静．"千年运河"品牌基因谱系识别与空间分异研究[J]．地理研究，2022，41(3)：713－730.

现象、社会互动、价值感知、意义表征等层面的理性探讨与实践反思。尽管地理学研究的社会转向和情感转向促使“人—地—业”关系及其与情感、价值和感知的联系日益受到关注，但关于社会景观要素的研究对象和研究主体的界定仍不够明确和清晰。

2.3 沙漠旅游与沙漠旅游地

2.3.1 国内沙漠旅游研究主题与范围

目前，中国沙漠旅游景区有一百余处，遍及八大沙漠和四大沙地，集中分布在新疆、甘肃、青海、宁夏、内蒙古、陕西、河北等地，形成了从西向东延展的条带状分布格局。其中，中国最早的沙漠型旅游景区敦煌的鸣沙山月牙泉景区开发于20世纪中叶①。1986年，甘肃武威沙漠公园成为中国第一座大漠风光与沙漠绿洲相结合的游览乐园②。1994年，宁夏的沙坡头自然保护区成为首个国家级沙漠生态自然保护区。进入新世纪，沙漠旅游景区与目的地如雨后春笋般涌现。2003年，甘肃敦煌雅丹国家地质公园（俗称雅丹魔鬼城）正式揭牌开园。2005年，阿拉善沙漠地质公园成功晋升为国家地质公园。国内各省区的沙漠旅游各有特色：新疆有吐鲁番沙漠旅游地、鄯善库木塔格沙漠公园、将军戈壁和塔里木胡杨林公园；甘肃有鸣沙山月牙泉、敦煌雅丹魔鬼城等；内蒙古有乌兰布和沙漠旅游区、鄂尔多斯响沙湾旅游景区、巴丹吉林沙漠旅游地等；宁夏有沙坡头和沙湖景区③。这些省区凭借各自的沙漠民族风情、治沙产业、沙漠生态经济、地质公园、国家公园、丝绸之路与沙漠康养旅游等特色，成为中国西部旅游业可持续发展的研究热点。

通过CNKI数据库对国内沙漠旅游研究进行检索，将检索主题设定为

---

① 孙冰颖．中国沙漠型旅游景区发展现状及前景[J]．中国沙漠，2021，41(1)：75－81.

② 尹郑刚．我国沙漠旅游景区开发的现状和前景[J]．干旱区资源与环境，2011，25(11)：221－225.

③ 董瑞杰．沙漠旅游资源评价及风沙地貌地质公园开发与保护研究[D]．西安：陕西师范大学，2013.

“沙漠与旅游”，将期刊来源类别设定为北大核心来源期刊、CSSCI 和 CSCD 来源期刊，检索出 211 篇与之相关的研究，研究关键词词云图，见图 2－6。

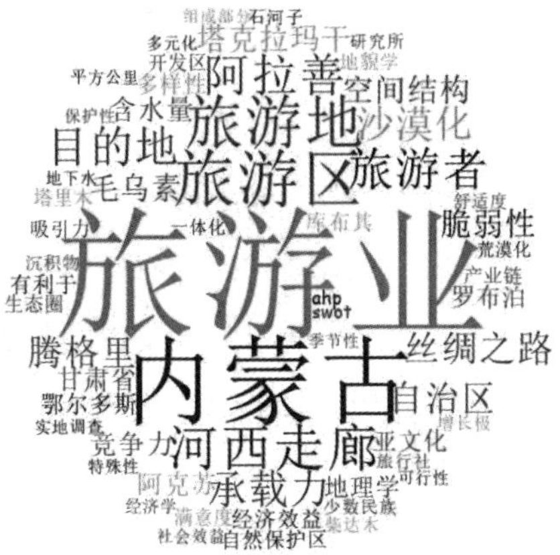

图 2－6　国内沙漠旅游研究关键词词云图

如图 2－6 所示，对于沙漠旅游的研究主要聚焦在四个方面：一是聚焦沙漠旅游地的自然生态环境问题，如承载力、生态圈、多样性、保护性、地貌学、沙漠化、荒漠化、含水量等。二是聚焦沙漠旅游地的文化演化问题，如少数民族、亚文化、多元化、丝绸之路、吸引力、特殊性等。三是聚焦沙漠旅游地的社会发展问题，如脆弱性、增长极、竞争力、产业链、一体化、社会效益、经济效益、可行性等。四是聚焦沙漠旅游地的旅游业发展格局，如空间结构、旅行社、满意度、舒适度、旅游者、旅游地、旅游区等。

研究主题涉及生态旅游、可持续发展、旅游资源、旅游产品、沙产业、旅游市场、体育旅游、踩踏干扰、旅游体验、低碳旅游、气候舒适度、生态适应性等方面。

主要源自《中国沙漠》《干旱区资源与环境》《干旱区地理》《经济地理》《资源开发与市场》《生态经济》《地域研究与开发》《社会科学家》《资源科学》《宁夏大学学报（自然科学版）》等核心期刊。

沙漠旅游研究始于 1994 年，研究学科主要为旅游学、资源科学、环境科学与资源利用、宏观经济管理与可持续发展、农业经济、自然地理与测绘学等。研究成果较为突出的学者有李陇堂、王艳茹、董治宝、石磊、张冠乐、吴晋峰、董瑞杰、赵多平、郑坚强、米文宝、宋小龙等。

研究机构主要分布在宁夏大学、陕西师范大学、兰州大学、中国科学院寒区旱区环境与工程研究院、中山大学、新疆大学、中国科学院地理科学与资源研究所等。

研究主要旅游景区与目的地为宁夏的沙坡头景区、沙湖旅游景区，甘肃敦煌的鸣沙山月牙泉景区，新疆鄯善县南端的库木塔格沙漠风景名胜区、新疆和田乌鲁瓦提风景区、阿克苏，内蒙古阿拉善盟腾格里沙漠的月亮湖沙漠生态探险度假营地、内蒙古响沙湾旅游景区、内蒙古鄂尔多斯市的恩格贝生态旅游区、阿拉善盟英雄会。涉及沙漠主要有腾格里沙漠、库布齐沙漠、巴丹吉林沙漠、乌兰布和沙漠、毛乌素沙漠、库木塔格沙漠、浑善达克沙地、科尔沁沙地、呼伦贝尔沙地。

虽然目前国内对于沙漠旅游及其目的地发展的研究已相对成熟与完善，但经梳理既有研究后发现，上述研究从生态脆弱性与影响层面多关注自然环境与生态要素的变化，从社会经济发展层面多关注沙漠旅游业对区域经济社会发展的带动作用与制约影响，从游客感知与评价视角多关注沙漠旅游产品、线路及目的地的组合、优化与升级，鲜有从社会生态视角关注沙漠地区景观要素分布及其旅游价值与旅游功能，鲜有从社会背景层面分析沙漠生态环境变迁对区域旅游发展的影响，也鲜有从当地居民个体感知视角审视沙漠生态环境变迁带来的正向旅游生态福利绩效和负向生态环境胁迫负担。

因此，本书在承继既有研究的基础上，将沙漠旅游地不同类别景观的社会建构、生成与演化纳入研究范围，深入剖析沙漠旅游地生态环境与景观要素互动变化过程、变化轨迹、变化规律、变化影响，探讨人为建构的沙漠自然生态防护林体系是否有助于改善与优化沙漠自然景观，是否有利于保持与传承沙漠文化景观的原真性，是否有助于推动沙漠社会景观的动态更新，从而为未来干旱、半干旱地区的生态文明建设提供有益的理性思考和实践指导。

2.3.2 国外沙漠旅游研究主题与范围

沙漠既是一种旅游资源，又是人们开展旅游活动的空间。沙漠旅游不仅指以沙漠为核心吸引物的旅游产品和景区，而且指将沙漠旅游资源同周边的非沙漠旅游资源如自然景观、城市发展特色、民族风情、历史遗迹等相融合，开发以沙漠为主题的自然观光、度假休闲、探险体验等旅游活动。

进入21世纪，沙漠旅游已成为继文化旅游、生态旅游、海洋旅游与探险旅游之后新的旅游方式①②③④，与登山旅游⑤、漂流旅游、洞穴旅游⑥、冰雪旅游⑦、极地旅游⑧一起被列为六大探险旅游类型。沙漠独具特色的自然景观、人类在沙漠地区生产生活留下的历史文化遗存、植树造林带来的环境改善，不仅为旅游者带来差异化的视觉体验，给予他们探寻沙漠历史文化的遐想空间，而且为旅游者营造出宜居宜游的舒适环境，构筑起释放身心活力的自然天地。无限的沙漠、连绵的沙丘、神奇呼啸的沙滩、成群结队的骆驼、沙海中壮观的日出与日落、广袤寂寥的星空等沙漠旅游地特有的意境，描绘与勾勒出了奇妙而生动的画面，吸引着各地游客前来探

① CARSON A D B , BAND A J,TAYLOR A. Sustaining four wheel drive tourism in desert Australia: exploring the evidence from a demand perspective[J]. Rangeland Journal, 2008, 30(1):77 -83.

② CARNICELLI - FILHO S, SCHWARTZ G M, Tahara A K. Fear and adventure tourism in Brazil [J]. Tourism management, 2010,31(6):953 -956.

③ DE BEER G, ELLIFFE S. Tourism development and the empowerment of local communities[J]. DPRU industrial strategy project:Phase two, working paper,1997(11) .

④ CHATELARD G. Desert tourism as a substitute for pastoralism? Tuareg in Algeria and Bedouin in Jordan[A]//Nomadic Societies in the Middle East and North Africa[M] . Leiden:Brill, 2006: 710 -736.

⑤ SZARY A . Towards experimental mountaineering? [J]. Revue de Géographie Alpine, 2014 (101):2.

⑥ BAKER A , GENTY D . Environmental pressures on conserving cave speleothems: effects of changing surface land use and increased cave tourism[J]. Journal of Environmental Management, 1998, 53(2): 165 -175.

⑦ WANG L . A summary on the ice - snow tourism development and research at home and abroad [J]. Ecological Economy, 2010:94231K -94231K -9.

⑧ JOHNSTON M . Polar tourism: an environmental perspective[J]. Tourism Management, 2012, 33(3):723 -724.

访，满足人们求新、求美、猎奇、探险与情感释放的需求。

通过深入检索国外六大知名旅游期刊 *Toursim Management Perspectives*、*Tourism Management*、*Annals of Tourism Research*、*Tourism Geographies*、*Journal of Sustainable Tourism*、*Journal of Outdoor Recreation and Tourism* 中的 desert 一词，得到以沙漠旅游为核心的研究主题与研究区域，见表 2-2。

表 2-2 国外关于沙漠旅游及沙漠旅游地的研究内容

外文期刊	篇数	研究主题	研究区域
Toursim Management Perspectives	34	生态旅游与沙漠生物多样性①；地质旅游；贫困社区生计②；沙漠旅游与后现代性③；天文与暗夜星空旅游④；朝圣旅游⑤	澳大利亚南邦国家公园；阿布扎比；迪拜；卡塔尔；美国布莱斯峡谷公园；突尼斯
Tourism Management	97	美食目的地⑥；旅游发展与环境保护⑦；探险旅游⑧；旅游与野生动物消费⑨；目的地想象；特殊兴趣旅游（SIT，天文大日食）⑩；沙漠旅游地形象；自然旅游与环境价值观	以色列内盖夫；埃及西奈半岛；肯尼亚；西澳大利亚中央海岸地区；北塞浦路斯

① SANTARÉM F, PAIVA F. Conserving desert biodiversity through ecotourism[J]. Tourism Management Perspectives, 2015(16): 176-178.

② NEWSOME D, DOWLING R, LEUNG Y F. The nature and management of geotourism: a case study of two established iconic geotourism destinations[J]. Tourism Management Perspectives, 2012(2): 19-27.

③ RYAN C, NINOV I, AZIZ H. Ras Al Khor-Eco-tourism in constructed wetlands: post modernity in the modernity of the Dubai landscape[J]. Tourism Management Perspectives, 2012(4): 185-197.

④ COLLISON F M, POE K. "Astronomical tourism": the astronomy and dark sky program at Bryce Canyon National Park[J]. Tourism Management Perspectives, 2013(7): 1-15.

⑤ CARBONI M, PERELLI C, SISTU G. Is Islamic tourism a viable option for Tunisian tourism? Insights from Djerba[J]. Tourism Management Perspectives, 2014(11): 1-9.

⑥ HILLEL D, BELHASSEN Y, SHANI A. What makes a gastronomic destination attractive? Evidence from the Israeli Negev[J]. Tourism Management, 2013(36): 200-209.

⑦ SHACKLEY M. Tourism development and environmental protection in southern Sinai[J]. Tourism management, 1999, 20(4): 543-548.

⑧ LAING J, FROST W. Explorer travellers and adventure tourism[M]. Bristol: Multilingual Matters, 2014.

⑨ LEMELIN R H. Tourism and the consumption of wildlife: hunting, shooting, and sport fishing [J]. Annals of Tourism Research, 2008, 35(3):842-843.

⑩ MA S D, KIRILENKO A P, STEPCHENKOVA S. Special interest tourism is not so special after all: big data evidence from the 2017 Great American Solar Eclipse[J]. Tourism Management, 2020(77): 104021.

续表

外文期刊	篇数	研究主题	研究区域
Annals of Tourism Research	128	沙漠体验①；地质旅游；可持续旅游；贫民窟旅游②；慈善旅游③；伊斯兰世界与旅游业；旅游与恐怖主义；旅游依赖与居民态度	撒哈拉沙漠；沙特阿西尔国家公园；埃及；摩洛哥；约旦；非洲
Tourism Geographies	56	沙漠文化生态服务系统（CES）④；四驱车旅游⑤；气候与游客选择偏好；自驾车旅游；户外旅游；目的地形象修复	澳大利亚；埃及；美国犹他州南部国家公园；土耳其；非洲；秘鲁；肯尼亚；哈萨克斯坦；科威特
Journal of Sustainable Tourism	78	奢华旅游⑥；旅游与社区赋权⑦；新自由主义批判；生态旅游与狩猎活动⑧；葡萄酒旅游；绿色经济决策；旅游慈善；遗产与旅游可持续；文化旅游中的女性权力	以色列内盖夫；迪拜；南非；纳米比亚；约旦；蒙古巴彦乌勒盖市；博茨瓦纳；坦桑尼亚；纳米比亚
Journal of Outdoor Recreation and Tourism	25	气候变化对沙漠旅游的影响；干旱区非公路旅游；非公路车辆（OHV）娱乐⑨；地方依恋与公民亲环境行为⑩	美国缅因州国家公园；澳大利亚；印度西北部赛尔沙漠；以色列死海地区

① MOUFAKKIR O, SELMI N. Examining the spirituality of spiritual tourists: a Sahara desert experience[J]. Annals of Tourism Research, 2018(70): 108 –119.

② MEKAWY M A. Responsible slum tourism: egyptian experience[J]. Annals of Tourism Research, 2012, 39(4): 2092 –2113.

③ KOOT S, FLETCHER R. Donors on tour: philanthrotourism in Africa[J]. Annals of Tourism Research, 2021(89): 103216.

④ GUTBERLET M. Geopolitical imaginaries and Cultural Ecosystem Services (CES) in the desert [J]. Tourism Geographies, 2019:1 –29.

⑤ NARAYANAN Y, MACBETH J. Deep in the desert: merging the desert and the spiritual through 4WD tourism[J]. Tourism Geographies, 2009, 11(3): 369 –389.

⑥ RYAN C, Stewart M. Eco – tourism and luxury – the case of Al Maha, Dubai[J]. Journal of Sustainable Tourism, 2009, 17(3): 287 –301.

⑦ SCHMIDT J, URIELY N. Tourism development and the empowerment of local communities: the case of Mitzpe Ramon, a peripheral town in the Israeli Negev Desert[J]. Journal of Sustainable Tourism, 2019, 27(6): 805 –825.

⑧ MCGRANAHAN D A. Identifying ecological sustainability assessment factors for ecotourism and trophy hunting operations on private rangeland in Namibia[J]. Journal of Sustainable Tourism, 2011, 19(1):115 –131.

⑨ DE URIOSTE – STONE S M, LE L, SCACCIA M D, et al. Nature – based tourism and climate change risk: visitors' perceptions in Mount Desert Island, Maine[J]. Journal of Outdoor Recreation and Tourism, 2016(13): 57 –65.

⑩ BUTA N, HOLLAND S M, KAPLANIDOU K. Local communities and protected areas: the mediating role of place attachment for pro – environmental civic engagement[J]. Journal of Outdoor Recreation and Tourism, 2014(5): 1 –10.

由表2-2可以看出，国外对于沙漠旅游的研究主要集中在三个方面：一是关注沙漠的自然生态属性，以及对其进行开发、利用带来的多维价值；二是关注环境正义、社会公平、多元主体权力利益等问题；三是关注沙漠旅游地产业发展延伸、产品多样化、环境安全，以及目的地形象对区域发展的影响。

在沙漠的自然属性和它对区域可持续发展的影响方面，董瑞杰认为沙漠旅游属于可持续的生态旅游①，具有康养属性。沙子凭借其热力、压力、磁力等效应，为风湿病患者和关节炎患者提供了驱寒除湿、舒筋活络的治疗价值，沙漠成为发展康养旅游和度假旅游的优选之地。Narayanan 等将沙漠视为朝圣旅游的目的地，认为沙漠既是隔绝世俗与净化心灵的内部空间，又是可供朝圣者、冒险者和旅行者探访和居住的外部天地，沙漠神秘的自然环境赋予了沙漠特殊的精神意义并丰富了游客的精神世界②。Reichel 等认为沙漠旅游是促进区域可持续发展的一种方式，目的地将文化遗产、自然景观与模拟景点相结合，制定出的多样化沙漠旅游发展规划有助于当地的可持续发展③。

在沙漠旅游对环境正义、社会公平、多元主体权力利益的影响方面，Schmidt 等从社区旅游（CBT）的角度考察了以色列沙漠小镇米茨佩拉蒙（Mitzpe Ramon）60 年来的旅游发展过程，发现居住在米茨佩拉蒙核心区的居民倾向于参与旅游业并从中受益，但居住在边缘社区的居民对旅游业发展则漠不关心④。Schmidt 等对沙漠旅游的研究主要聚焦发展沙漠旅游对

① 董瑞杰，董治宝，吴晋峰．沙漠生态旅游适宜度评价［J］．中国沙漠，2014，34（4）：1177－1183.

② NARAYANAN Y，MACBETH J．Deep in the desert：merging the desert and the spiritual through 4WD tourism［J］．Tourism Geographies，2009，11（3）：369－389.

③ REICHEL A，URIELY N．Sustainable tourism development in the Israeli Negev Desert：an integrative approach［J］．Journal of Park & Recreation Administration，2003：21（4）.

④ SCHMIDT J，URIELY N．Tourism development and the empowerment of local communities：the case of Mitzpe Ramon，a peripheral town in the Israeli Negev Desert［J］．Journal of Sustainable Tourism，2009，27（6）：805－825.

社区成员生活条件改善、关系改变的影响方面[①]。

在产业发展延伸、产品多样化、目的地环境安全及对区域发展的影响方面，Reichel 等关注世界级旅游目的地迪拜的沙滩、沙漠景观和典型购物品组成的沙漠旅游产品组合对当地经济社会发展带来的影响[②]。Ryan 等研究了迪拜沙漠度假胜地 Al－Maha 的沙漠生态修复计划与奢侈游之间的冲突是否会对游客生态意识淡薄产生影响[③]。Sutton 等以系列旅游节活动为实例，分析了地处沙漠地区的世界级旅游目的地迪拜在品牌塑造、品牌延伸、品牌合作等方面的多元化营销战略[④]给当地宣传和营销带来的影响。Santarém 等的研究发现，在干旱地区发展沙漠生态旅游是一种有效的扶贫方式，但沙漠生态旅游往往因投入资金多、见效慢而被政府忽视，因此，相关部门应加大对沙漠生态治理资金的投入力度[⑤]。

从研究区域看，世界上的沙漠除欧洲、南极洲外，在各大洲都有分布，它们主要坐落于地球南北回归线的两侧（南北纬 15°～30°）和北半球欧亚大陆的中纬度地区（北纬 35°～50°）[⑥]。其研究案例地主要为成熟度与知名度较高的沙漠旅游景区、沙漠旅游目的地、城市、国家公园、世界遗产地等。如北美洲美国的彩色沙漠（Painted Desert）、大峡谷国家公园（Grand Canyon National Park）、死亡谷国家公园（Death Valley National Park）、莫哈维沙漠、墨西哥的索诺拉沙漠；南美洲的阿塔卡马沙漠（Ata-

---

① SCHMIDT J，URIELY N. Tourism development and the empowerment of local communities: the case of Mitzpe Ramon, a peripheral town in the Israeli Negev Desert[J]. Journal of Sustainable Tourism, 2019, 27(4－6):805－825.

② REICHEL A，URIELY N，SHANI A. Ecotourism and simulated attractions: tourists' attitudes towards integrated sites in a desert area[J]. Journal of Sustainable Tourism, 2008, 16(1):23－41.

③ RYAN C，STEWART M. Eco－tourism and luxury － the case of Al Maha, Dubai[J]. Journal of Sustainable Tourism, 2009, 17(3):287－301.

④ SUTTON, JOHN. From desert to destination: conceptual insights into the growth of events tourism in the United Arab Emirates[J]. Anatolia An International Journal of Tourism & Hospitality Research, 2016,27(3):352－366.

⑤ SANTARÉM F, PAIVA F. Conserving desert biodiversity through ecotourism[J]. Tourism Management Perspectives, 2015(16):176－178.

⑥ 董瑞杰. 沙漠旅游资源评价及风沙地貌地质公园开发与保护研究[D]. 西安:陕西师范大学,2013.

cara Desert）、秘鲁南部的纳斯卡荒漠；非洲北部的撒哈拉沙漠（Sahara Dersert），突尼斯南部的 Tozeur 沙漠旅游区，埃及的金字塔、狮身人面像与沙漠景观，以及著名的黑白沙漠（Black and White Desert），南非的沙漠类国家公园；亚洲西部阿联酋的迪拜（Du Bai）、约旦的瓦迪拉姆沙漠（Wadi Rum Desert）、以色列的内盖夫沙漠（Negev Desert）；亚洲腹地的卡拉库姆沙漠（Karakum Desert）；南亚西北部的印度大沙漠（Great Indian Desert）；澳大利亚的大沙沙漠（Great Sandy Desert）、维多利亚沙漠（Victoria Desert）、吉布森沙漠（Gibson Desert）、辛普森沙漠（Simpson Desert），著名的沙漠旅游目的地乌鲁鲁—卡塔丘塔国家公园（Uluru - Kata Tjuta National Park）等。

将 *Toursim Management Perspectives*、*Tourism Management*、*Annals of Tourism Research*、*Tourism Geographies*、*Journal of Sustainable Tourism*、*Journal of Outdoor Recreation and Tourism* 期刊的摘要与关键词导入 Nvivo 软件中，生成词云图，见图 2-7。

图 2-7　国外沙漠旅游相关研究词云图

由图 2-7 可见，与沙漠旅游相关的研究在资源方面主要集中在环境（environment）、保护（conservation）、资源（resource）、遗产（heritage）、公园（park）、自然（nature）、气候（climate）、生态旅游（ecotourism）、景观（landscape）等方面；在旅游方面主要集中在旅游业（tourism）、休闲（recreation）、体验（experiences）、目的地（destination）、文化（culture）、旅游者（tourist）、访客（visitors）、产业（industry）、旅游活动（activities）、旅游者行为（behavior）等方面；在社会学与管理学方面，主要集中在认同（identitied）、地方（place）、角色（role）、遗址（sites）、影响因子（factor）、规划（planning）、发展（development）、营销（marketing）、潜力（potential）、经济（economic）、城市（city）、效率（efficiency）、贫困（poverty）、照片（images）、影响（impact）等方面。

综上可见，沙漠旅游研究既涉及自然生态、环境科学等领域，又涉及与地方性及区域可持续发展相关的地方感、居民身份、认同感、扶贫效率、性别差异、文化传承与变异等方面，还涉及与旅游相关的旅游规划、营销、游客行为等，具有研究的学科交叉性、视角多元性和尺度转换性。对沙漠旅游的研究既与所在区域的自然生态环境密切相关，又与所在区域的社会文化背景发展互动紧密相连；既不能脱离沙漠生态环境研究沙漠旅游与区域发展，又不能脱离沙漠所在地社会发展的现实背景只研究沙漠生态演化轨迹。

自然与社会两大系统与沙漠旅游地的形成和发展交互作用、相互影响，人对沙漠的社会建构，既有主观能动性，又受客观环境与政策导向的制约。因此，沙漠旅游中产生的种种现象实质上是由多元因素、多层级构成的复杂系统催生的社会现象。这需要我们在研究时，既要综合考虑自然与社会的相互耦合过程，又要梳理清楚两者在相互排斥中实现发展的脉络。

2.4 自然的社会建构

2.4.1 社会建构的自然

人与自然的关系是社会发展历程的外在表现，其经历了人对自然的敬畏、服从和崇拜到人对自然的利用、控制和征服①再到人类谋求与自然的

---

① 穆艳杰，于宜含. “人与自然是生命共同体”理念的当代建构[J]. 吉林大学社会科学学报，2019，59(3)：170－178，235.

和谐共生三个阶段。人与自然的关系，一是自然决定人，即人的自然化；二是人决定自然，即自然的人化；三是人与自然的互嵌，其既非人的自然化，又非自然的人化，而是人与自然的相互作用与互动影响。人类依赖自然并从自然界获取物质和能量，人类也利用自然使之能为人类所用。可见，人类社会的发展历程是人类不断认识自然、利用自然、发展自然和与自然互动的过程。

马克思主义生态观认为，人是自然界发展到一定历史阶段的产物，人本身就是自然的存在物，是自然界中的一部分，人离不开自然界，要靠自然界生活。因此只有把人与自然相融合才能真正处理好人与自然的关系。马克思主义生态观强调自然的先在性、自然对人的有用性，以及人对自然的主体性。反对人类盲目地改造自然、征服自然。马克思社会生态观十分强调人与社会的关系问题，认为人是社会中的一员，受社会发展的制约；同时社会也是由人组成的，人对社会的发展具有能动的反作用。这种反作用在改造社会、发展经济的建设中起到了巨大的推动作用，但是如果没能掌握好利用自然改造社会的度，那就会导致自然破坏、生态失衡、社会生态系统紊乱，因此人类不断开发利用自然的过程中，会留下人为干预的痕迹，既有对生态的破坏，又有对生态的修复。在显性层面，这些经社会建构的自然往往以自然景观、人文景观及社会景观的形式加以呈现。在隐性层面，随着绿色治理技术水平的不断提升，这些经社会建构的自然往往以符号、标识、管理措施、管理制度及重大工程项目等形式加以呈现。

中国作为世界上荒漠化土地分布最广的国家之一，已持续推进荒漠化防治40余年，走出了一条生态建设与经济发展并重、治沙与脱贫共赢的中国特色荒漠化防治道路。自1978年起，中国启动了世界最大的防护林工程——“三北”防护林体系建设工程，针对中国东北、西北、华北地区，持续治理和优化风沙干旱、水土流失等自然灾害和生态问题，为农牧业生产提供了坚实的生态屏障，在稳定生产和生活、维系“三北”地区生态平衡、创造和谐人地关系等重大生态安全和区域可持续发展方面具有重要的战略意义。

1978年，邓小平等国家领导人针对《关于在我国北方地区建设大型防护林带的建议》作出批示，决定启动“三北”工程。次年，国家林业总局批准设立国家林业总局西北、华北、东北防护林建设局。原国家计委、国务院、国家林业总局联合批准、批转并实施“三北”工程，成立“三北”防护林建设领导小组，编制“三北”防护林总体规划。2009年，国务院印发《关于进一步推进三北防护林体系建设的意见》。2018年机构改革，不再保留国家林业局，组建国家林业和草原局，下设三北局。同年11月，习近平总书记对“三北”工程作出重要指示，强调“要坚持久久为功，创新体制机制，完善政策措施”，“巩固和发展祖国北疆绿色生态屏障”。

进入新世纪，随着“三北”工程的推进与深化，沙漠生态环境治理、沙漠生态环境修复与沙漠生态环境优化的成效逐步显现。中国科学院发布的“三北”工程建设40年综合评价结果显示，自1978年工程启动至2018年，累计完成造林保存面积3014.3万公顷，工程区森林覆盖率从1978年的5.05%大幅提升至13.57%，累计营造防风固沙林788.2万公顷，治理沙化土地33.62万平方千米，沙化土地面积连续15年持续减少。在重点治理区域，毛乌素沙地、库布齐沙漠、腾格里沙漠均实现了从“沙进人退”到“绿进沙退”的逆转。沙坡头、恩格贝、塞罕坝等典型生态环境优化区域，不仅成为“人为促进自然环境优化”的生动范例，而且被联合国环境规划署列为向全球推广和宣传的典范。

蓬勃向前的“三北”工程建设，持续改变着中国中西部干旱、半干旱地区的形态和功能，区域物质改变的同时，社会建构的作用与价值在自然的解构与重构中愈加凸显。在中国，随着人们对自然认识的不断深入，对抗自然、征服自然、战胜自然已然成为历史，改造环境、优化环境、与环境互利共生逐渐成为共识。特别是改革开放后，伴随科学技术的不断进步、经济环境的持续向好、制度政策的不断优化，中国陆续开展和推进了填海造地工程、海水淡化工程、森林绿化工程、荒漠化防治工程等，用实际行动搭建起中国式现代化的自主知识体系。

2.4.2 社会建构与旅游研究

“建构”一词来源于哲学领域。早在古希腊时期，柏拉图的哲学理念与苏格拉底的“精神助产术”就蕴含了人类通过思维与行动建构形成知识这一概念[①]。而“社会建构”（Social Constructionism）一词则是在1996年由彼得·伯格（Peter L. Berger）和托马斯·卢克曼（Thomas Luckman）在《现实的社会建构》一书中提出的。他们认为社会是由人类社会实践创造的，知识和观念的传播是在社会环境中形成和完成的[②]，社会建构可以被列为观察世界的一种方式[③]。如今，随着该理念的不断运用与发展，多数研究者认为，社会建构主要指人类对社会世界的创造与建构[④]。社会建构强调事物可随人类社会的发展进步而改变，社会建构也强调人类对社会事物的认识、看法会随着社会环境与人类认识水平的改变而不断变化[⑤]。在某种程度上人们对某类事物、某些行动、某种现象的看法、观念、评价、情感等均可视为社会建构的产物。人类对某些行动的响应也是人类在与社会的互动进程中通过知识积累与经验判断做出的反应。

近年来，随着旅游业的兴起与发展，社会建构视角下的旅游研究话题日趋多元，研究视角也日渐丰富[⑥]。伦理研究视角下，旅游领域的社会建

---

① 邢怀滨，陈凡．社会建构论的思想演变及其本质意含［J］．科学技术与辩证法，2002，19(50)：70－73.

② 彼得·伯格，托马斯·卢克曼．知识社会学：社会实体的建构［M］．台北：巨流图书公司，1991：13.

③ 刘保，肖锋．社会建构主义：一种新的哲学范式［M］．北京：中国社会科学出版社，2011：1－12.

④ 马尔科姆·沃特斯．现代社会学理论［M］．杨善华，李康，译．北京：华夏出版社，2000：53.

⑤ BERGER P，LUCKMANN T. The social construction of reality［M］. London：Allen Lane，1966：2－5，204.

⑥ 杜涛，白凯，黄清燕，等．红色旅游资源的社会建构与核心价值［J］．旅游学刊，2022，37(7)：16－26.

构研究关涉媒体[①]、生态[②]和技术[③]等的更新换代升级对旅游目的地形象、旅游目的地建设、旅游宣传营销、旅游口碑等的影响。如有研究认为经由关系型虚拟社会建构形成的较为直观的电子口碑能提高旅游者的旅游意向[④]。旅游绿色生产率的提高能推动旅游生态文明建设和促进旅游经济高质量发展[⑤]。

情感研究视角下，旅游领域的社会建构研究关涉空间与地方互构进程中情感的表达、文化的流变和旅游地地理想象等方面[⑥⑦]。如有研究认为不同群体会基于自身认知与自身实践去理解、评价并参与建构西藏多元交错的地方意义[⑧]。也有研究认为，旅游社区妇女参与农业文化遗产地旅游化再构与再生产的积极性和地方情感会在乡村旅游社区的增权和去权中变动。因此，农业文化遗产地的旅游化再构需重视制度、权力、权益及情感之间的平衡协调，促进农业文化遗产地的可持续发展[⑨]。

功能研究视角下，旅游领域的社会建构研究关涉文化的赓续传承再构、创意的赋能与生产，对推动目的地城市更新与乡村振兴产生重要的影响。如有研究发现多元群体参与社区博物馆的共构与建设有利于人与文

---

① MKONO M, HOLDER A. The future of animals in tourism recreation: social media as spaces of collective moral reflexivity [J]. Tourism Management Perspectives, 2019(29): 1 –8.

② 崔庆明, 徐红罡. 反思生态旅游中自然的社会建构[J]. 旅游导刊, 2019,3(4): 15 –29.

③ KWOK A O J, KOH S G M. Deepfake: A social construction of technology perspective[J]. Current Issues in Tourism, 2021, 24 (13): 1798 –1802.

④ 吕婷,李君轶,代黎,等. 电子口碑对乡村旅游行为意向的影响:以西安城市居民为例[J]. 旅游学刊,2018,33(2):48 –56.

⑤ 王凯,邹楠,甘畅. 旅游技术效率、旅游绿色生产率收敛性及其影响因素[J]. 经济地理,2022,42(6):215 –224.

⑥ 张海洲, 徐雨晨, 陆林. 民宿空间的地方表征与建构:网络博客的质性分析[J]. 旅游学刊,2020, 35(10): 122 –134.

⑦ 黄向. 网络新部落的情感空间社会建构研究:基于对“沙发客”的观察[J]. 思想战线,2021, 47(3): 45 –54.

⑧ 张兴泰,陈志钢,张骁鸣,等. 流动与想象:西藏地方意义的多元互构研究[J]. 地理研究,2021,40(8):2292 –2313.

⑨ 武文杰,孙业红,王英. 农业文化遗产地女性居民旅游参与的情感响应:以浙江青田稻鱼共生系统为例[J]. 旅游学刊,2022,37(4):128 –139.

化、人与人之间的互动交融，也有利于促进文化旅游的融合发展①。有学者通过对成都明月村的研究发现，艺术家移民参与乡村生活场域、乡村文化场域和乡村旅游经营场域的建构，会引发多群体分层现象，既促进了村民的多场域融合，又有利于乡村社会自组织的融合发展②。

总之，社会建构视角让我们对存在于社会发展进程之中，隐匿于旅游发展表象之下的自然与社会现象多了一份深入探索与思考，也让我们更加深切地意识到对旅游地的研究不是将旅游地的生成与发展和所处的自然环境、文化情景与社会环境割裂开来，而是将旅游地的生成与发展纳入自然与社会的互动、社会与自然的互构视域下，通过深入细致地观察调研，厘清旅游景观符号生成、旅游地生成与发展的规律。

2.4.3 自然的社会建构与旅游研究

学者们对于自然的社会建构的评判，存在两种生态价值立场。第一种立场以人类核心利益为中心，主张生态环境的保护、开发与利用应围绕满足人类社会发展的需求进行生态环境的价值建构与判断取舍，其核心要义是实现人类社会的利益最优化。第二种立场以社会发展为关切，认为不同阶层、立场、利益的人群对生态环境的功能与作用持有各自独特的价值判断。人类作为社会建构中的能动者，在开发利用生态资源时需兼顾各方利益、调和各种矛盾、排除少数争议，既要维持人类社会发展的需要，又要促进区域社会的良性发展③。

中国的生态哲学与社会伦理观念深受中国传统哲学观与马克思主义生态观的影响，认为人是自然界发展到一定历史阶段的产物，人本身就是自然的存在物，是自然界中的一部分，人离不开自然界，要靠自然界生活④。只有把人与自然相融合才能真正处理好人与自然的关系。该观点还强调自

---

① 冯琳，赵经纬．活态共构：社区博物馆的非物质文化遗产保护实践［J］．西北民族研究，2022(4)：1－9.

② 焦彦，陈冰．艺术家移民在乡村旅游社区的社会融合研究：基于场域理论［J］．旅游学刊，2022，37(8)：26－39.

③ 于川．实践哲学语境下的生态伦理研究［D］．合肥：中国科学技术大学，2017.

④ 王艳峰，徐伟新．马克思恩格斯生态观及其当代启示［J］．科学社会主义，2019(2)：30－37.

然的先在性与有用性[①]，以及人对自然具有主体能动性[②]，反对人类盲目地改造自然、征服自然，期望人和自然之间能够建立起和谐、平等的相处环境[③]。自然的社会建构区别于中国传统哲学观与马克思主义生态观，它将人类开发利用自然的主观性与功利性纳入考量范围，考量人化自然产生的物质改变、价值生成与意义生产，通过透视自然社会物象分析社会发展与社会关系问题，也通过透视生态与环境物质实存分析人地互动关系与人社演化关系。

自然不仅具有物质性，而且具有社会赋予的象征意义、价值与意识形态。社会对自然的影响也并非只有物质上的改变，通常还伴随意义与价值的建构与重塑[④]。自然既是行动者网络中的独立行动者，又是表征自然物质形态与象征建构主体意识形态的产物，具有体现自然与印刻社会的双重意蕴[⑤⑥]。自然与社会本质上是相互渗透、互为影响的[⑦]。一方面，人类在生产生活等许多方面需要依赖自然、利用自然。因此，人类在许多方面会崇敬自然，顺应自然的发展演化规律。另一方面，人类会凭借知识与技术的进步去再构自然、重塑自然，让自然能顺应人类社会的发展进步，并不断满足人类的生产生活需要[⑧]。目前，针对自然与社会的关系涉及两种理论，分别是社会的自然建构和自然的社会建构。社会的自然建构强调自然

---

① 斋藤幸平,谢宗睿,陈世华．马克思与生态问题[J]．南京工业大学学报(社会科学版),2020,19(5):58－64,116.

② 高帅,孙来斌．习近平生态文明思想的创造性贡献:基于马克思主义生态观基本原理的分析[J]．江汉论坛,2021(1):5－12.

③ 冯智超．马克思生态观视域下中国城镇化生态胁迫效应探析[D]．成都:四川师范大学,2014.

④ 朱竑,尹铎．自然的社会建构:西方人文地理学对自然的再认识[J]．地理科学,2017,37(11):1609－1616..

⑤ WOODGATE G,REDCLIFT M. From a“sociology of nature”to environmental sociology: beyond social construction[J]. Environmental Values, 1998, 7(1): 3－24.

⑥ CASTREE N. Nature: key ideas in geography. [M]. Amsterdam:Hoboken: Routledge, 2005.

⑦ KITCHIN R, THRIFT N. International encyclopedia of human geography[M]. Amsterdam: Elsevier, 2009.

⑧ KOBAYASHI A. International encyclopedia of human geography[M]. Amsterdam: Elsevier, 2019.

环境对社会发展的决定性作用[1][2]，即环境决定论。而自然的社会建构则强调自然是由不同的社会所界定的，通常是为特定的、占主导地位的社会利益服务[3]，即环境或然论。

作为审视人地关系的新范式，自然的社会建构研究继承了环境或然论的基本理念和价值观点，认为社会存在于自然中，自然亦会被社会所建构。自然的社会建构不仅是动态的物质性生产过程，而且是论述、想象和表征层面的建构过程[4]。自然的社会建构强调自然与社会并非单纯一方决定另一方的关系，两者是相互作用且互相生产的，因此认识自然需要结合具体的社会文化情境进行。在中国社会转型发展的现实背景下，自然的物质形态改变往往伴随诸多社会关系与意义系统的演变[5]。为此，马克思主义地理学者倡导对自然的社会建构研究应关注自然的生产与自然的商品化两个方面。DANT 认为自然的商品化研究除了关注商品本身之外，还应该关注被商品化后的自然承载的价值与意义[6]。研究商品化与自然的关系，需要关注自然被商品化的过程，也需要关注商品化的自然如何影响社会[7]。

自然的社会建构理论，作为新的社会时期审视和观察自然与社会关系的新视角，不仅为人地关系的研究提供了新的思维方式，而且为人社关系的研究开阔了新的视野。尤其针对发展滞后、生态脆弱、要素杂糅的西北部地区，自然的社会建构理论为推动区域生态社会的全面协调与可持续发展，以及促进人民生活质量与精神状态的双向提升，提供了新的理论路径。

目前，自然的社会建构理论已被应用于旅游地理研究中，具体体现在

---

① GROVE R H. Ecology, climate and empire[M]. Cambridge:White Horse,1997.

② LIVINGSTONE D N. The geographical tradition[M]. Oxford:Blackwell,1992.

③ CASTREE N. Social nature: theory, practice, and politics[M]. Oxford, Malden, MA: Blackwell Publishers, 2001.

④ 王志弘，林纯秀．都市自然的治理与转化 新北市二重疏洪道[J]．台湾社会研究(季刊)，2013(92):35-71.

⑤ CASTREE N. Making sense of nature[M]. New York: Routledge, 2014.

⑥ DANT T. Material culture in the social world[M]. Buckingham: Open University Press, 1999.

⑦ CASTREE N. Commodifying what nature? [J]. Progress in human Geography, 2003, 27(3): 273-297.

日常生活实践与自然、日常生活景观与自然、生态旅游与自然几个方面。就日常生活实践与自然的互构研究而言，孙九霞等从日常生活实践视角，剖析了人与自然生命共同体的构建过程与机制，发现在西藏夏乌村，青稞和耕牛作为被工具化的自然元素，通过人的自然化实践，建构起表征型人与自然的生命共同体。虫草、猕猴作为被对象化的自然存在，通过自然的人化实践，建构起链接型人与自然的生命共同体①。

就日常生活景观与自然的互构研究而言，王敏等以广州河涌的重新“揭盖复涌”为研究对象，探究了人们关注的日常景观的演化与社会演进之间的相互影响关系。发现自然在城市化的过程中与城市互动，成为交融混杂的城市自然。城市自然资源的功能随着社会经济条件变化而变化。河涌作为广州城市记忆的物质载体，是增强居民地方认同感、传承城市文脉、凸显城市形象不可或缺的一部分②。

就生态旅游与自然的互构研究而言，崔庆明等以“猴子蹬石砸死游客事件”为研究对象，深入剖析该事件中不同人群的观念和态度，发现国人多将对自然以外的文化建构归因于天命论，类似这种对自然的社会建构延续了前现代社会对自然的赋魅，但这种宿命论的观念不利于景区的管理实践③。

综上可知，自然的社会建构与旅游研究关注的重点在于自然的社会和社会的自然两个方面。对自然的旅游研究，不仅囊括旅游发展进程中自然的物质形态变化，而且囊括内隐于自然之中的日常行为实践、文化行为、记忆情感，以及看待社会的观念与态度的变化。虽然既有关于自然的社会建构与旅游相关关系的研究，已在日常生活实践和景观再生产等方面进行了探索与开拓，但对生态社会自然的社会建构研究而言，目前对生态环境脆弱区自然与社会的互构关系，以及两者互构进程中产生的物质、观念与

---

① 孙九霞，王钰宁，庞兆玲．基于生活实践的人与自然生命共同体构建：西藏夏乌村案例[J]．地理科学，2022，42(05)：1－10.

② 王敏，赵美婷，朱竑．广州河涌的自然社会构建与城市记忆[J]．地理学报，2019，74(2)：353－365.

③ 崔庆明，徐红罡．反思生态旅游中自然的社会建构[J]．旅游导刊，2019，3(4)：15－29.

情感的变化等的研究还不足；对自然的社会建构——“沙漠生态治理”，导致的自然的商品化——“沙漠旅游景观意象生成与沙漠旅游地生成与发展”的动力机制、互构要素、演化规律等的研究还有待挖掘；对自然的商品化进程中产生的旅游经济效率与社会发展效益等方面的影响仍有待解答；对自然的社会建构进程中“自然与社会”的互动关系关注有余，但对自然的商品化进程中“生态与发展”的互构关系关注不足，尤其对沙漠旅游地生成发展进程中“旅游与环境”的关系问题关注不足。

因此，本书以沙漠生态环境治理为研究切入点，梳理归纳沙坡头生态环境演变的进程，以景观要素的格局、价值与功能变迁为主要分析依据，通过对生态环境与景观要素互动、建构与维系的动态观察，厘清生态环境与景观要素之间、景观要素与旅游地可持续性之间、生态环境与旅游地可持续性之间的互构关系与逻辑。为弥补自然的社会建构理论对“生态与发展”“旅游与环境”问题关注的不足，响应国家对于生态环境治理体系和治理能力现代化的需要，本研究依托西北部典型案例，深入剖析中国干旱、半干旱地区生态实践产生的社会影响。

2.5　本章小结

本章以研究的关键概念，如生态环境、景观、景观要素、景观生态学和沙漠旅游地为核心出发点，首先，从胁迫、生态胁迫、生态与旅游的交互关系视角，对生态环境脆弱区尤其是中国干旱、半干旱地区“生态与发展”“自然与社会”“旅游与环境”之间的关系与影响进行了梳理。其次，从景观、景观生态、景观社会、景观研究进展方面，梳理了景观研究的相关概念、研究主题及跨学科交叉研究进展，揭示了景观研究中的不足。并从生态系统旅游服务价值出发，强调了景观功能的多样性拓展及可持续性。再次，从沙漠旅游的国内外研究主要议题、研究进展出发，梳理了沙漠旅游活动、沙漠旅游业、沙漠旅游地发展演变的相关情况，揭示了现有研究的不足之处。最后，本研究以自然的社会建构理论为支撑，将沙漠旅游地生态环境与景观要素的变化与互动纳入研究范围，从而厘清沙漠旅游地生态社会互动变化的逻辑关系、相互关联与交互影响，为全面、系统地审视人为建构的自然生态环境生成的多元社会生态效应和多重社会生态影响提供有力参照。

3 研究设计

本章聚焦宁夏中卫沙坡头地区，深入探究中国干旱、半干旱区自然生态环境修复优化及区域旅游社会发展的现状。通过对沙坡头区域生态环境与旅游发展之间的关联过程及其阶段性特征的分析，在对自然景观要素建构效果进行测量与表征、对文化景观要素建构效果进行测量与表征、对社会景观要素建构效果进行测量与表征，对沙漠旅游地景观要素建构对区域旅游社会福利的影响进行测量验证，对沙坡头景观要素建构与旅游地可持续发展的互动关系进行分析的基础上，厘清自然的商品化过程，明确在自然的社会建构背景下“自然与社会”“生态与发展”“旅游与环境”之间的相互影响与交互作用。以沙漠旅游目的地的生态演化、旅游发展演化、景观要素建构效果演化、景观要素建构价值与功能演化为载体，注重从时间性、空间性及主体性视角出发，审视“自然的社会”与“社会的自然”之间的互构逻辑，拓展自然的社会建构的分析视角与研究议题。

3.1 研究区概况

3.1.1 地理区位与历史沿革

宁夏中卫沙坡头区，地处宁夏中部干旱带，位于腾格里沙漠东南前缘，东经104°17′~105°42′，北纬36°40′~37°44′，境内有集沙、山、河、园于一体的5A级景区沙坡头旅游区（以下简称“沙坡头景区”）、4A级景区腾格里沙漠湿地·金沙岛旅游区（以下简称“金沙岛”）、3A级景区宁夏腾格里·金沙海旅游度假区（以下简称“金沙海”）等。本书所指的沙坡头地区，考虑到生态环境建设的凸显性，景观要素、轴线、廊道的突出性，以及旅游景区、村镇的集中性，将宁夏沙坡头毗邻黄河及腾格里沙漠沿线的景区、旅游村镇，如沙坡头景区、中卫市区、沙坡头村、鸣沙村、鸣钟村、沙坡头水镇、沙坡头国家级自然保护区、金沙岛、金沙海等都纳入研究范围。近三十年来，通过对沙坡头自然、文化、社会景观格局、价值与功能的动态演化进行分析，揭示景观要素与景观格局演化背后的主要驱动因素，探讨生态环境变迁对社会生态系统的影响，剖析沙漠旅游地生成带来的价值传播力、文化影响力和发展推动力。

沙坡头历史悠久，战略位置重要。其东连陕晋、西通甘新、北抵内蒙古、南连陕甘，是古时抵御外族入侵、防范外敌进入中原的关隘与军事要塞。沙坡头古时被称作“万斛堆”“沙陀”“沙岭”“沙关”“沙坡”[①]，是丝绸之路的重要节点城市，也是黄河文化、丝路文化、长城文化的交汇之地。

从夏朝开始，今中卫地区便属于西戎的活动范围。到了春秋时期，这里逐渐成为羌族和戎族的杂居地。秦朝时期，中卫被纳入北地郡的管辖范围，为了抵御匈奴的南侵威胁，秦朝沿黄河天堑设障屯兵，并修筑了长城，据考古研究，黑山峡长城即为秦长城的一部分。汉朝时期，中卫属安定郡朐卷县。西汉元狩三年（公元前 120 年），汉武帝为了安置内地 70 余万灾民，将他们迁徙到河套以南地区屯垦耕种，中卫地区因此开始有了灌溉农业[②]。随后，在西汉元鼎六年至元封二年（公元前 111—前 109 年），蜘蛛渠（现今的美利渠）被开挖，为中卫地区的农业发展奠定了坚实基础。南北朝时期，中卫地区属于灵州薄骨律镇。隋朝时，它归属于灵武郡丰安县[③]。到了隋唐年间，宁夏成为防御突厥的最前沿阵地，今中卫沿线遍布着唐军与突厥血战的沙场。唐朝时，中卫属西会州鸣沙县。武则天万岁通天元年（696 年），为了防止突厥侵扰，唐王朝在今沙坡头以西 15 千米的长流水处设置了“丰安军”，修建城堡，并派驻重兵防守。宋、辽、西夏时期，

---

① 杨兆兴．沙坡头·世界奇迹[M]．北京：解放军文艺出版社，1990.
② 郭生岐．中卫县志[M]．银川：宁夏人民出版社，1995.
③ 李福祥．中卫史话[M]．银川：宁夏人民出版社，2012.

中卫地区归属于西夏的应理县。元朝时，它被称为应理州，隶属于宁夏府。据《元史·地理志》记载，“中卫”东扼胜金，西据沙山，地理位置十分重要。明朝废除了应理州，建文元年（1399 年）设置了宁夏中卫指挥使司，隶属于陕西都指挥使。永乐元年（1403 年），中卫之名由此开始。清朝雍正三年（1725 年），废卫改中卫县，属甘肃省宁夏府①。1933 年，中卫县被分成中卫、中宁两县。1935 年，红军长征途中进入了宁夏。1949 年 9 月，宁夏解放。1954 年，宁夏并入甘肃省，中卫则归属于银川专区。1958 年，宁夏回族自治区成立后，中卫先后划归银南地区、吴忠市管辖。2004 年，中卫撤县设市，沙坡头区成为中卫市的一个辖区，如图 3－1 所示。

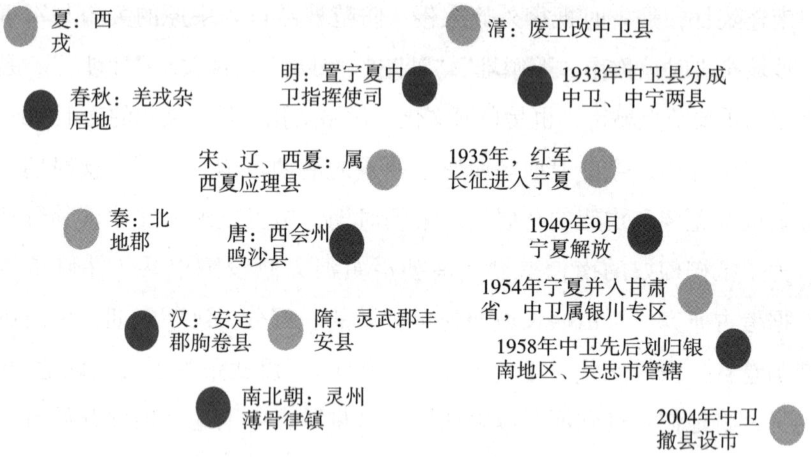

图 3－1　中卫市历史发展沿革

3.1.2　研究区生态文明建设进程

对沙坡头长流水旧石器遗址和一碗泉新石器遗址的考古研究发现，沙坡头两万多年前山高谷深、森林茂密、丘陵沼泽广布、河湖两畔飞禽走兽成群，鱼类繁多，古人类在此地依山傍水而息。从地质构造运动和气候变化的角度看，沙坡头沙漠化是地质运动和气候变化等多重因素长期作用的结果。从历史破坏和干预的角度看，长期的战争与人为破坏加速了沙坡头

---

① 沙坡头地理位置［EB/OL］.（2018－04－12）. http://www.nxzw.gov.cn/zjzw/zwgk/lsyg/201804/t20180412_735544.html.

沙漠化的进程。春秋战国至两晋时期，沙坡头成为中央集权和边疆少数民族势力的必争之地，该地常年驻军屯垦。常年的战火硝烟，导致这里原始生态环境遭到毁灭性的破坏，植被锐减、土地沙化严重。西晋时期，因流沙堆积成名的“万斛堆”大沙丘已扩展至黄河边。五代至宋辽时期，今中卫西部已大片沦为荒漠。元明清时期，沙丘进一步堆积并逼近黄河岸边。民国时期，这里风沙灾害更加肆虐，沙尘暴频发，沙漠吞噬了毛茨滩、腾格滩等地的良田和村庄，沙丘堆积至城西外①。

1950 年，中卫防沙林场的前身——国营卫宁防沙林场成立，使沙坡头迈出新中国成立后“向沙漠进军”的第一步②。1954 年，为联通区域发展，改善沙坡头区域基础发展条件，在时任中央政府的主导下，开始修建世界上第一条穿沙铁路——包兰铁路③。1956 年，为响应毛主席“植树造林，绿化祖国”的号召，沙坡头正式成立固沙林场。同时期，沙坡头地区采用平草沙障、黏土沙障、挡风墙、防沙坝等固沙方式，拉开了沙漠治理的序幕。1950—1957 年，在当地政府、固沙林场和当地群众的共同努力下，一条长 100 多里的绿色林带在腾格里沙漠初步形成。1958 年，包兰铁路建成通车。

1978 年，国家启动“三北”工程，中卫全境被纳入该工程建设范畴。此后，中卫市通过植草种树、植树造林、封沙育林、退耕禁牧、生态移民等措施，持续推进生态改善和优化治理。1984 年，经宁夏回族自治区人民政府正式批准建立省级“宁夏中卫沙坡头自然保护区”（以下简称“沙坡头自然保护区”）。同时期，沙坡头“五带一体”（卵石防火带、灌溉造林带、草障植物带、前沿阻沙带、封沙育草带）防护林体系建成④。

1994 年，沙坡头自然保护区获批成为首个国家级沙漠生态自然保护区。保护区包括迎水桥镇、东园镇，以及沙坡头村、鸣钟村、黑林村、夹道村、

---

① 吴红斌，郝耀明，刘迺发．宁夏沙坡头国家级自然保护区综合科学考察[M]．兰州：兰州大学出版社，2005.

② 曾斌，钟培源，马汉泽，等．宁夏，人与沙的千年博弈[J]．宁夏画报，2021(3)：66－69.

③ 杨兆兴．沙坡头・世界奇迹[M]．北京：解放军文艺出版社，1990.

④ 顿耀权，屈建军，康文岩，等．包兰铁路沙坡头段防护体系研究综述[J]．中国沙漠，2021，41(3)：66－74.

迎水村等行政村。保护区内农民经济收入来源主要是种植业、养殖业、运输加工业和旅游业等①。保护区内有包兰铁路、银兰公路、迎闫公路，以及下河沿水运码头纵横穿过，交通十分方便。同时，西部大开发国家重点项目沙坡头水利枢纽工程和西气东输管道工程也位于自然保护区内。同年，沙坡头因治沙效果显著、成果丰硕被联合国授予“全球环境保护500佳”称号②。

自2004年中卫撤县建市以来，中卫市结合“三北”工程、天然林保护工程、退耕还林工程建设要求，将防风固沙作为核心任务，致力于增加植被覆盖、改善生态环境、提高综合效益，进一步加快了中卫市沙坡头区防风固沙工作的步伐。为应对风沙侵害等环境挑战，中卫市着力发展以沙漠旅游业为主导，辅以经果林种植、特色农果产品加工等产业的沙产业体系。2011—2020年，中卫市营造林面积保持稳步增长态势，城市建成区绿地率逐年提升，区域生态环境得到持续优化，为旅游业发展与社会经济结构全面协调提供了生态环境保障，见图3－2。至2021年，中卫市区域生态环境持续优化，城乡基础设施及立体交通网络已然成形，见图3－3。

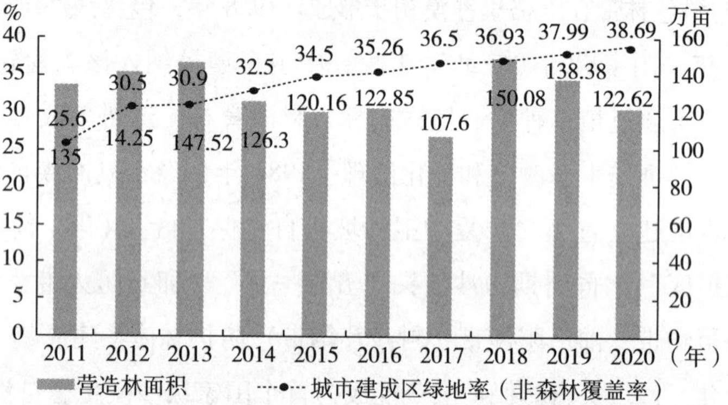

图3－2　2011—2020年中卫市生态建设与城市绿化建设进展情况

---

① 来婷婷．宁夏中卫沙坡头国家级自然保护区景观变化及优化研究[D]．兰州：兰州大学，2013.

② 邸明慧，广新菊．差异形成旅游产品吸引力研究：以宁夏沙坡头市场营销为例[J]．地理与地理信息科学，2004(6)：91－93.

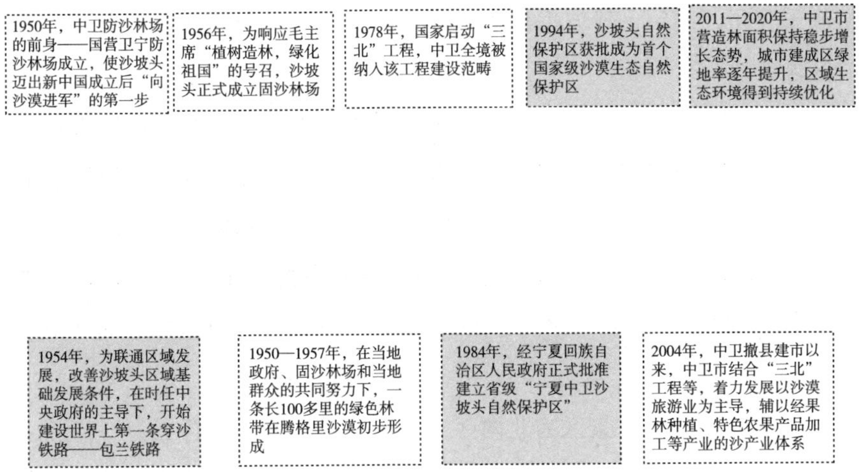

图 3－3　新中国成立以来中卫市生态建设历程

3.1.3　研究区旅游发展阶段与历程

随着生态环境的逐步优化、治沙技术的日渐成熟、城市基础设施建设的逐步完善，沙坡头沙漠旅游日臻兴起。沙坡头景区原是垂直落差近百米的巨大沙坡，旅游业兴起之前，附近的童家园子村民和周边居民已常来此滑沙游玩，滑沙过程中滑板摩擦沙面发出的奇特浑厚声响，犹如巨鼓轰鸣，故而得名“沙坡鸣钟”，这就是沙坡头景区发展的雏形。1984 年，宁夏回族自治区将沙坡头列为全区首批开发的旅游区之一①。同年，为了确保包兰铁路的安全运营，当地各级部门在沙坡头地段修建了总长 15.4 千米的“五带一体”治沙防护体系。1986 年，沙坡头旅游管理所正式成立，专门负责景区的人力资源管理、资源规划、设施建设和整体运营等工作。

1992 年，沙坡头凭借其卓越的治沙成就荣获国务院颁发的国家科技进步奖特等奖。1994 年，国务院将沙坡头自然保护区升格为国家级自然保护区，同年被联合国授予“全球环境保护 500 佳”称号。这些举措与荣誉不仅推动了当地生态环境的持续优化，而且提升了沙坡头景区的知名度与影响力。1998 年，沙坡头旅游管理所进行了改制，成立了宁夏中卫沙坡头旅

① 薛晨浩. 旅游活动对沙漠生态环境的影响研究[D]. 银川:宁夏大学,2014.

游有限公司，同年，沙坡头被宁夏回族自治区列为全区首批重点开发的旅游区之一。

2003 年，银川东方运输设备有限公司入股沙坡头，并对沙坡头景区进行了深度开发。2004 年，沙坡头被国家体育总局评为“全民健身二十个著名景观”，被中央电视台、中国电视艺术家协会旅游电视委员会评为“中国十大最好玩的地方”之一；2005 年，沙坡头被《中国国家地理》选为“中国最美的五大沙漠”之一；2007 年，沙坡头被评为国家首批 5A 级旅游景区①。

2012 年，沙坡头景区南北两区（黄河区与沙漠区）合二为一，形成统一管理体制。2014 年，由于股权变动，港中旅集团成为沙坡头景区最大股东②。同年，热门综艺节目《爸爸去哪儿》栏目在此取景拍摄，提升了沙坡头的知名度与美誉度。2016 年，中卫市被确定为首批国家全域旅游示范市。2018 年，有“西北摩洛哥”之称的黄河宿集开始运营。2019 年，依托沙坡头“星星的故乡”这一旅游品牌，宁夏回族自治区文化和旅游厅发起了一系列以“仰望星空”为主题的活动，包括沙漠观星、星空朗读、星空摄影、星空讲座、星光夜跑、星光品酒会等，同时还推出了观星民宿和星空讲师培训等特色项目，致力于打造成沙坡头“星星的故乡”文旅 IP③④⑤，见图 3－4。

如今，沙坡头凭借生态环境优化和城乡环境改善的优势，依托得天独厚的沙漠资源、厚重的黄河文化、深邃的丝路文化和丰富的长城文化资源，同时依托新兴的暗夜星空旅游与葡萄酒旅游等项目，在沙漠旅游核心产品打

---

① 张至楠．旅游对沙漠型旅游景区沙坡形态影响研究［D］．银川：宁夏大学，2015.

② 邢志娟．宁夏沙坡头景区沙漠体育旅游的游客体验分析及产品开发研究［D］．银川：宁夏大学，2017.

③ 中国旅游新闻网．国内旅游宣传推广案例展示［EB/OL］．http://www.ctnews.com.cn/node_824.html，2020－09－18.

④ 光明网．向星空要“流量”为产业提“质量”：宁夏星空旅游发展观察［EB/OL］．https://m.gmw.cn/baijia/2022－03/08/35570613.html，2022－03－08.

⑤ 厉新建，陆文励，沈铮杰．发展夜间旅游应重视夜空资源开发［M］．北京：社会科学文献出版社，2019.

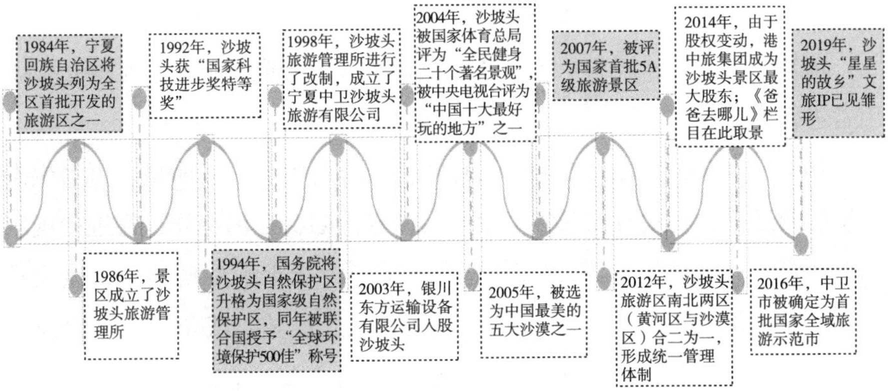

图3－4 中卫市旅游发展进程

造、沙漠旅游产业链融合与延伸、沿沙坡头景区周边旅游项目和园区建设等方面不断优化升级，逐步形成了“两带三区”旅游空间格局，其中，“两带”指的是多文化交汇景观带、黄河文化景观带；“三区”则包括中国大漠旅游区、沙坡鸣钟黄河度假区、大漠绿洲旅游景区，这些区域相互组合、交叉。旅游业已成为沙坡头国民经济和社会发展的重要支柱产业，见图3－5。

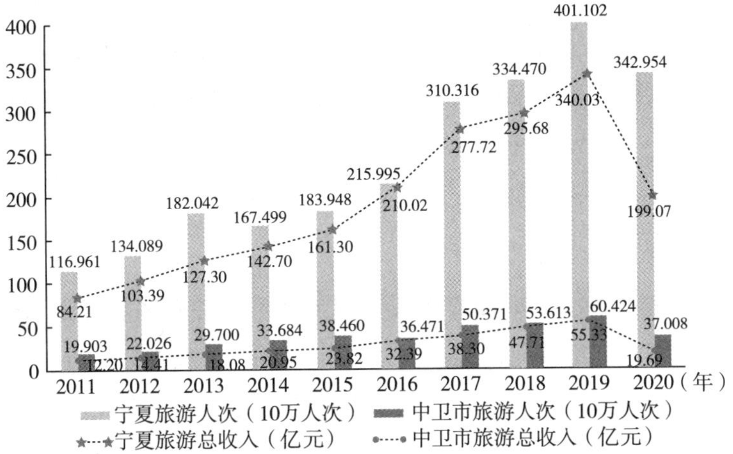

图3－5 2011—2020年中卫市旅游业发展情况

尽管自2020年以来，当地旅游业因新冠疫情受到重创，但不可否认的是，旅游业仍是当地的主导产业，旅游业对促进该地区产业融合、推动区域协调发展、持续加强生态环境建设等具有不容小觑的溢出效应和辐射作用。

3.1.4 案例地选取的典型性说明

选择宁夏中卫沙坡头景区及其周边村镇作为研究案例地，是基于以下因素进行的考量：

其一，沙坡头生态修复与优化时间长、跨度大、成效明显，可为生态环境的变迁提供自然研究载体。沙坡头深居内陆，远离海洋，靠近中国第四大沙漠——腾格里沙漠的东南边缘，属于大陆半干旱气候区，风大沙多，干旱少雨。历史上，该区域长期遭受过度放牧、战争破坏，以及干旱、沙尘暴等自然灾害侵袭，土地沙漠化问题严重、生态脆弱，当地农牧民生活困难，经济发展滞后。为治理沙漠、改善生态环境并带动区域发展，1954 年中央政府修建了包兰铁路，建立了固沙林场，迈出了沙漠生态修复的第一步；之后，为进一步防治土地沙漠化与荒漠化，1978 年国家开始实施“三北”工程，沙坡头作为沙漠化治理的重点区域，被纳入“三北”工程建设范畴，持续对沙漠进行优化治理；在 70 余年的治沙历程中，当地政府与中国科学院沙坡头沙漠试验研究站探索总结实践出以“麦草方格”为核心的地方特色治沙方法，并构建了“五带一体”防风固沙体系，沙坡头也因这一治沙成果而享誉全世界，被联合国授予“全球环境保护500 佳”的称号。截至 2020 年，沙坡头生态修复与优化取得显著进展，沙坡头建成区绿地率已达 35.6%，“塞上江南”的城市名片逐步形成。这一系列生态文明建设进展为研究自然的社会建构背景下生态环境的演化过程与演化轨迹提供了丰富的研究资料。

其二，沙坡头沙漠资源与景观类型分布广、形态多、符号表征显著，可为各类景观要素的演化研究提供依托。从自然景观的分布看，紧邻沙坡头的腾格里沙漠，南北长 240 千米，东西宽 180 千米，面积约 4.3 万平方千米，具有沙丘、山地、湿地、林带、湖泊交错分布的自然特征①，其境内又有黄河流过，为自然景观增添了无尽的变化与多样性。从文化景观的

---

① 董瑞杰. 沙漠旅游资源评价及风沙地貌地质公园开发与保护研究[D]. 西安:陕西师范大学,2013.

分布看，长城文化遗址、南北长滩古村落、鼓楼、美利渠等历史遗迹，羊皮筏子漂流、白马拉缰等民俗活动，还有“花儿”民歌、古尔邦节、开斋节等习俗与民族节日，这些物质与非物质文化遗产星罗棋布，建构出具有地域特色、历史特征、民族印记的文化景观。从社会景观的分布看，沙坡头优良的滑沙场地、沙漠星星酒店、莽莽的沙漠等，在沙坡头景区持续建设的加持下，逐步建构出“长河落日、大漠黄沙、静谧星空”等景观形象。因治沙技术闻名的“五带一体”防风固沙体系与“包兰铁路”“草网沙障”“翠笼沙滩”等景观①以符号表征的形式，凝聚成兼具视觉、符号与价值三重表征意义的社会景观，为研究自然的社会建构背景下景观要素旅游动态演化过程与演化轨迹提供了实证素材。

其三，沙坡头旅游区依托多样化的沙漠旅游资源与鲜明的生态旅游特质，能够作为分析沙漠治理对目的地发展影响的媒介载体。宁夏沙漠旅游始于20世纪80年代，沙坡头景区沙水组合资源的独特性，深厚的历史底蕴和沙漠文化②，交相辉映的大漠风光与塞上江南景色，别致的大漠民族风情，带给旅游者强烈的视觉冲击和神秘感，对游客而言有极大的旅游吸引力③。在沙坡头，茫茫沙海、绿色固沙带和滔滔黄河水融为一体，构成了百丈沙坡与黄河深谷相依相存的奇特景观。此外，沙坡头更有“沙坡鸣钟””浑脱漂渡”等自然奇景与人文旅游活动，这些赋予了沙漠旅游更多神秘奇异的魅力④。

在沙坡头，自然生态与人类活动的频繁碰撞，促成了沙漠旅游目的地的生成与发展。因此，通过剖析沙漠旅游目的地的生成过程与发展趋势来反思与回顾沙漠生态属性与景观属性的相互作用与影响，能为研究沙漠旅

① 陈忠祥．宁夏特色旅游发展研究[J]．干旱区地理,2002(4):360－363.

② 梅诗婧,李陇堂,石磊,等．沙漠型景区旅游安全风险评价:以宁夏沙坡头景区为例[J]．中国沙漠,2019,39(5):143－154.

③ 薛晨浩,李陇堂,任婕,等．宁夏沙漠旅游适宜度评价[J]．中国沙漠,2014,34(3):901－910.

④ 沙爱霞,陈忠祥．宁夏沙漠旅游开发研究[J]．宁夏大学学报(自然科学版),2004(1):81－84.

游地结构、功能、作用与发展趋势变化提供非常典型的案例参照。

3.2 研究方法与数据来源

3.2.1 深度访谈法

本书采用深度访谈的方法，于2019年12月和2022年6月，研究团队亲赴沙坡头进行实地访谈调研。首先，有针对性地重点访谈了在沙坡头国家级自然保护区管理局工作的有关管理者和工作人员，从地方政府层面了解了近年来沙坡头生态治理的措施、情况和效果，并获得大量珍贵的研究数据和研究资料，对研究沙坡头历时性生态环境变迁与景观格局演化等有重要的参考价值；其次，就沙坡头当地居民近几十年来受风沙、沙尘暴威胁的感知，以及城市与乡村人居环境变化的个人体验，访谈了常年居住在沙坡头的城市居民和乡村村民，以便从主体感知与认知层面了解当地居民对沙坡头环境变化的态度和看法；再次，经沙坡头国家级自然保护区管理局工作人员引见，访谈了沙坡头治沙企业——中冶美利集团有限公司工作人员，了解了近年来该企业落实国家与地方政府层面要求的植树造林任务情况，以及企业在植树造林方面取得的成绩和面临的问题；最后，经沙坡头国家级自然保护区管理局工作人员引见，于2019年12月访谈了沙坡头港中旅股份有限公司相关管理人员，获得了一些关于沙坡头景区股权演变、管理方式调整和景区建设与运营方面的有关情况。

根据不同调研对象，将深度访谈的提纲进行了适当的调整，核心问题包括三个：①您熟悉当地的生态环境改善和优化措施吗？这些措施给当地发展和您的生活带来了哪些影响？②您认为如今沙坡头旅游业的发展与当地生态环境和人居环境变化有关系吗？为什么？③结合自己的主观感受，谈谈沙坡头生态治理成效是否有利于人民生活水平的提高；能否增强人民满意度；结合自己感受，谈谈沙漠旅游发展是否有助于当地发展。

整体而言，针对当地居民的访谈，紧密围绕调研的核心问题，通过回溯过往生产生活经历，评价当下生态环境改善状况与旅游发展趋势，了解受访者对沙坡头地区变化的感受与看法；针对当地政府和企业的访谈，先有目标地提出问题，获得第一手访谈数据，再根据回答问题的情况，顺着受访者的话题深入交流，以获取更多有价值的信息和见解。两次调研共访谈了当地政府工作人员、企业员工和居民25人，具体如表3-1所示。

表3-1 受访对象的构成情况

受访者编号	受访时间	职业	性别	年龄	在当地居住时间（年）
V1	2022年6月16日	沙坡头村村委工作人员	女	43	43
V2	2022年6月16日	鸣沙村村民	男	86	25
V3	2022年6月16日	鸣沙村村长	男	47	47
V4	2022年6月17日	沙坡头乡村振兴体验中心工作人员	女	29	29
V5	2022年6月17日	鸣钟村村委工作人员	女	30	30
V6	2022年6月18日	鸣钟村村长	男	49	49
V7	2022年6月18日	鸣钟村村委工作人员	男	51	51
V8	2022年6月18日	春满园农家乐老板	女	27	27
V9	2022年6月19日	绿化公司员工	男	32	32
V10	2022年6月19日	超市大妈	女	68	68
V11	2022年6月20日	黄河鱼庄老板	女	47	32
V12	2022年6月20日	银泰烧坊老板	男	69	69
V13	2022年6月14日	沙坡头景区员工1	女	40	40
V14	2022年6月14日	中卫市居民1	男	60	60
V15	2022年6月14日	中卫市居民2	女	52	52
V16	2022年6月13日	沙坡头景区员工2	男	29	29
V17	2022年6月13日	宁夏工商大学学生	男	20	16
V18	2022年6月12日	大学生	女	21	17
V19	2022年6月12日	中卫市居民3	女	27	27
V20	2022年6月11日	中卫市居民4	男	64	64
V21	2019年12月20日	沙坡头国家自然保护区管理局刘副局长	男	47	40
V22	2019年12月21日	沙坡头国家自然保护区管理局尤局长	男	51	36
V23	2019年12月22日	治沙林场员工	男	43	27
V24	2019年12月23日	中冶美利集团高层领导	男	52	39
V25	2019年12月24日	港中旅集团公司工作人员	男	38	7

经整理获得超过6万字的原始访谈资料，为研究积累了大量真实且极

具价值的素材，特别是从主体感知层面分析沙坡头生态环境与景观要素建构效果的变化方面，展现出了重要的利用价值，在探讨生态环境治理举措如何通过影响主体感知进而对旅游社会生态福利产生深远影响方面，也提供了重要的参考依据。

3.2.2 农户参与式社区评估与参与制图法

研究采用农户参与式社区评估（Participatory Rural Appraisal，PRA）① 的方法，并以下述问题为导向：①沙漠侵袭当地和土地沙化情况；②当地植被覆盖率变化；③当地修复和开发历史文化遗址、遗迹情况；④土地利用情况变化；⑤房屋建筑改扩建情况，房屋建筑功能变更情况；⑥当地旅游景区景点知名度和美誉度情况。收集获取当地居民对研究区生态环境变化和景观要素、景观符号、景观价值与功能形成情况的见解和认知，为后续分析景观的社会建构效果提供第一手资料。此外，针对自然景观服务效率的研究，本文选取 1984 年、1994 年、2007 年、2021 年作为关键时间节点，剖析生态环境变迁与景观要素建构的动态过程。选择这四个时间点作为自然景观要素建构测量的关键时期，其原因如图 3 -6 所示。

如图 3 -6 所示，第一阶段，为生态胁迫治理阶段。新中国成立后，为应对沙漠生态胁迫对生存与发展的挑战，1950 年，在国家防风固沙政策的指导下，沙坡头国营卫宁防沙林场积极响应国家号召，开展轰轰烈烈的林场造林植草种树运动。1978 年，随着“三北”工程在沙坡头的逐步实施，沙坡头逐渐纳入“三北”工程建设体系范畴。第二阶段，为生态稳步优化阶段。1984 年，得益于“三北”工程以及植树造林等防风固沙措施的实施，沙坡头包兰铁路段沿线已形成“五带一体”的防护林体系。第三阶段，为生态持续向好阶段。随着防风固沙、植树造林、植草种树等措施的持续推进，沙坡头人居生态环境得到进一步优化，当地生态环境保护意识和实践不断增强。1994 年，沙坡头自然保护区升格为国家级自然保护区，

① 张菲菲，刘刚，康洁，等. 京郊民俗生态旅游发展探讨：以怀柔区北宅村为例[J]. 北京社会科学，2007(4)：81 -85.

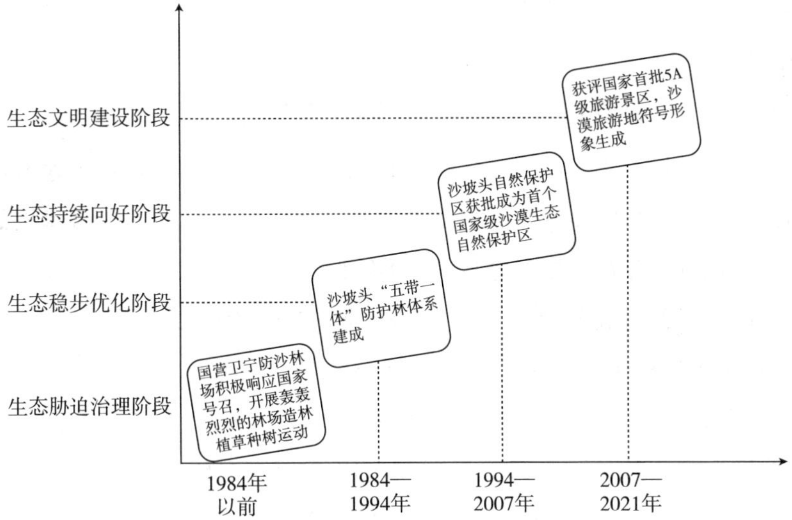

图 3－6 沙坡头发展关键时间节点

获批成为首个国家级沙漠生态自然保护区，标志着当地生态环境保护意识和行动得到进一步强化落实。第四阶段，为生态文明建设阶段。生态环境的改善和优化有效促进了区域经济社会的综合发展。2007 年，沙坡头获评 5A 级旅游景区，标志着当地旅游业的发展壮大，也标志着沙漠旅游地的快速发展。随着当地政府、企业对沙漠旅游地宣传营销的推广和旅游地形象与氛围的塑造与营造，截至 2021 年年底，沙坡头旅游知名度和美誉度不断提高，“沙漠之都”“塞上江南”“沙漠水城”等旅游目的地形象和旅游景观符号得以生成。

研究还采用参与式制图（Public Participation GIS，PPGIS）的方法①②，向研究区附近村民和当地居民了解目前文化景观要素建构价值与社会景观要素功能的空间布局情况。让受访者用记号笔分别标注出研究区周边文化景观、社会景观的演变情况，以及当地农田用地、建设用地、住宅用地的

① 刘阳，赵振斌，李小永．基于 PPGIS 的乡村旅游社区景观价值变化研究：以丽江束河古镇为例[J]．地理科学，2021，41(2)：328－339.

② 黄越，赵振斌．旅游社区居民感知景观变化及空间结构：以丽江市束河古镇为例[J]．自然资源学报，2018，33(6)：1029－1042.

使用与变化情况，用于从主体感知视角对研究区景观要素的空间分布状况进行分析。

3.2.3 遥感影像解译与景观指数方法

第一手资料，不同景观要素空间布局的分析数据，源自对当地城市居民和村民的访谈与实地调研。第二手资料，研究区自然景观要素建构效果的时空变化情况分析数据，源自对 1984 年、1994 年、2007 年、2021 年研究区的遥感影像进行解译。首先，1984 年、1994 年、2007 年、2021 年研究区的 Landsat 8 OLI 遥感影像，来源于地理空间数据云平台（https://www.gscloud.cn）。其次，对遥感影像进行辐射定标、大气校正、几何校正、图像拼接和裁剪预处理。最后，运用 ENVI5.1 软件结合访谈数据对 1984 年、1994 年、2007 年、2021 年的景观格局进行目视解译。

运用 Fragstats 4.2① 软件，采用景观指数方法②，选取斑块个数（NP）、最大斑块指数（LPI）、景观形状指数（LSI）、香农多样性指数（SHDI）和蔓延度指数（CONTAG）③ 等，运算衡量 1984 年、1994 年、2007 年、2021 年研究区的景观格局变化。

3.2.4 问卷调查法

本研究在深度访谈的基础上，按照沙坡头“生态环境变化—景观要素建构效果表征—旅游社会福利生成”的思路编制调查问卷，并于 2022 年 6 月向当地受访者进行发放。试图从当地居民主体感知视角对沙坡头生态环境变化与景观要素建构所产生的区域旅游社会福利进行评价。

---

① 孙姝博，孙虎，徐崟尧，等．运城黄河湿地景观空间格局变化及其驱动因素[J]．水生态学杂志，2021，42(1)：17－25.

② 张春燕，资明贵，罗静，等．旅游业驱动下的林区乡村地域景观演化与重构[J]．华中师范大学学报(自然科学版)，2022，56(1)：189－200.

③ 季明明，孙虎．1980—2018 年镇赉县湿地景观格局变化与人为干扰的关系[J]．浙江大学学报(理学版)，2021，48(6)：760－770.

3.3 本章小结

本章首先对研究区地理环境特征与区域历史演进历程进行了回顾，对研究区沙漠生态文明建设进程与旅游发展阶段历程进行了总结，为后续从时空视角分析生态环境与区域旅游发展的关联情况，各类型景观要素建构产生的生态系统旅游服务价值，以及景观要素建构产生的旅游社会福利打下基础；其次本章结合研究议题，阐述了选取宁夏沙坡头作为研究区的主要原因，分析了研究区的典型性，以及与论文研究议题的契合性。最后本章详细介绍了论文研究采用的研究方法、使用的软件、数据来源渠道，以及收集到的数据类型，为后续研究的有序开展与顺利实施做好了前期铺垫。

4　生态环境与区域旅游发展的关联过程及阶段性特征

本章旨在解析沙漠生态环境的持续治理与建设能否赋能沙坡头旅游发展契机，并探讨沙坡头在旅游发展中如何反作用于生态环境建设，进而判断其对生态文明建设进程是起到了推动作用还是制约作用。遵循“生态重塑—价值凝结—效益溢出”的逻辑分析主线，研究关注在生态重塑的历史进程中，生态与旅游的关联过程及阶段性特征。以沙坡头生态建设与旅游发展的关联过程为研究切入点，通过划分生态建设与旅游发展情况的阶段性特征，分析生态与旅游之间的关联关系。

依据前期对沙坡头生态文明建设进程及旅游发展历程的梳理，研究发现，沙坡头生态建设与旅游发展进程呈现出一定的关联性，并在关键时间节点呈现出生态与旅游的阶段性互动与耦合，见图 4－1。依据图 4－1 的具体特征，研究通过对沙坡头在不同关键时期生态建设与旅游发展情况的梳理，并结合已有文献资料、数据资料和访谈资料，按压力—状态—响应（PSR）的生态环境变化分析思路，将沙坡头生态环境与区域旅游发展的关联过程及阶段性特征划分为四个阶段。分别是 1984 年以前的生态胁迫治理与旅游发展的沉寂阶段；1984—1994 年的生态稳步优化与旅游发展的自组织阶段；1994—2007 年的生态持续向好与旅游开发的市场化运作阶段；2007 年至今的生态文明建设与区域旅游发展的提质升级阶段。通过厘清生态环境的发展建设情况，结合自然的商品化形成过程，即沙漠旅游景观符号生成与沙漠旅游地的生成与发展，并在此基础上，对各时期生态环境变化情况及其与旅游发展关联互动的情况进行了分析，为后续不同类型景观要素的建构效果测量与表征分析做好时序性铺垫。

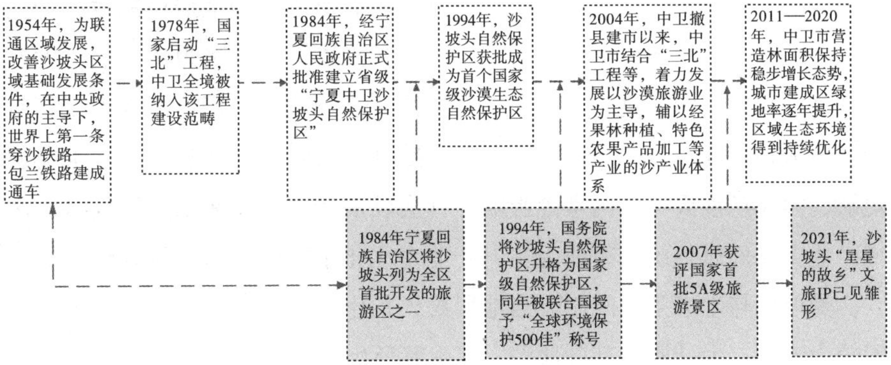

图4－1　生态与旅游的阶段性互动与耦合

4.1　生态胁迫治理与旅游发展的沉寂阶段（1984年以前）

根据压力—状态—响应（PSR）分析框架，本节重点解析了沙坡头面临的生态胁迫压力，并阐述了当地多元群体为减轻沙漠受胁状况采取的治理举措。结合彼时的生态环境状态，探讨了生态环境与沙漠旅游发展之间的关系。发现在1984年中卫市成立沙坡头自然保护区以前，沙坡头处在生态胁迫治理与旅游发展的沉寂阶段。

4.1.1　开通包兰铁路，助力区域社会联通

沙坡头坐落于我国八大沙漠之一——腾格里沙漠的东南缘，位于干旱、半干旱地区，常年受到沙漠生态的胁迫，生态条件脆弱、社会发展缓慢、居民生计方式单一。改善与优化生态环境，已成为确保人类社会生存与发展的关键所在；通过发展生态实现社会脱贫，成为当地谋求发展进步必须破解的难题。因紧邻腾格里沙漠，沙坡头受生态受胁、发展受胁、生产和生计受胁三方面的影响：

一是生态受胁。沙坡头紧邻腾格里沙漠，当地民众饱受沙尘暴侵袭，生态环境十分脆弱，防沙治沙任务异常艰巨。二是发展受胁。在沙坡头，因生态与居住环境脆弱引发的贫困问题犹如“环境魔咒”，使生活在当地

的居民陷入“生态破坏—贫困加剧—破坏生态”的“资源诅咒”模式，环境库兹涅茨曲线一直处于“两难”区间。过去，人类的过度干预严重破坏了当地的天然植被，生态环境持续恶化，进而影响到当地居民的生存和生产活动，导致当地居民生活水平低下、贫困加剧。贫困又迫使人们过度开发和利用自然资源，进一步加速了环境恶化、加剧了贫困，形成难以打破的“资源诅咒循环”。三是生产和生计受胁。沙坡头受植被稀少、水资源短缺、大风扬沙天气等因素的影响，社会发展较落后于东部发达地区，区域产业支撑仍以传统农牧业为主，产业多元化水平低，跨区域合作不够深入。受地域与生态条件限制，当地居民人均生活水平居全国末位，生计资源较为匮乏，生计资本基础薄弱，谋生路径相对单一。

长期受大风扬沙的侵袭，且受制于沙漠缺水少地等环境条件，沙坡头自新中国成立以来，就高度重视沙漠生态环境的治理，并密切关注当地社会经济的发展，不断探索有利于改善沙漠生态系统的政策措施与地方实践。以1950年中卫防沙林场的前身——国营卫宁防沙林场成立为标志，沙坡头迈出了新中国成立后“向沙漠进军”的第一步。1954年，为搭建区域之间的货物及产品运输通道，包兰铁路在中央政府的主导下开工建设，1958年包兰铁路建成通车，为联通区域发展、联结社会交往提供了交通设施基础。同时，以包兰铁路的建成与通车为标志，在宏观层面拉开了向沙漠进军、助力区域社会经济发展、提升人民生活水平的序幕。

4.1.2 成立各级林场，筑造防风固沙体系

新中国成立以来，土地沙漠化与荒漠化的地区多在我国中西部地区及胡焕庸线以北，这些地区相对东部地区而言，经济社会发展缓慢，交通不便，常被视为老、少、边、穷区域。过去，当地居民普遍采用滥伐的方式获取生活燃料。与此同时，随着人口持续增长带来的压力，过去乱砍滥伐的粗放生产生活方式致使大量植被遭到破坏，日渐沙化的土地持续丧失耕种和放牧的价值，加剧了土地沙漠化的进程。宁夏中卫沙坡头，过去受历史与地理环境因素的双重影响，土地荒漠化问题越来越严重。沙漠化不仅限制了当地社会的发展，而且使沙坡头陷入缺水与贫穷的困境，社会发展

面临多重威胁，改善沙漠生态环境刻不容缓。生活在沙坡头的居民长期受干旱、半干旱气候条件和生存环境的威胁，面临诸多生产生活压力，也衍生出许多生存与发展问题。具体表现为：

一是植被退化加剧了生态环境的沙漠化，形成了脆弱的自然生态。沙坡头沙区植被覆盖率的降低，致使土地沙化面积扩大，土壤环境质量下降，土壤结构稳定性降低，抗风蚀能力减弱，进而威胁区域的交通运输发展。与此同时，土地的日渐沙化，不仅不利于保持水分、涵养水源，而且影响区域植物和动物多样性的生长和繁衍，进而影响区域整体生态环境系统的稳定性，使得区域生态环境易受灾害天气的侵袭，生态条件脆弱，生存环境亟须改善。

二是生态环境的沙漠化加剧了区域水资源的短缺，从而影响农牧业生产与沙漠地区产业发展。生态环境的沙漠化使得本就干旱少雨的区域土壤水分涵养能力降低，不仅影响和威胁区域农业耕种与牧业养殖，而且进一步威胁区域产业发展。水资源匮乏成为区域经济社会可持续发展的瓶颈，而发展节水农业，科学合理规划放牧，培育以节水为主的沙产业，如沙漠光伏产业、沙漠中草药种植业、沙漠滴灌节水农业、沙漠生态旅游业，则成为解决水资源短缺问题的生态实践。

三是植被的缺乏使得区域抵御沙尘暴侵袭的能力降低，从而阻碍了当地人追求美好生活的步伐，影响了人民生活福祉。干旱、半旱地区植被的减少，沙漠面积的扩大，不利于动植物多样性的维护与社会生产发展，也不利于人民基本生存与生活权益的保障，限制了沙漠地区居民生活福祉的改善和提升。植被退化和土地沙化导致的水资源短缺使生活在干旱、半旱地区的居民长期面临饮水用水困难，破解生产生活用水难题，一直是并且将继续是备受重视和亟待解决的问题。此外，过去常年生活在干旱、半旱地区的居民不仅面临饮水困难，而且饱受大风扬沙及沙尘暴等恶劣天气的侵袭，生产环境极为不利，现代产业进入困难。当地生产发展主要依赖传统粗放的农牧业，现代集约型工业与服务业则鲜有发展。缺乏现代产业支撑的区域经济社会发展受限，长期处于贫困落后状态，生态福利与生活福祉水平亟须提高。

为缓解沙漠生态胁迫对生存与发展的影响，1950 年，沙坡头国营卫宁防沙林场的全体员工，在国家防风固沙政策的指导下，掀起了一场轰轰烈烈的林场造林植草种树运动，来抵御土地沙漠化的侵袭。1956 年，为响应毛主席“植树造林，绿化祖国”的号召，沙坡头在原有国营卫宁防沙林场的基础上，正式成立固沙林场，持续贯彻执行国家下达的防风固沙与植树造林任务。1950—1957 年，在当地政府、固沙林场以及当地群众的共同努力下，一条长 100 多里的绿色林带在腾格里沙漠初步形成。

此外，在沙坡头成立自然保护区之前，宁夏回族自治区内陆续建立了一系列国有林场、乡办林场以及村办林场，这些林场在防风固沙方面发挥了举足轻重的作用，还促进了沙漠自然景观带的形成，助力沙绿景观轴线与廊道的构建。同时，沙坡头通过采用平草沙障、黏土沙障、挡风墙、防沙坝等固沙方式，开启了沙漠化治理的植草种树历程，为打造防风固沙体系明确了目标，提供了组织保障及措施支持。例如，围绕包兰铁路建设起来的“五带一体”防护体系，通过设立卵石防火带、灌溉造林带、草障植物带、前沿阻沙带、封沙育草带，不仅保障和维护了包兰铁路的安全畅通运行，而且融合了人为建构的绿色景观与沙漠景观，呈现出沙绿交织的独特景观风貌。

4.1.3 减缓生态受胁，旅游尚处于沉寂时期

为应对沙漠化带来的危害，拓宽干旱、半干旱地区居民的生存与发展空间，解决西部地区的生态社会发展问题，1978 年，国家从战略层面出发，开始实施治理沙漠、维护生态、促进发展的“三北”工程。自“三北”工程实施之日起，中卫全境被纳入“三北”工程建设范畴。历经多年的沙漠生态治理，沙坡头的自然生态环境在多项措施的影响下逐步改善，并日渐形成沙漠与绿地组合的条带状自然景观。

在“三北”工程的持续推进和当地长期的治沙实践过程中，沙坡头创新性地发展了包括沙障治沙、人工造林、封沙育林、化学治沙在内的多样化治沙技术和知识，并在长期的治沙生态实践中逐渐创造出人为治沙的绿色生态景观带，既减轻了生态受胁状况，又丰富了景观生态环境。其中，

沙障治沙的“麦草方格”技术主要是利用稻草、麦秸、芨芨草、芦苇等材料，在流动沙丘上扎成方形的挡风墙，以削弱风力侵蚀，截留降雨，提高沙层含水率，促进沙生植物生长。此外，“麦草方格”技术经当地人不断探索实践，已被验证适用于固定沙丘。同时，“麦草方格”技术还被应用在包兰铁路段，形成保障铁路正常运营的“绿色长城”，并成为人为建构的自然景观带。

尽管沙漠生态改善，良好生态景观轴线形成的趋势日益明显，但受限于当时中国经济社会发展的大环境，1984 年以前，中国的旅游业发展尚处于初创阶段，旅游业还处于外事接待型事业向经济创汇型产业转变的时期。因此，旅游业发展的“春风”尚未吹及沙坡头，彼时的沙坡头旅游活动虽有零星出现之状，但旅游业的发展尚处于待开发待挖掘的沉寂时期。

4.2 生态稳步优化与旅游发展的自组织阶段（1984—1994 年）

根据压力—状态—响应（PSR）分析框架，本节重点解析了沙坡头“三北”工程、植树造林工程、退耕还林工程，以及封沙育林工程、封山育林工程等的推进情况。本研究以当地生态环境改善为背景，分析了沙坡头旅游业的萌芽与发展；结合彼时的生态环境状态，探讨了生态环境与沙漠旅游发展之间的关系。发现在 1984—1994 年沙坡头自然保护区成立之际，沙坡头处在生态稳步优化与旅游发展的自组织阶段。

4.2.1 建立自然保护区，重视自然环境保护

随着沙漠生态治理工程的持续推进，1984 年，沙坡头自然保护区成立。其间，当地不仅将保护区列入生态建设与沙漠治理范畴，而且将保护区列为重要的科学考察与研究基地。1986—1987 年，沙坡头自然保护区综合科考队对保护区进行了第一期全面综合的科学考察，对区域内地质、地貌、水文、土壤、气候等情况进行了摸底。调查了区域范围内动植物的多样性情况，评估了遗址遗迹等人文资源的保护开发情况，分析了自然景观的丰富性程度，对区域范围内的生态价值、经济价值与旅游价值进行了第一期全面综合评定，为保护区的深入保护开发利用积累了基础和经验。

其后，沙坡头自然保护区综合科考队还对保护区进行了第二期、第三期的综合科考，并结合经济社会发展实际，在深入了解原有动植物资源、地质、地貌等因素的基础上，更加重视对旅游资源潜力的挖掘、人类活动对区域保护开发利用的影响评估，以及生态系统改善与优化带来的人类社会发展变化的关注，更加注重管理措施的制定、执行和实施，重视人类活动对保护区环境产生的干扰及带来的社会效益。

随着生态环境建设的稳步推进，当地越发重视对自然环境的保护、开发与利用，更加关注生态系统修复带来的社会综合效益，也更加认识到生态保护与社会发展的相关关系和联动作用。

4.2.2 成立旅游管理所，域内旅游初现雏形

随着生态环境建设的稳步推进，沙坡头附近尤其是黄河沿线的沙坡头村一带形成的沙水景观与沙绿景观，获得了当地居民的普遍青睐与认可，成为大家假期、周末休闲娱乐的不二之选。同时，当地居民自发组织、自主探索并结合当地种养殖业开展的滑沙、骑骆驼、品羊肉等休闲娱乐活动，随着社会的发展已有逐渐形成规模的势头，沙坡头村也有逐渐演化形成旅游休闲场所的态势，沙坡头区域范围内以沙坡头村为核心的旅游发展雏形初现。

沙坡头村紧邻巨大的沙山，沙坡头村童家园子村民和周边的居民常来此滑沙游玩。该项由村民自发组织形成的休闲娱乐活动，随着社会的发展进步，逐渐展现出其作为旅游资源的独特价值，旅游吸引力不断增强，吸引了众多周边城镇的访客到此观景、滑沙。沙坡头村也因最初为访客提供餐饮、住宿、滑沙、骑骆驼等旅游基础要素服务而成为当地最先发展乡村旅游的村落与最先富起来的旅游村。

1984 年，因沙漠旅游的雏形初现，为保护生态环境，规范景区管理，经批准，宁夏回族自治区将沙坡头列为全区首批开发的旅游区之一。以此为标志，沙坡头旅游业发展正式起步，由自组织发展阶段向规范化经营阶段迈进。1986 年，为进一步规范景区的管理模式和经营方式，沙坡头成立了沙坡头旅游管理所，从体制、制度、组织等层面对景区人力资源、自然

资源、规划发展、设施建设进行综合管理，进一步助力规范沙漠旅游的经营管理，也为后续沙坡头景区股权结构、产权归属等方面的调整与变革奠定了坚实的基础。

4.2.3 荣获治沙成果奖，科考旅游蔚然成形

随着防风治沙工程的持续推进，沙坡头创造性地发展了基于当地实践经验的治沙技术——“麦草方格”技术。该技术利用麦草、稻草、芦苇等材料，在流动沙丘上埋设 1 米 ×1 米规格的草方格以起到防止沙丘移动、涵养沙地水分、提高植被恢复能力的作用。该技术在沙漠治理初期及后来的沙漠治理进程中不断得到推广与应用，逐渐形成符合当地治沙需求的治沙知识体系和实践经验。1994 年，沙坡头因“麦草方格”技术及其在沙漠治理方面的显著成效，被联合国授予“全球环境保护 500 佳”的光荣称号。同年，“麦草方格”技术获得了国家科技进步奖特等奖。

联合国“全球环境保护 500 佳”荣誉的获得，不仅提升了沙坡头在沙漠生态治理领域的话语权和影响力，而且沙坡头凭其创新的治沙技术，赢得了国内外广泛的认可与赞誉。吸引了许多国家尤其是沙漠国家诸多科研人员、技术人员、相关组织成员及政府官员等到沙坡头参观考察。“麦草方格”技术的国际知名度与影响力，促使沙坡头成为国内外专家学者等重点访问、参观和考察的场所。以此为契机，沙坡头吸引了大批科考人员的到来，科考旅游在这里逐渐兴盛，成为 2020 年新冠疫情前沙坡头入境旅游的重要组成部分，推动了沙坡头旅游业的多元化发展。

4.3 生态持续向好与旅游开发的市场化运作阶段（1994—2007 年）

根据压力—状态—响应（PSR）分析框架，本节重点解析了沙坡头持续稳步推进“三北”工程、退耕还林工程、封沙育林工程、封山育林工程等的情况，并以当地生态环境持续改善为背景，探讨了沙坡头旅游业的发展历程和壮大趋势。结合彼时的生态环境状态，分析了生态环境与沙漠旅游发展之间的关系。发现在 1994—2007 年沙坡头自然保护区升级为国家级

自然保护区之际，沙坡头处在生态持续向好与旅游开发的市场化运作阶段。

4.3.1 保护区提格升级，有序推进旅游区建设

在国家政策的支持下，1994 年，沙坡头自然保护区由省级自然保护区升级为国家级自然保护区。国家级自然保护区的成立保持和维护了动植物的多样性，其以“保护为体，开发为用”的指导原则也保持和维护了该区域原生自然景观。此外，得益于沙坡头防风固沙工程的持续推进，当地人居环境不断得到改善，促进了原生自然景观与人造生态景观的有机融合和交叉结合，形成了沙坡头“沙、水、林、田、湖”一体化的自然生态景观。

随着国家级自然保护区的成立，保护区管理局严格执行国家级自然保护区的标准，将保护区划分为核心区、缓冲区与实验区。并且，分阶段组织沙坡头自然保护区综合科考队对保护区进行了第一期、第二期、第三期的综合科考。其中，第二期、第三期的综合科考有别于第一期，后续两期的综合科考更加重视沙坡头景区内开展旅游活动对保护区动植物多样性保持产生的影响；更加重视旅游资源的开发利用对保护区内文化遗产的保护与维护作用；更加重视旅游业的市场化运行给当地生产生活方式、产业结构与社会发展带来的影响。

同时，在该阶段，沙坡头生态环境持续改善，植草种树、封沙育林、封山育林措施稳步推进，逐渐凝结形成具有地域异质性与区域独特性的自然景观；因文化遗产的旅游化开发利用，形成集中呈现黄河文化、长城文化与丝路文化的标志性人文景观。2004 年，沙坡头被国家体育总局评为“全民健身二十个著名景观”，被中央电视台等评为“中国十大最好玩的地方”之一；2005 年，沙坡头被《中国国家地理》选为“中国最美的五大沙漠”之一。至此，沙坡头沙漠旅游吸引力不断提升，沙漠旅游知名度与美誉度持续攀升，助力沙漠旅游业成为沙坡头主导产业。

4.3.2 旅游所改制更张，加快市场化开发步伐

随着沙坡头沙漠旅游知名度与美誉度的持续攀升，沙坡头吸引了越来

越多的海内外游客到此滑沙、访古、探险、猎奇，游客规模逐渐扩大，游客需求也日益多元化。为进一步促进沙坡头景区优化管理，1998 年，在当地政府及沙坡头旅游管理所的牵头组织下，当地对沙坡头旅游管理所进行了改制，成立了宁夏中卫沙坡头旅游有限公司，以此推动沙坡头景区从过去的公私合办、公私联营走向市场化运作阶段。

同时期，在当地政府的监督管理下，宁夏中卫沙坡头旅游有限公司加速推进景区规划项目建设、加快景区沙漠旅游活动发展步伐，并借助地方政府的招商引资政策，对外推进加快景区建设的投融资进程，以此扩大景区的建设范围、丰富沙漠旅游活动项目。2003 年，银川东方运输设备有限公司入股沙坡头，并对沙坡头景区进行了深度开发。同年，沙坡头被宁夏回族自治区列为全区首批重点开发的旅游区之一。以此为标志，沙坡头景区建设与沙漠旅游发展迈入市场化开发与公司化运营阶段。

4.3.3　挖掘资源禀赋优势，推进旅游产业化进程

因沙漠旅游日益成为助力沙坡头经济社会发展的优势产业与主导产业，当地逐渐开始注重从旅游资源禀赋层面，深度挖掘沙坡头的资源特色与旅游特点，并以此为基础，丰富旅游产品种类、扩宽旅游活动领域，推进旅游产业化进程。2004 年自中卫撤县建市以来，中卫市结合“三北”工程、天然林保护工程、退耕还林工程建设要求，进一步加快了中卫市沙坡头地区防风固沙工作。同时，为促进区域社会经济发展，为人民谋福利、为社会谋发展，中卫市开始发展以沙漠旅游业为主导，辅以经果林种植、特色农副产品加工等产业的沙产业体系。随着“三北”工程在沙坡头的全面推进，沙坡头秉持“生态保护为主，产业结构优化跟进”的原则，以生态环境建设持续推进为依托，促进农林经济向旅游化转型，有序推动“农业 + 旅游”“工业 + 旅游”的产业融合与发展。

在沙坡头生态环境修复与优化的进程中，中国科学院沙坡头沙漠试验研究站联合当地政府、治沙林场、治沙企业等开展防风治沙的科学研究工作及在地实践。经过长期探索，沙坡头在适宜植草种树区域，选中梭梭、柠条、白刺、沙冬青、花棒等固沙植物，并按照适地适树的原则，种植了

枸杞、节水红提葡萄、红枣、绿色补水型硒砂瓜等经济作物，以及沙拐枣、芨芨草、甘草等中药材。这些植被的选择与种植，不仅有效阻挡了沙漠的侵袭，丰富了自然景观要素的多样性，而且促进了沙漠旅游业的融合发展，推动了旅游业的产业化进程。例如，当地通过探索开发瓜果枸杞观光旅游、农业采摘旅游等活动，丰富了旅游的内容和形式，助力“农业+旅游”的产业融合；通过探索开发葡萄观光采摘旅游、葡萄酒加工生产精品线路旅游等活动，助力了“工业+旅游”的产业融合。在此基础上，当地还大力推进农林业瓜果蔬菜进景区，打造农土特旅游商品，推广葡萄酒销售，扩大地域品牌知名度，进一步丰富了地域特色旅游商品体系。

4.4 生态文明建设与区域旅游发展的提质升级阶段（2007年至今）

根据压力—状态—响应（PSR）分析框架，本节重点解析了沙坡头持续稳步推进“三北”工程、退耕还林工程，以及封沙育林工程、封山育林工程等的情况，并以当地生态环境持续改善为背景，探讨了沙坡头旅游业的发展历程和壮大趋势。结合彼时的生态环境状态，分析了生态环境与沙漠旅游发展之间的关系，发现在1994—2007年沙坡头获批国家首批5A级景区及沙坡头“星星的故乡”文旅IP形成之际，沙坡头处在生态文明建设与区域旅游发展的提质升级阶段。

4.4.1 生态建设成效显著，沙坡头获批首批5A级景区

进入新时期，随着生态建设成效凸显及沙漠旅游业的兴起，沙坡头在生态建设与旅游发展方面迎来了新机遇，获得了发展的新契机。在旅游发展方面取得的主要进步表现为：2007年，沙坡头因独特的沙漠旅游资源与深厚的人文旅游资源底蕴，相对完善的旅游基础服务设施，获批国家首批5A级景区。5A级景区的成立，一方面，提升了沙坡头景区的等级与地位，提高了沙坡头沙漠旅游的知名度与影响力；另一方面，也为沙坡头景区加快现代化管理、扩大充实景区基础设施建设与景观建构提供了新机遇。

2012年，沙坡头景区南北两区——黄河区与沙漠区合二为一，形成统

一的管理体制。2014 年，港中旅集团入股投资沙坡头景区，成为沙坡头景区最大的股东。港中旅集团入股沙坡头景区后，从景区投资开发、景区管理运营、景区宣传推广和吸纳村民生产就业等方面实施全面综合的改造提升，推动沙坡头旅游业迈入高质量发展阶段。

在景区宣传推广方面，港中旅集团主要采取在重点客源地，如上海、广东、北京等投放广告，并利用与各大媒体平台合作的方式来提升景区的广识度与知名度。例如，2014 年，与《爸爸去哪儿》栏目合作在沙坡头景区进行实地拍摄，这一举措使得沙坡头知名度与美誉度不断提升，为打开国内游客市场奠定了良好的基础。在景区管理运营方面，港中旅集团采用现代化的景区管理模式与管理制度，从员工招聘、绩效考核、岗位职责和年终分红等方面进行景区规范管理。在景区生态环境的开发利用方面，港中旅集团充分利用既有的景区自然资源优势，秉持“治沙成效展示与沙漠景观彰显、治沙措施推进与旅游项目开发”的原则，推动了沙坡头景区转型升级与提质增效。

就治沙成效展示与沙漠景观彰显而言，沙坡头景区充分利用生态环境建设生成的人为构景，例如，以“麦草方格”这一独特的治沙技术与“五带一体”防护林带构成的景观廊道为基础，将治沙成效与景区发展建设融为一体，凸显了生态建设主题与沙漠景观优势。同时，景区还增设了水车等景观小品，并通过进一步植树造林活动，彰显沙漠旅游的独特禀赋。在沙坡头景区的不断努力下，如今沙水交错、沙林交织、沙湖交叠、沙草交叉的人为构景，以及“沙、水、林、田、湖、草”环绕的自然景观在沙坡头多点散布，见图 4－2。

图 4－2　沙坡头“沙、水、林、田、湖、草”自然景观要素组合（笔者自摄）

就治沙措施推进与旅游项目开发而言，沙坡头景区一方面持续不断进行旅游区环境建设，如在沙漠腹地，仍采用“麦草方格”这一方式固定沙丘，防止因大风扬沙带来的景区基础设施维护难度加大问题。另一方面，沙坡头景区充分利用先进的化学治沙技术和水资源管理技术，如沙漠采集水技术和沙漠水循环利用技术，建设旅游基础设施、开发旅游项目。其中，沙漠星星酒店的建成与运营，就是治沙技术成果与旅游产品开发完美结合的典范。这一项目的成功，不仅在供给侧层面满足了中高端旅游客源市场的消费需求，而且在景区产品营销推广层面凸显了沙坡头的特色与亮点。在沙漠生态文明建设不断深入推进的时代背景下，旅游发展迈入提质升级新阶段。

4.4.2 生态文明持续推进，景观要素得以旅游化开发

沙坡头生态文明建设不仅包括物质化的自然景观建设，而且包括非物质化的人文景观建设与社会精神景观符号建构。在生态与旅游融合发展协同进步的时代背景下，当地通过对人文遗址、非物质文化遗产、传统村落和社会景观的旅游化开发利用，促成了具有地域文化特点、沙漠旅游特征、生态治沙特色的多元景观要素在沙坡头聚合呈现。

在人文遗址的生态建设推进与旅游化开发利用方面，沙坡头深入挖掘其悠久的历史文化内涵，紧密结合国家“一带一路”倡议、黄河国家文化公园建设战略、长城国家文化公园建设战略，凝练出承载深厚历史文化底蕴、彰显鲜明文化表征价值与具备标志性景观意义的文化景观体系。通过对留存历史印记的长城文化遗址、丝路文化遗产、黄河文化遗址进行有针对性的保护、开发与利用，并将其与沙坡头城市发展脉络、沙漠旅游业创新开发深度融合，最终形成了集历史烙印、文化特质与旅游属性于一体的景观要素（见图4－3）。

在非物质文化遗产的传承保护与旅游化开发利用方面，沙坡头依托开发剪纸、沙画、泥塑等非遗旅游商品，打造“羊皮筏子漂流”等特色旅游活动，彰显出蕴含地域特征、民族印记的非遗特色景观风貌（见图4－4）。虽然在非遗商品的旅游化开发利用、非遗旅游产品的开发打造方面，沙坡

图4－3 人文遗址的建设推进与旅游化开发利用（笔者自摄）

头尚处于起步和探索阶段，但不可否认，这一系列非遗与旅游的融合尝试，有效创造了非遗的旅游价值、激活了非物质文化遗产的商业潜力。

图4－4 非遗——沙画、羊皮筏子漂流的传承维护与旅游化开发利用（笔者自摄）

在传统村落的生态环境建设推进与旅游化开发利用方面，当地将具有传统村落特征、民族文化特点的传统村落列为旅游开发重点，通过对村落传统村容村貌的现代化塑造，对乡村旅游重点村落的乡土特色化塑造，对乡村旅游重点村落的特色景观化塑造等方式，彰显具有乡土特色与地域特色的传统村落脉络。例如，在北长滩村建立艺术写生基地、打造民宿产业集群、增设水车景观小品等，凸显了北长滩村的乡土资源优势；在沙坡头村开设特色农家乐和西北部风格的民宿，丰富了乡村旅游资源；在下河沿村发展制陶技艺，在长流水村打造缓流浅溪、田园景观等，建构了“一村一品，各村各面”的差异化发展格局，助力了各村落形成具有乡土特色与形象标识的景观要素（见图4－5）。

图4－5　传统村落——北长滩村、沙坡头村的景观建设与旅游化开发利用（笔者自摄）

在社会景观符号的旅游化开发利用方面，沙坡头包兰铁路沿线构建的“五带一体”治沙体系，有效阻止了风沙的侵袭，保障了包兰铁路的畅通与安全，标志性地建构出了一条人工治沙景观带，这一壮丽景观向全世界展示了中国在防风固沙领域的杰出成就。如今，“五带一体”治沙景观带因紧邻沙坡头景区，部分区域融入并穿插在沙坡头景区内，成为沙坡头景区展示当地治沙成果的重要标识，与沙坡头景区融为一体，互融互嵌、共生发展。

4.4.3　景观符号标识生成，助力沙漠旅游业提质升级

长期有效的沙漠治理，促成了沙漠旅游景观符号——“塞上江南”“沙漠水城”“星星的故乡”的生成，也促进了沙漠旅游地——“世界沙都”的生成与发展。得益于沙坡头防风固沙工程的深入实施和生态文明建设的持续推进，沙坡头沙漠治理使生态环境建设的生态保护价值、绿色发展价值和沙漠经济社会价值等得以激活与彰显。

一方面，沙坡头沙漠治理提升了大地景观的多样性、观赏性和层次性，形成了“沙水环绕、沙绿参差、沙湖环伺”的旅游景观形象，建构出了“沙漠水城”的旅游景观符号。另一方面，沙坡头生态治理改善了人居环境，解决了人畜饮水用水问题，有效扩大了沙坡头建成区绿地面积，提高了居民的生活水平，建构出了“塞上江南”的景观意象符号。同时，沙

坡头产业结构的优化升级与人居环境的优化同步进行，沙坡头以沙漠旅游为吸引力的沙漠旅游业得以全面发展，沙坡头“世界沙都”旅游目的地形象在经年的持续建设与营销推广中不断巩固，并凝结形成沙坡头旅游城市形象，刻写出当地旅游业的发展方向与发展特色，鲜明地表征出沙漠旅游地景观形象。在后工业时代，沙坡头不断更新沙漠旅游产品，扩大旅游目的地容量，提升旅游服务质量，满足旅游者摆脱一致性体验，追求差异化旅游，崇尚探险与深度体验，推崇原真野奢旅游，追寻暗夜星空旅游等多元化的消费需求，助力了沙漠旅游的高质量发展。

本研究根据沙坡头生态建设进程中景观要素的既存及建构情况，结合旅游发展实际，将研究区景观划分为自然景观要素、文化景观要素和社会景观要素三种景观类型。并通过参阅相关文献资料和收集的相关访谈资料，将沙坡头景观要素的具体表征方式汇总如下（见表 4 –1），以此作为标识各类景观地理空间位置的依据，为下一步分析自然景观要素建构效果、文化景观要素建构效果与社会景观要素建构效果打下基础。

表 4 –1　沙坡头景观要素类型的表征方式汇总

景观分类	景观类型	名称
自然景观	湖泊湿地	小湖、高墩湖、龙宫湖、荒草湖、马场湖
	沙漠	沙山、沙丘、沙坡头大漠营地、荒漠
	河流	黄河万里风光
	乡村田园景观	水车村黄河水岸理想田园、鸣钟村果香农家乐集群、鸣沙村沙漠绿洲田园乡村
	植被树林	三北防护林、灌溉农田、“五带一体”沙林景观、美利集团速生林、沼泽草甸景观、草原带沙生植被、灌丛景观
文化景观	遗址遗迹	黄河北段明长城（明长城中卫姚滩段）、古城堡遗址（镇关墩、四方墩）、烽燧（黑林烽燧、化肥厂烽燧、沈家庄烽燧、鱼种场烽燧、姚滩烽燧、林管所烽燧、市农场烽燧、新滩烽燧、高乌墩烽燧）、龙宫庙遗址、买卖城遗址（古代互市）、沙坡头细石遗址、下河沿瓦窑遗址、小湖岗子战国墓葬、黄草湖墓葬痕迹、香山岩画、中卫高庙、大麦地岩画、四眼井城遗址、黄河拦河堤坝（白马拉缰）、北干渠、美利渠

续表

景观分类	景观类型	名称
文化景观	传统村落	南长滩党项民俗村、北长滩生态民俗村、沙坡头村（童家园子）、水稍子度假村、水车度假村、长流水古村落、下河沿村
	城镇风貌	黄河宿集、黄河渡口、沙坡头娱岛艺术文旅小镇、迎水桥全域旅游示范镇、老君台游览区、中卫市步行街、人民广场、红太阳广场、沙坡头旅游新镇
	农业观光种植基地	枸杞博物馆，大青山硒砂瓜生产基地，葡萄、沙枣、红枣种植基地
	非物质文化景观	《沙坡头盛典》、口弦、回族和东乡族花儿、牛头埙、庙会、社火、灯火、开斋节、古尔邦节、圣纪节、羊皮筏子、旅游商品（刺绣、沙画、剪纸、八宝茶、泥哇呜、蒿子面制作技艺、皮筏制作技艺）等
社会景观	生态治理符号	“麦草方格”固沙治沙工程、“五带一体”绿色屏障、包兰铁路穿沙而过、全球环境保护500佳、国家科技进步奖特等奖
	旅游地形象符号	沙坡鸣钟、星星故乡、西北的摩洛哥——黄河宿集、沙漠之都、塞上江南、沙漠水城、云天中卫、枸杞之都、“长河落日、大漠孤烟”的诗词意境

4.5　本章小结

本章采用实地调研与资料分析相结合的方法，归纳总结了沙坡头生态环境自然的社会建构压力、动力、过程与效果，深入探讨了生态建设与旅游发展的关联过程与阶段性特征。基于对沙坡头生态环境治理与旅游发展情况的了解，本研究将沙坡头生态环境与旅游发展的关联过程及阶段性特征划分为四个阶段，分别为：1984年以前的生态胁迫治理与旅游发展的沉寂阶段；1984—1994年的生态稳步优化与旅游发展的自组织阶段；1994—2007年的生态持续向好与旅游开发的市场化运作阶段；2007年至今的生态文明建设与区域旅游发展的提质升级阶段。

在生态胁迫治理与旅游发展的沉寂阶段，当地在中央政府的宏观指挥下，通过修建并开通包兰铁路，助力了沙坡头与周边区域的社会联通；成立各级别林场，构建了防风固沙的生态体系；随着“三北”工程的实施，减轻了生态受胁状况。由于当时中国的旅游业发展处于初创阶段，彼时的沙坡头旅游活动虽有零星出现之状，但旅游业的发展尚处于待开发待挖掘的沉寂时期。

在生态稳步优化与旅游发展的自组织阶段，沙坡头自然保护区获批成立，当地开始重视自然环境的保护；之后，随着生态环境建设的稳步推进，当地成立了沙坡头旅游管理所，研究区内旅游发展雏形初显。到20世纪末，随着“麦草方格”技术的推广，沙坡头被联合国授予“全球环境保护500佳”的光荣称号，吸引了大量海内外科学技术人员与各类组织人员到此参观考察，沙坡头科考旅游逐渐兴盛。

在生态持续向好与旅游开发的市场化运作阶段，随着沙坡头自然保护区由省级自然保护区升格为国家级自然保护区，当地更加重视在沙坡头景区内开展旅游活动对保护区动植物多样性保持产生的影响；更加重视旅游资源的开发利用对保护区内文化遗产的保护与维护作用；更加重视旅游业的市场化运行对当地生产生活方式、产业结构与社会发展带来的影响，有序推进旅游区建设。其后，随着沙坡头旅游管理所改制为宁夏中卫沙坡头旅游有限公司，沙坡头景区加快了市场化开发建设的步伐。并且，通过挖掘区域内旅游资源禀赋优势，推动“农业＋旅游”“工业＋旅游”等旅游产业的融合化发展。

在生态文明建设与区域旅游发展的提质升级阶段，随着生态建设成效凸显及沙漠旅游业的兴起，沙坡头因独特的沙漠旅游资源和深厚的人文旅游资源，获批国家5A级景区。同时，港中旅集团入股投资沙坡头景区，并从景区投资开发、管理运营、宣传推广等方面对沙坡头景区展开全面综合的改造提升。在生态文明建设的持续推动下，当地通过对人文遗址、非物质文化遗产、传统村落和社会景观等旅游资源的开发利用，促成了多元景观要素在沙坡头聚合呈现。长期有效的沙漠治理，促成了“塞上江南”“沙漠水城”“星星故乡”等旅游景观符号的生成，也促进了“世界沙都”的生成与发展，在推动沙漠旅游业高质量发展过程中发挥了重要作用。

最后，研究对沙坡头景观要素的既存及建构情况进行了梳理汇总，为后续分析自然景观要素建构效果、文化景观要素建构效果与社会景观要素建构效果筑牢了基础。

5 自然、文化与社会景观要素的建构测量与表征

本章旨在探讨在“三北”工程等持续推进过程中，人为建构的景观能否丰富优化生态系统，促成景观价值多样性与功能丰富性的生成与表征。本章的内容建立在第4章对生态环境与区域旅游发展的关联过程进行分析的基础上，通过对生态环境建设与沙漠旅游发展情况进行关联分析后，发现生态与旅游之间存在相互促进的交叠关系、相互嵌入的累加关系。在生态环境建设的起步发展时期，沙漠生态环境改善是前因，沙漠旅游发展是结果，沙漠旅游的生成与发展起源于沙漠生态治理又作用于沙漠生态环境；在生态文明建设的稳定推进时期，旅游的发展是前因，生态环境优化与生态文明建设是效果，多元交织的沙漠生态治理景观与沙漠原生自然景观，其动力起源于沙漠旅游建设又作用于沙漠旅游发展，形成治沙人为构景、人文旅游构景、社会符号表征构景与原真自然景观相互交叠、相互累加、共同作用、共生发展的旅游景观组合。据第4章的分析资料，这些自然构景、人文构景、社会符号表征构景在推动沙漠旅游业转型升级，实现高质量发展方面发挥了积极促进作用。

然而，如何测量景观要素建构产生的旅游服务价值？即如何测量与表征自然景观要素建构产生的时序性生态建设效果？人为建构优化的自然景观能否丰富优化生态系统，为沙漠旅游发展奠定生态环境基础？被旅游化开发利用的文化景观，其价值多样性如何测量与表征？文化景观的价值多样性在研究区呈现何种空间分布态势？被旅游化开发利用的社会景观，其

功能丰富性如何测量与表征？社会景观的功能丰富性在研究区呈现何种空间分布态势？关于这些问题，既有研究中还没有更为客观的统计数据去测量与分析。为此，本章遵循“生态重塑—价值凝结—效益溢出”的逻辑分析主线，通过建立生态评价指标对自然景观要素建构效果进行测量，通过建立价值多样性评价标准对文化景观要素建构效果进行测量，通过建立功能丰富性评价标准对社会景观要素建构效果进行测量，深入分析沙坡头自推进“三北”工程以来，在沙漠由物质的自然转化为文化旅游的自然的进程中，因不同类型景观要素建构产生的旅游服务价值。厘清各类型景观要素的时空演化情况与空间分布情况，以及各类型景观要素之间的相关性程度。从而进一步理解景观要素建构与表征和旅游服务价值生成之间的相互作用与相互影响关系。

5.1　自然景观要素建构的效果与表征

在旅游与地理学研究领域，景观是一个离散的单元，在空间上受特定现象或过程的严格限制。自然景观是可见的空间，是附加在自然环境之上的人类活动形态①，是不完全脱离地表的物质文化复合体②，是特定社会的文化投影到特定空间的产物③。自然景观突出表现为地形地貌、植被体系与水系形成的自然生态组合。其中，地形地貌主要指山地、平原、丘陵、裂谷、盆地等；植被体系包括自然风景保护区、森林公园、人工生态林、各类植被斑块及廊道等；水系则包括了河流、湖泊、湿地、滩涂、人工水渠等④。自然景观也被视为区域内自然生态的表达和人类社会对自然生态记忆的仓储，是联系人与地方之间关系与情感的介质与纽带⑤。

---

① 纳日·碧力戈. 各烟屯蓝靛瑶的信仰仪式、社会记忆和学者反思[J]. 云南大学人文社会科学学报，2002，26(2)：60－65.

② SAUER CARL O. Recent development in cultural geography [M]//Hayes E C. Recent Development in the Social Sciences. New York：Lippin Cott，1927.

③ 赵世瑜，周尚意. 中国文化地理概说[M]. 太原：山西教育出版社，1991.

④ 张旭. 民宿型乡村景观规划与设计研究初探[D]. 合肥：中南林业科技大学，2016.

⑤ HOELSCHER S，ALDERMAN D H. Memory and place：geographies of a critical relationship[J]. Social & Cultural Geography，2004，5(3)：347－353.

5.1.1　自然景观要素建构效果测量指标的选取

在沙坡头，历经44年的“三北”工程建设和退耕还林等措施的推行，生态环境与社会发展都发生了或多或少的变化。经实地调研，当地诸多居民根据自身感受，深切体会到近年来沙坡头的积极变化：绿色植被越来越多，大风扬沙天气越来越少，湖泊水体景观越来越丰富，城乡面貌焕然一新。可见，在治沙工程持续推进下，自然景观社会服务价值不断得到彰显，自然保护区、城市公园、人工生态林、沙绿生态廊道等生态元素，逐渐融入沙漠地区人们的日常生活，影响了人们对当地生态环境建设水平的评价与认知。

那么，如何判定这些基于当地居民主体感知的生态环境变迁是否真实？如何测量自然景观要素建构产生的时序性生态建设效果，从客观数据层面判定自然景观的抗干扰能力与自我修复能力？为解决以上问题，本节主要采用对遥感影像进行目视解译的方法，对研究区范围内不同自然景观类型分阶段变化情况进行监督分类，判定在不同生态环境建设阶段，研究区自然景观格局变动呈现出来的生态环境状态；采用景观格局指数测量的方法，对不同生态环境建设阶段景观水平指数和斑块类型水平指数具体指标演化情况进行分析，判别沙坡头自然生态系统的稳定性程度、抗干扰能力和自然景观结构的演化变动情况。

为此，本节顺承第4章沙坡头生态环境与旅游发展的关联过程及阶段性特征的划分标准，将1984年、1994年、2007年和2021年列为关键时间节点，在对四个时间节点的遥感影像进行目视解译，对其自然景观类型面积结构进行计算，并对其景观格局指数相关测量指标进行分析的基础上，分析在“三北”工程等的持续推进下，自然景观要素建构的效果及其时序性演化情况。

5.1.2　自然景观要素建构效果的测量

本书结合案例地景观格局变化整体情况，并参照《土地利用现状分类》国家标准（GB/T 21010—2007）①，将沙坡头研究区的自然景观划分为沙漠、林地、草地、耕地、水域（以黄河流域中卫段为主）、裸土地（包括未利用地和建设用地）6 种类型。通过对 6 种类型自然景观面积的变化情况进行分析，可视化呈现经人为建构的自然景观的时序性演化特点，以此检验沙坡头自然景观要素建构的效果情况。自然景观要素建构效果的测量内容主要有四个方面：

（1）遥感影像来源。本书的数据源为 1984 年、1994 年 Landsat 4 – 5 TM、2007 年 Landsat7 TM 和 2021 年 Landsat 8 OLI 的遥感影像，时像以 7—8 月为主，分辨率为 30 米，云量均在 3% 以下，影像质量良好，遥感影像数据来源于地理空间云平台 https：//www. gscloud. cn。

（2）遥感影像预处理。本书根据指定的研究区，将研究区域确定为中卫市沙坡头旅游区附近、黄河沿线和中卫市区。首先，根据研究需要，裁剪出研究所需区域矢量图。其次，运用 ENVI 以 Landsat 8 OLI 为基准进行辐射定标和大气校正，采用最大似然法进行监督分类。

（3）分类后处理。利用 ENVI 软件结合 ArcGIS 10. 2 计算出沙坡头 1984 年、1994 年、2007 年、2021 年四个关键时间节点景观类型面积变化，以及利用 ArcGIS 10. 2 的空间分析交叉列表功能，建立 1984—1994 年、1994—2007 年、2007—2021 年沙坡头景观类型面积转移矩阵②，厘清研究区各景观类型之间面积的相互转化关系。

（4）采用 Fragstats 4. 2③ 软件中的景观水平指数（landscape level index）和斑块类型水平指数（class level index）来分析景观格局变化。

景观水平指数选取：采用斑块数量（Number of Patches，NP）、斑块密度（Patch Density，PD）、景观形状指数（Landscape Shape Index，LSI）、

① 张建，雷刚，漆良华，等. 2003—2018 年土地利用变化对丹江口市景观格局与生态服务价值的影响[J]. 生态学报，2021，41(4)：1280 – 1290.

② 孙姝博，孙虎，徐崟尧，等. 运城黄河湿地景观空间格局变化及其驱动因素[J]. 水生态学杂志，2021，42(1)：17 – 25.

③ 仲佳，潘洪义，郑渊博. 乡村旅游区的景观格局空间演变分析：以成都市三圣乡为例[J]. 四川师范大学学报(自然科学版)，2017，40(6)：817 – 823.

周长—面积分维度指数（Permeter – Area Fractal Dimension，PAFRAC）、蔓延度指数（Contagion Index，CONTAG）、分离度指数（Splitting Index，SPLIT）、香农多样性指数（Shannon's Diversity Index，SHDI）和香农均匀度指数（Shannon's Diversity Index，SHEI）进行衡量，各指标的生态学意义见表5 – 1①。

表5 – 1　景观水平指数表

景观格局指数	缩写	单位	生态学意义
斑块数量	NP	个	表示某一斑块类型或者景观区域中的斑块总数，其值与景观的破碎度呈现正相关关系，一般 NP 值小的景观破碎度低，反之则高
斑块密度	PD	个/一百万平方米	表示每 $100hm^2$ 土地范围内的斑块数量
景观形状指数	LSI	—	体现了景观中斑块形状的变化，LSI 值增大时，斑块不规则情况增加
周长—面积分维度指数	PAFRAC	—	值介于 1 和 2 之间，数值越趋于 2，景观形状越复杂
蔓延度指数	CONTAG	%	描述的是景观里不同斑块类型的团聚程度和延展趋势。值越小，表明景观中存在越多小斑块，景观破碎化现象越严重；值越大，表明景观中有连通度越高的优势斑块类型存在
分离度指数	SPLIT	%	反映景观空间被分割后的破碎化程度，SPLIT 越高，人类对生态系统的影响越大
香农多样性指数	SHDI	—	反映景观结构的复杂程度和景观异质程度，SHDI 值越大，景观类型分布越均衡
香农均匀度指数	SHEI	—	趋近 1 时优势度低，说明景观中没有明显的优势类型且各斑块类型在景观中均匀分布

斑块类型水平指数选取：采用斑块类型面积（Class Area，CA）、斑块所占景观面积比例（Percentage of Landscape，PLAND）、斑块数量（Number of Patches，NP）、斑块密度（Patch Density，PD）、最大斑块面积指数

① 邬建国．景观生态学：格局、过程、尺度与等级（第二版）[M]．北京：高等教育出版社，2007.

(Largest Patch Index，LPI)、景观形状指数(Landscape Shape Index，LSI)、周长—面积分维度指数(Permeter - Area Fractal Dimension，PAFRAC)、景观聚集度指数(Aggregation Index，AI)、分离度指数(Splitting Index，SPLIT)、散布与并列指数(Interspersion Juxtaposition Index，IJI)进行衡量，各指标的生态学意义见表5-2①②。

表5-2　斑块类型指数表③

景观格局指数	缩写	单位	生态学意义
斑块类型面积	CA	hm^2	表示某一类型景观的总面积
斑块所占景观面积比例	PLAND	%	一景观类型的面积与整个景观总面积的比值
斑块数量	NP	个	表示某一斑块类型或者景观区域中的斑块总数，其值与景观的破碎度呈现正相关关系，一般NP值小的景观破碎度低，反之则高
斑块密度	PD	个/一百万平方米	表示每$100hm^2$土地范围内的斑块数量
最大斑块面积指数	LPI	%	体现了景观的优势类型，直接体现了人类活动对于土地利用和景观生态变化的干扰强度和频率的变化
景观形状指数	LSI	—	体现了景观中斑块形状的变化，LSI值增大时，斑块不规则情况增加
周长—面积分维度指数	PAFRAC	—	值介于1和2之间，数值越趋于2，景观形状越复杂
散布与并列指数	IJI	%	在景观级别上代表各个斑块类型间的总体散布与并列状况。IJI值较小时表明一种斑块类型仅与少数几种其他类型相邻接；IJI=100表明各斑块间的比邻概率是均等的
分离度指数	SPLIT	%	反映景观空间被分割后的破碎化程度，SPLIT越高，人类对生态系统的影响越大

① 胡榆杰，董鑫，李玉杰．基于遥感与GIS的南充市区景观格局动态分析[J]．四川环境，2021，40(6)：81-88.

② 邬建国．景观生态学：格局、过程、尺度与等级（第二版）[M]．北京：高等教育出版社，2007.

③ 袁轶男，金云峰，聂晓嘉，等．基于Fragstats4的上海市城市景观格局指数动态研究[J]．山东农业大学学报(自然科学版)，2020，51(6)：1157-1162.

续表

景观格局指数	缩写	单位	生态学意义
景观聚集度指数	AI	%	表示景观区域内的斑块离散程度，AI 值小时，表示景观中不同类型的斑块离散程度大

5.1.3　自然景观要素建构效果的表征

（1）研究区不同时期自然景观要素建构效果的时空格局呈现。本书利用 ENVI 软件对 1984 年、1994 年、2007 年、2021 年四个关键时间节点的遥感影像进行目视解译和监督分类，得到不同年份沙坡头自然景观的时序性演化图，并使用 ArcGIS 进行统计计算，得到 1984 年、1994 年、2007 年、2021 年沙坡头不同自然景观类型结构变化图，见图 5－1。

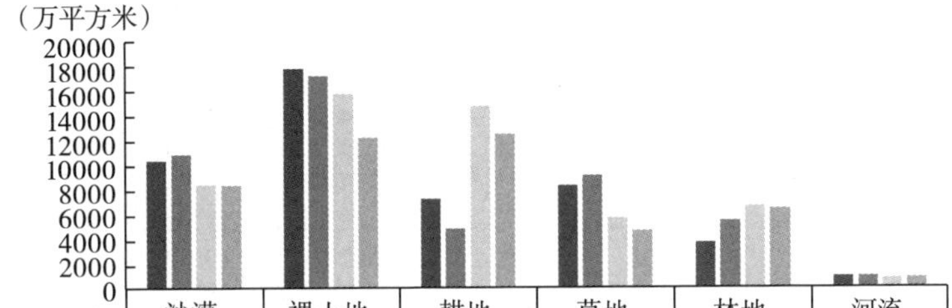

	沙漠	裸土地	耕地	草地	林地	河流
1984年	10475.10	17999.28	7260.39	8362.62	3649.05	874.98
1994年	10956.15	17396.37	4801.41	9178.65	5431.50	857.34
2007年	8447.22	15895.71	14887.26	5644.71	6621.57	718.29
2017年	8372.16	12302.37	12564.99	4616.01	6428.43	744.12

图 5－1　1984 年、1994 年、2007 年、2021 年沙坡头自然景观类型结构变化

就沙坡头 30 多年自然景观要素建构效果整体变化而言，沙坡头自然景观类型结构呈现出“一增两减三波动”的优化格局。“一增”，即林地景观的面积逐渐扩大；“两减”，即沙漠景观面积和裸土地景观面积逐渐缩小；“三波动”，即耕地、草地与河流（特指黄河）面积有一定幅度的波动。整体景观格局以沙漠面积缩减、绿地和绿化面积增多为主要发展趋势。

就沙坡头过去 30 多年自然景观结构的局部变化而言，裸土地景观面积缩小，其中隐含了两方面的社会生态结构变化逻辑。一方面，得益于“三北”工程和植树造林措施的持续推进，原有的裸土地逐渐生长出草皮，转变为草地或耕地，从而实现生态环境在一定程度上的改善与优化。另一方面，裸土地中原本包含的未利用土地和建筑用地也发生了显著变化。随着生态环境的优化改善，当地城镇化水平得以提高，未利用土地减少，建筑用地和商业用地持续增加，其中以中卫市中心城区商业建筑面积增加和沿黄河线旅游商业用地扩展最为明显，逐渐形成了沙坡头“黄河生态康养旅游发展带”和“大沙坡头文旅融合示范区”的旅游景观格局。

（2）研究区关键时间节点自然景观类型面积的演化。研究利用 ArcGIS 10.2 的空间分析交叉列表功能，分析了景观类型之间面积的相互转化关系，分别得到各时间节点的景观类型转移矩阵，见表 5 –3、表 5 –4、表 5 –5。

表 5 –3　1984—1994 年研究区景观类型面积转移矩阵

单位：平方千米

类型	沙漠	林地	草地	耕地	黄河	裸土地	总计
沙漠	98.0472	0.0226	4.8694	0.0071	0	1.7122	104.6585
林地	0	22.5042	0.1240	11.9669	0	1.9911	36.5862
草地	10.1445	0.1248	51.9667	0.2927	0.0037	19.7588	82.2912
耕地	0	28.4802	0.4586	29.4592	0.0003	14.2921	72.6904
黄河	0	0.0146	0.0010	0.2316	7.7222	0.7908	8.7602
裸土地	1.5495	3.0889	32.5286	5.9618	0.8840	137.2131	181.2259
总计	109.7412	54.2353	89.9483	47.9193	8.6102	175.7581	486.2124

表 5 –4　1994—2007 年研究区景观类型面积转移矩阵

单位：平方千米

类型	沙漠	林地	草地	耕地	黄河	裸土地	总计
沙漠	82.9687	0.3329	12.5135	8.8650	0	5.0609	109.7410
林地	0	29.5282	0.0579	18.7390	0	5.9103	54.2354
草地	1.4554	0.8049	30.6075	34.3462	0.0006	22.7338	89.9484
耕地	0	24.4087	0.1486	19.0596	1.5535	4.3026	49.4730
黄河	0	0.2574	0.0007	0.6695	6.8543	0.8283	8.6102
裸土地	0.0720	10.6399	12.485	67.7788	0.3877	84.3946	175.7580
总计	84.4961	65.9720	55.8132	149.4581	8.7961	123.2305	487.7660

表 5 –5　2007—2021 年研究区景观类型面积转移矩阵

单位：平方千米

类型	沙漠	林地	草地	耕地	黄河	裸土地	总计
沙漠	83. 1925	0	0. 8765	0. 0003	0	0. 4268	84. 4961
林地	0	61. 3488	0	0. 7786	7. 8289	3. 8447	73. 8010
草地	0. 5558	0	40. 8635	4. 0051	0	10. 3889	55. 8133
耕地	0. 0058	3. 4831	3. 4933	106. 6291	0. 0887	35. 7581	149. 4581
黄河	0	0	0	0. 0001	7. 1019	0. 1406	7. 2426
裸土地	0. 0039	0. 0216	0. 4727	14. 3783	0. 3392	108. 0148	123. 2305
总计	83. 7580	64. 8535	45. 7060	125. 7915	15. 3587	158. 5739	494. 0416

从表 5 –3、表 5 –4、表 5 –5 可以看出，沙坡头沙漠景观面积在逐渐缩减，林地景观面积在逐渐扩大，仅有小部分沙漠转化为其他类型景观。1984—1994 年，仅有 10. 1445 平方千米草地、1. 5495 平方千米裸土地转化为沙漠，林地面积增加 17. 6493 平方千米，草地面积增加 7. 6570 平方千米，林草地的增长速度快于土地沙漠化的速度，整体绿地面积有所提升，生态环境得以优化，绿植景观日益丰富；1994—2007 年，仅有 1. 4554 平方千米草地、0. 0720 平方千米裸土地转化为沙漠，林地面积增加 11. 7367 平方千米，沙漠面积减少 25. 2451 平方千米，裸土地面积减少 52. 5276 平方千米，可见，沙坡头整体生态环境得到持续改善与优化；2007—2021 年，仅有 0. 5558 平方千米草地、0. 0058 平方千米耕地、0. 0039 平方千米裸土地转化为沙漠，虽然裸土地面积增加了 35. 3435 平方千米，但主要是商业用地面积的增加。土地沙漠化问题得到了有效遏制。

可见，沙坡头沙漠治理成效显著，自然景观结构日趋优化。这一治理成果不仅改善了生态环境，而且深刻影响了沙坡头城市的发展进程，助推了沙漠旅游业的兴起，带动了城市商业用地和沙坡头旅游设施用地的增长。沙漠生态治理产生的生态效益和经济效益，促使沙坡头“沙—水—林—田—湖”的独特景观生态格局日趋成形。

（3）研究区关键时间节点景观格局动态变化。将 1984 年、1994 年、2007 年、2021 年进行目视解译和监督分类后的 Tiff 格式数据导入 Fragstate

软件进行景观水平指数分析，得到表 5 -6。

表 5 -6　景观水平指数分析结果

年份	NP（%）	PD（个/一百万平方米）	LSI	PAFRAC	CONTAG（%）	SPLIT（%）	SHDI	SHEI
1984	8305	17. 0809	51. 9460	1. 4744	43. 9012	9. 3361	1. 5520	0. 8662
1994	10785	22. 1816	62. 0959	1. 4807	41. 6933	10. 4750	1. 5629	0. 8723
2007	12967	26. 6693	70. 4898	1. 4798	38. 3229	13. 2684	1. 5980	0. 8918
2021	15854	32. 6070	76. 4850	1. 5053	38. 2017	11. 3497	1. 5731	0. 8780

由表 5 -6 可知，研究区 1984—2021 年，斑块数量（NP）与斑块密度（PD）逐年递增，说明研究区景观的破碎度增加，表明在“三北”工程与植树造林、封沙（山）育林政策的持续推进下，研究区景观的异质化程度上升；1984—2021 年，研究区景观形状指数（LSI）值逐年递增，说明沙坡头景观斑块的不规则情况增加；1984—2021 年，研究区周长—面积分维度指数（PAFRAC）值逐年递增，说明研究区景观形状越来越复杂；1984—2021 年，研究区蔓延度指数（CONTAG）逐年递减，说明研究区存在许多小斑块，景观破碎化程度越来越高；1984—2021 年，研究区分离度指数（SPLIT）先增加后减少，说明人类的沙漠治理政策对当地的生态系统影响程度先增加后减少，随着沙漠生态环境治理的持续推进，当地生态系统的稳定性越来越好，抗干扰能力和自然修复能力逐渐增强；香农多样性指数（SHDI）和香农均匀度指数（SHEI）反映景观结构的复杂程度和异质程度，1984—2021 年，研究区香农多样性指数（SHDI）和香农均匀度指数（SHEI）呈现出有增有减的波动趋势，但波动幅度不大，说明研究区景观结构的多样性程度和丰富性程度较为稳定，整体景观类型结构变化不大。

将 1984 年、1994 年、2007 年、2021 年进行目视解译和监督分类后的 Tiff 格式数据导入 Fragstate 软件进行斑块类型水平指数分析，得到表 5 -7。

表5－7 斑块类型水平指数分析结果

年份	景观类型	CA (hm²)	PLAND (%)	NP (个)	PD (个/一百万平方米)	LPI (%)	LSI	PAFRAC	IJI (%)	SPLIT (%)	AI
1984	沙漠	10475.10	21.5442	659	1.3554	14.5919	10.0029	1.3998	15.4883	43.6910	97.3507
	林地	8362.62	17.1995	4137	8.5086	3.8735	83.7672	1.5750	24.4793	320.3702	72.7425
	草地	17999.28	37.0192	2229	4.5844	26.4167	69.6425	1.4628	50.1671	13.9018	84.6062
	耕地	7260.39	14.9325	937	1.9271	9.1665	35.6872	1.4612	43.6692	115.7037	87.7237
	黄河	3649.05	7.5050	296	0.6088	0.7286	20.6799	1.2729	28.9667	4581.2289	90.1707
	裸土地	874.98	1.7996	47	0.0967	1.7552	12.3030	1.5591	2.5016	3246.0544	88.3716
1994	沙漠	10956.15	22.5336	437	0.8988	17.2785	13.1590	1.3984	29.6157	32.7168	96.5041
	林地	9178.65	18.8778	4838	9.9503	3.7981	97.5305	1.5765	23.1525	316.9052	69.6638
	草地	17396.37	35.7792	2607	5.3618	23.5592	84.6670	1.4900	54.7730	16.5877	80.9111
	耕地	4801.41	9.8751	1456	2.9946	1.7061	35.2944	1.4029	44.6684	1401.2351	85.0860
	黄河	5431.50	11.1710	1419	2.9185	1.1534	33.9654	1.3515	44.6942	2277.4493	86.5076
	裸土地	857.34	1.7633	28	0.0576	1.7489	11.0510	1.5351	3.2713	3269.5516	89.5524
2007	沙漠	8447.22	17.3735	235	0.4833	14.5254	7.7471	1.3495	22.7051	46.8398	97.7895
	林地	14887.26	30.6187	3798	7.8114	13.1946	96.2408	1.5384	65.0835	51.7784	76.5083
	草地	5644.71	11.6095	3695	7.5995	3.2808	72.986	1.5247	59.5512	813.4974	71.1335
	耕地	12302.37	25.3024	4117	8.4675	18.0132	85.3919	1.4921	47.9300	30.6147	77.0948
	黄河	6621.57	13.6186	1108	2.2788	1.7961	38.8287	1.3476	7.6496	1396.2764	85.9887
	裸土地	718.29	1.4773	14	0.0288	0.8400	10.9665	1.4627	40.526	10541.397	88.6967
2021	沙漠	8372.16	17.2191	241	0.4957	14.5517	7.2131	1.3494	25.8285	46.6722	97.9562
	林地	4616.01	9.4938	3065	6.3038	2.7355	62.1236	1.5158	60.5337	1077.2457	72.8871
	草地	15895.71	32.6928	6473	13.3131	24.7757	108.9667	1.5707	60.3743	16.2806	74.2336
	耕地	12564.99	25.8425	4927	10.1334	4.2355	102.2299	1.5317	42.2556	277.0813	72.8090
	黄河	6428.43	13.2214	1127	2.3179	1.6846	39.0467	1.3517	38.2357	1612.0331	85.6976
	裸土地	744.12	1.5304	21	0.0432	0.8691	10.9286	1.4586	7.5395	9872.2313	88.9507

由表5－7可知，就斑块类型面积（CA）而言，1984年、1994年、2007年、2021年各年份6类景观类型面积分布较为均匀，其中除了2007年外，各年份草地的面积均居首位，裸土地的面积在6类景观中最低。说明草地的面积在沙坡头最大，裸土地的面积随着沙漠生态治理工作的不断

推进，其面积逐年缩减。虽然2007年草地的面积未达峰值，但该年份林地与耕地的面积却高于其他年份，也进一步验证了沙漠生态治理对绿色植被增加的积极影响，还表明景观类型结构在此期间发生了有益调整，沙漠治理为沙坡头地区固沙增绿作出了重要贡献。

就斑块所占景观面积比例（PLAND）而言，1984年、1994年、2007年、2021年沙漠所占景观面积比例呈现出近乎逐年缩减态势，说明“三北”工程的推进使得土地沙漠化问题得到有效遏制，生态文明建设成效逐年凸显，为沙漠旅游地的形成奠定了良好的生态环境基础。

就斑块数量（NP）而言，1984年、1994年、2007年、2021年6类景观类型面积分布较为均衡，以上年份沙漠的NP值近乎逐年下降，反映了沙漠破碎程度的降低，沙漠生态治理的实施，不仅减少了沙漠斑块的数量，而且显著提升了环境质量，形成了更加良好的景观现象。

就斑块密度（PD）而言，1984年、1994年、2007年林地所占各景观类型的PD值，说明林地的斑块密度大，林地的斑块面积指数大，这与沙坡头推行的集中连片植树造林措施密切相关。由于大面积单一树种易引发病虫害滋生等问题，沙坡头采用草木混交林来部分替代大面积胡杨林，以此减少单一树种带来的生态治理成本高、风险大等问题。到2021年，草地的PD值后来居上，超越林地，印证了植树造林和植草种树调整措施的有效性，也体现了沙漠治理措施的逐年改善和优化。

就最大斑块面积指数（LPI）而言，1984年、1994年、2007年、2021年裸土地LPI值近乎逐年减少，说明人类活动对于裸土地景观结构的改变，使得裸土地斑块面积指数越来越小，也说明裸土地的开发利用方式逐渐多样化，如随着沙漠旅游的兴起，沙坡头部分裸土地被开发为旅游建设用地、城镇商业用地等，旅游商业用地类型更加多样。

就景观形状指数（LSI）而言，1984年、1994年、2007年、2021年的LSI值近乎逐年增长，说明林地的不规则情况逐年增加，也说明在沙漠生态治理过程中，防风固沙措施和政策需实时调整。

就周长—面积分维数指数（PAFRAC）而言，1984年、1994年、2007

年林地的 PAFRAC 值趋近于 2，说明这些年份林地景观形状复杂，2021 年草地的 PAFRAC 值也趋近于 2，说明近年来草地的景观形状也日渐复杂。

就散布与并列指数（IJI）而言，1984 年、1994 年、2007 年、2021 年沙漠的 IJI 值相对其他景观类型而言皆偏小，说明沙漠仅与少数几种其他景观类型相邻接，也说明沙漠周围景观类型多样化程度不高，沙漠周围多与裸土地、草地相邻接。

就分离度指数（SPLIT）而言，1984 年、1994 年、2007 年、2021 年裸土地的 SPLIT 值普遍偏高，说明裸土地被分割后的破碎化程度高，人类活动对裸土地的影响程度大，这与生态治理和沙漠旅游地营商环境的协同作用、相互演化有很大关联。生态治理成效显著使得沙漠旅游地逐渐形成，沙漠旅游地的形成倒逼沙坡头开发利用各类资源与建设具有地域特色与沙漠特征的景观，以满足当地人日益增长的物质文化需要和游客多样性需求。因此，对裸土地深化开发、加强利用成为加深景观破碎化程度的必然趋势和必然结果。

就景观聚集度指数（AI）而言，1984 年、1994 年、2007 年、2021 年沙漠的 AI 值最高，说明沙坡头沙漠的聚集度最高。这与沙坡头地形、地貌和气候等条件有关。因山脉环绕，阻挡了来自印度洋温暖湿润的气流和来自东南部的水汽、季风，致使沙漠的集聚形成。

总之，整体而言，1984 年至今，沙坡头自然景观要素建构效果呈现出“一增两减三均衡”的发展态势：林地景观面积逐渐扩大，沙漠景观面积与裸土地景观面积逐渐缩小，耕地、草地与河流（特指黄河）面积有一定幅度的波动。沙坡头土地沙漠化问题得到长期有效控制，自然景观要素建构效果逐年向好。具体而言，研究区自然景观的破碎度增加，自然景观的异质化程度上升，沙坡头景观斑块的不规则情况增加，景观形状越来越复杂。这一切说明，自然景观结构的多样性程度和丰富性程度逐渐优化，自然景观的抗干扰能力与自我修复能力逐年增强。

5.1.4 自然景观要素建构效果归因分析

以上数据测量结果，客观验证了自然景观要素建构促进社会生态系统改善与优化的真实性。之所以形成如此效果，主要得益于沙坡头沙漠生态治理政策的长期有效推行、沙坡头生态社会可持续发展措施的在地融合实行、沙坡头自然景观要素建构的长期执行三个方面。

首先，沙坡头自然景观要素建构带来的社会生态系统持续向好得益于沙漠生态治理政策的长期有效推行。自 1978 年国家启动“三北”工程，“三北”工程规划期限为 73 年，分八期进行，截至目前，已经启动第六期工程建设，沙坡头全境参与“三北”工程。经过 40 余年的沙漠生态治理，如今沙坡头沙漠面积逐渐缩小、林草地面积逐渐增加。中卫市官方网站统计，截至 2021 年年底，沙坡头建成区绿地率已达 35.6%，绿化覆盖率已达 39.7%，“宜居、生态、休闲”的城市建设规划蓝图已逐步变成发展现实，依沙傍水的城市景观特色已日益彰显。

其次，沙坡头自然景观要素建构带来的社会生态系统持续向好得益于生态社会可持续发展措施的在地融合实行。沙坡头生态环境的改善与优化促进了城市化、城镇化与现代化进程，进一步激发了沙坡头产业结构的调整优化，旅游产业的主导地位日渐凸显。因游客大量涌入带动旅游消费提升，旅游市场扩张进而使城市商业用地增加。旅游资源的深入开发与景区建设的加速推进，加快了自然的商品化进程，促进了沙坡头沙漠旅游目的地的形成。

最后，沙坡头自然景观要素建构带来的社会生态系统持续向好得益于自然景观要素建构的长期执行。自新中国成立以来，沙坡头生态环境修复与社会经济建设一直是当地发展建设的重要任务。以 1958 年包兰铁路的通车为标志，围绕包兰铁路建立的防风固沙带不仅有效抵御了沙尘暴的侵袭，而且有效促进了区域社会经济的发展；当地深入持续开展封沙育林项目、成立沙坡头自然保护区等措施，都是人为修复沙漠生态环境，建构自然景观，开发利用自然生态资源的具体体现，其带来的不仅是绿地面积的扩大、沙漠面积的缩减等自然景观格局的演化，而且产生了广泛的溢出效应，惠及社会经济与城市村镇的全面发展，表现为城乡人居环境的改善、当地居民就业机会的增加、收入水平和生活质量的提高、满意度的增加等。这些综合效应的叠加不仅激发了当地居民参与生态环境治理和城市发展建设的热情和信心，而且极大丰富了沙坡头的城市发展意象和旅游目的地形象，为其赢得“中国最美的五大沙漠之一”的美誉奠定了坚实的社会生态基础。

5.2　文化景观要素建构的效果与表征

景观被视为人类“看的方式”[①]，是人“看”了之后，形成的对外物的概念。它与建构者的主体意识、价值道德观念紧密相连，受历史情境与文化氛围影响，富有人文历史意涵，也包含不同历史时期不同文化群体的价值、行为与逻辑观念。景观不只包括土地、自然和空间，还包括自然界动植物的栖身之所与人类的栖居之地，反映动物与人类的栖居选择、栖居行为与栖居过程[②]。房屋建筑、乡村聚落等文化景观要素的性状，折射出动植物适应自然社会生存的自然选择法则，也折射出人类生产生活活动的地理选择与在地实践逻辑。文化景观是某类文化群体利用自然景观而形成的产物，其中文化是驱动力，自然界是媒介，文化景观是结果[③]。不管是抽象的文化景观还是具象的文化景观，都是对当地文化的反映[④⑤]。

文化景观由自然景观通过文化群体的作用形成，是人类在凝视“他者”与反观“本我”的基础上，通过对物质化事物的刻画而进行的地方建构（place－making）。一方面，文化景观的建构是政府和规划设计师自上而下的形塑空间，影响人们日常生活行为和地方感知的过程[⑥]。另一方面，

---

① MATLESS D. Action and noise over a hundred years：the making of a nature region[M]//Wylie J. Landscape. Abingdon：Routledge, 2007：117.

② INGOLD T. The temporality of the landscape in the perception of the environment[M]. London：Routledge, 2000.

③ SAUER C . The morphology of landscape[M]. Los Angeles：University of California Press,1974.

④ MIZUOKA F . Geographers awaken to talk in the geographers' langue [J]. Chirigaku hyōron, 1997, 70(12):824－834.

⑤ AGNEW J A , LIVINGSTONE D N , ROGERS A . Human geography : an essential anthology [J]. Blackwell Publishers, 1996.

⑥ LEW A. Tourism planning and place making：place－making or placemaking? [J]. Tourism Geographies, 2017,19(3):448－466.

文化景观的建构也是文化群体自下而上地把价值、感知、记忆和传统赋予到景观上，把意义投射到地理空间的过程[①]。依托历史文化事象建构的文化景观，通过景观的视觉表征揭示观者如何看待和解释一地的历史进程与文化演化，也通过视觉表征传达建构主体对历史事件、文化事象与区域特征的理解。文化景观还被视为特定区域、不同地方的历史文化遗产。文化景观与历史、乡村、田园风光和怀旧等概念之间有着十分紧密的联系。在英国，霍斯金斯强调景观的历史性扎根于地方性。洛文索则从“场所感”入手，探讨景观意义和价值，将有形的“过去”和人们的场所记忆、认同感、历史与遗产等概念联系在一起，提出文化景观具有遗产价值[②]。

旅游作为一种社会现象，是生产与再生产“地方”的主要力量。景观为旅游业的发展提供了自然和文化资源，也为旅游业的发展提供了自然与文化资本。文化能赋予一个地方以个性，其地方文化个性常常以地域文化景观的形式呈现[③]。景观与旅游之间时常发生双向互动，景观既为旅游发展提供客观环境，又为旅游发展提供塑造力量。旅游景区往往会根据建构主体的规划蓝图与实施方案，通过对自然景观进行重塑、对历史文化景观要素进行凝练、对人文事象遗存进行修复等方式，实现一地“景物→标志→景物”的转换。这些经由人类主体再构与重塑后的文化景观，就像符号一样，彰显着地方的地域特性，展现出文化景观的人文历史张力。

5.2.1 文化景观要素建构效果测量标准的选取

受沙漠旅游开发利用的影响，沙坡头物质与非物质的文化遗产作为文化景观要素的重要组成部分，在沙漠旅游大力发展的背景下，已成为具有典型地域特征的文化旅游资源，在助力沙漠旅游高质量发展的基础上，发挥着不可忽视的价值效应。文化景观是建立在一地一域历史文化积淀之

① HAYWOOD K M. Visitor - employed photography: an urban visit assessment[J]. Journal of Travel Research, 1990, 29(1): 25 - 29.

② LOWENTHAL D. Past time, present place, landscape and memory[J]. Geographical Review, 1975, 65(1): 1 - 36.

③ 王婧雯. 地方感视角下广州西关景观意象研究[D]. 广州: 暨南大学, 2018.

上，通过物质化与非物质化的景观形态表征，如传统建筑、遗址、庙宇、殿堂、宗祠、村落、节事、民俗等，展现一个地方在岁月长河里的兴盛与衰落、颓败与崛起。文化景观不仅映照出不同历史时期社会发展的重心与轨迹，而且折射出不同时期社会民众的日常生活形态与精神价值状态。经由岁月沉淀积累形成的文化景观在促进社会发展进步、旅游目的地生成、传统文化继承、人民生活水平提高方面具有多重价值作用。

在“三北”工程等的持续推进下，沙坡头对文化景观的旅游化开发程度不断加深、范围持续扩大，而对文化景观开发利用后拓展生成的多样化旅游价值及其空间布局情况的研究，却相对匮乏。为此，本节以建立价值多样性评价标准为切入点，旨在探究文化景观的旅游化开发利用产生了哪些多元价值，以及取得怎样的建构效果。通过透视自然（沙漠）的商品化过程，尤其是物质的自然转化为文化旅游的自然的过程，揭示文化景观要素建构产生的旅游发展效果和旅游服务价值。

实地调研与深度访谈是确定文化景观价值多样性的重要基础。因此，研究在深度访谈当地 25 人、实地调研 20 余个文化与休闲娱乐景点的基础上，汇总梳理出文化景观要素建构产生的旅游相关价值评价标准，这些标准涵盖了 9 个方面，分别是：①社会效益溢出价值；②乡土资源开发价值；③休闲娱乐功能价值；④原真性保存价值；⑤地域特色彰显价值；⑥非遗传承创新价值；⑦历史文化赓续价值；⑧节事娱乐融合价值；⑨旅游观赏游憩价值。

对受访结果进行分析发现：以沙漠旅游、休闲游憩为核心的沙坡头景区、金沙海、金沙岛等文化景点，其以旅游产业为主导的发展模式不仅丰富了沙漠旅游产品的多样性，而且旅游业发展产生的经济和社会效应能够带动并促进中卫市社会经济的全面发展，实现社会效益的显著溢出。以沙坡头村、鸣沙村、鸣钟村与南北长滩村等为代表的乡村旅游重点村落，在参与乡村旅游开发和乡土环境建设中，充分展现了西北部传统村落的独特风格。其以夯土为基建立的乡村民宿，以养殖骆驼、羊群为旅游化谋生手段的传统生产方式，以蒿子面制作、羊皮筏子制作为代表的非遗技艺，蕴含着丰富的乡土资源开发潜能，是推动其走向乡村旅游发展之路、迎来致富契机的重要资源，成功实现了乡土资源开发价值的转化与释放。以中卫市步行街、红太阳广场等为组成要素的文化景观，在为当地市民提供休闲娱乐场所的同时，其自身也随着旅游业的发展，形成了集休闲、娱乐、购物等旅游要素于一体的休闲娱乐功能价值。以南长滩村、下河沿村为代表的传统村落，因远离中卫市旅游核心区域，尚未进行大规模旅游规划开发，故而保留了村落原始的建筑风格与街巷脉络，促成了原生性保存价值的形成。

以沙坡头景区、明长城、高庙、沙坡头水镇为代表的景点，在旅游化开发进程中，凝结聚合了中卫市的地域特点和西北城市特征，促进了地域特色彰显价值的生产。以剪纸、沙画、羊皮筏子漂流等非遗为资源依托，这些传统技艺在沙坡头景区和其他商业街区销售的过程中，实现了非遗的旅游化开发，激活了非遗的旅游商业价值，使非遗传承创新价值得以再生产。以明长城、美利渠、烽燧遗址、高庙等为历史文化印记的遗址遗迹，在旅游发展进程中，聚合表征了中卫市的长城文化与丝路文化的人文历史特征，促进了历史文化赓续价值的生产。以《沙坡头盛典》演艺为主要代表的节事演艺活动，是沙漠旅游业转型升级时期为迎合游客文化艺术消费需求而编排的反映沙坡头人文历史演化情况的旅游演艺产品，其随着旅游业发展而不断升级更新，促进了文化景观节事娱乐融合价值的生产。最后，围绕沙坡头景区、沙坡头村、金沙海、金沙岛等旅游景区景点建设而发展壮大的景观，其本身鲜明的旅游属性与游憩特征，赋予了这些景观要素更多的旅游价值与发展价值，促成了旅游休闲游憩价值的生产。

该测量标准体系的建立为后续进行文化景观要素建构效果测量与表征分析奠定了基础。

5.2.2 文化景观要素建构效果的测量

为了探究上述文化景观价值多样性如何在研究区地理空间范围内聚散呈现，以及厘清这些景观要素的地理分布格局及其旅游发展关联，研究采用参与式制图与 Pearson 相关性分析的方法，对研究区的文化景观要素进行核密度分析与相关性分析，以实现文化景观价值多样性的视觉化表征和文化景观要素的旅游相关关系分析。

（1）数据来源。文化景观价值多样性建构效果空间表征的研究主要采用参与式制图方法，收集沙坡头居民主观感知到的当地文化景观价值空间点数据。首先，研究在前期预调研的基础上采用半结构式访谈的方式，收集当地居民关于文化景观价值的空间标识点和物质地理载体，并结合文献资料、深入访谈和实地调研，生成文化景观的地理空间标识，见表 5 – 8。

表 5 – 8　文化景观的地理空间标识

文化景观	物质文化景观	历史遗址遗迹	烽燧：黑林烽燧、沈家庄烽燧、姚滩烽燧、新滩烽燧、高乌墩烽燧
		文化遗产	黄河北段明长城（明长城中卫姚滩段）、拦河堤坝（白马拉缰）、美利渠、中卫高庙、大麦地岩画
		旅游街区与城镇	休闲旅游街区：中卫市步行街、红太阳广场 旅游城镇：中卫市区、迎水桥全域旅游示范镇（沙坡头旅游新镇、沙坡头娱岛艺术文旅小镇）
		旅游景区与乡村	A 级景区：沙坡头景区、宁夏腾格里·金沙海旅游度假区、沙坡头水镇景区、腾格里金沙岛旅游度假区 特色乡村：沙坡头村（童家园子）、水车度假村、下河沿村
	非物质文化景观	节庆习俗	开斋节、古尔邦节、圣纪节
		节事演艺	《沙坡头盛典》
		旅游活动	庙会、社火、灯火、回族和东乡族花儿、牛头埙
		旅游商品	刺绣、沙画、剪纸、八宝茶、泥哇呜、蒿子面、羊皮筏子

其次，依据表 5 – 8，结合研究区 2021 年矢量地图，对每一个文化景观的地理空间点进行标识，并邀请受访者根据自身对文化景观价值特征强弱程度的主观感受，对每一类文化景观的价值表征点进行 1 ~ 10 级的打分判断。然后，结合受访者所参与的绘图结果，询问其给予打分的原因，并允许受访者补充研究设计中所缺失的文化景观要素，为后续分析文化景观格局形成的驱动因素及未来产生的影响收集第一手资料。

参与式制图调研于 2022 年 6 月 10—24 日进行，调研对象主要为当地居民、景区工作人员、当地村民三类，受访者人口统计学信息，见表5－9。

表5－9　调研对象人口统计学特征

特征	分类	人数（人）	占比（%）
性别	男	126	50.6
	女	123	49.4
年龄	18岁以下	38	15.3
	18～30岁	36	14.5
	31～40岁	43	17.3
	41～50岁	41	16.5
	51～60岁	48	19.3
	60岁以上	43	17.3
受教育程度	高中以下	66	26.5
	高中	67	26.9
	大专	60	24.1
	本科	30	12
	硕士以上	26	10.4
职业	学生	36	14.5
	企业人员	36	14.5
	公务员	15	0.06
	事业单位人员	15	0.06
	自由职业者	37	14.9
	农民	31	12.4
	工人	38	15.3
	其他	41	16.5

最后，以底图与文化景观空间信息点为依托，先帮助受访者建立地理空间认知概念，再采用边填图边提问的方式，收集受访者对沙坡头文化景观价值多样性的见解和疑问。本次调研共发放填图问卷253份，收回249份，其中有效问卷249份，有效率为98.41%。

（2）数据处理方法。首先，将前期收集到的文献资料与相关访谈数据进行解译，根据研究区文化景观的特征，将文化景观要素建构生成的价值多样性划分为地域特色彰显价值、原真性保存价值、历史文化赓续价值、旅游观赏游憩价值、社会效益溢出价值、节事娱乐融合价值、非遗传承创新价值、乡土资源开发价值、休闲娱乐功能价值这9个维度。并以此为据，形成文化景观要素价值类型评价体系。其次，邀请受访者在该评价体系生成的基础上，按其文化景观价值类型分类对各地理标注点进行频次标注和强度标注。其中，标注强度按照1～10分进行打分，1分为最低评价，10分为最高评价。再次，对收集到的空间数据点进行点属性二次赋值，从而实现文化景观价值分析从质性分析到空间制图的过渡，见表5－10。最后，采用ArcGIS 10.2中的核密度制图技术，对收集到的9类文化景观价值点进行核密度制图，以对9类文化景观价值凸显程度与强度进行空间特征分析。文化景观要素旅游相关性分析的测量主要采用Pearson相关系数作为分析工具。将表5－10文化景观价值评价体系中地理空间标识点强度均值导入SPSS20软件，进行各文化景观要素价值类别的相关性分析。

表5－10　文化景观价值评价体系地理空间标识点频次、强度统计表

文化景观价值多样性类型划分	标注对象	标注频次	标注强度均值	比例（%）
社会效益溢出价值	沙坡头景区	113	9.58	45.38
	宁夏腾格里·金沙海旅游度假区	78	6.68	31.32
	沙坡头水镇景区	58	4.98	23.29
	腾格里金沙岛旅游度假区	77	6.6	30.92
乡土资源开发价值	沙坡头村（童家园子）	57	8.04	22.89
	水车度假村	32	4.46	12.86
	下河沿村（陶艺特色村）	36	5.1	14.70
	南长滩村	57	8.07	22.89
	北长滩村	64	9.02	25.70
休闲娱乐功能价值	中卫市步行街	48	9.04	19.32
	红太阳广场	45	8.54	18.26
	中卫市区	47	8.84	18.90
	沙坡头旅游新镇	34	6.48	13.85
	沙坡头娱岛艺术文旅小镇	41	7.76	16.59
	迎水桥全域旅游示范镇	33	6.12	13.08

续表

文化景观价值多样性类型划分	标注对象	标注频次	标注强度均值	比例（%）
原真性保存价值	沙坡头村（童家园子）	48	5.74	19.10
	水车度假村	45	5.4	17.96
	下河沿村（陶艺特色村）	55	6.62	22.02
	南长滩村	57	6.84	22.75
	北长滩村	45	5.46	17.96
地域特色彰显价值	沙坡头景区	54	9.46	21.55
	黄河北段明长城	44	7.64	17.56
	美利渠	35	6.04	13.88
	中卫高庙	54	9.38	21.55
	沙坡头水镇景区	31	5.4	12.41
	《沙坡头盛典》	32	5.6	12.87
非遗传承创新价值	宁夏腾格里·金沙海旅游度假区	52	5.04	20.77
	沙坡头景区	98	9.54	39.32
	沙坡头水镇景区	45	4.4	18.14
	腾格里金沙岛旅游度假区	54	5.28	21.76
历史文化赓续价值	黑林烽燧	18	3.78	7.12
	沈家庄烽燧	16	3.34	6.29
	姚滩烽燧	15	3.2	6.02
	下河沿瓦窑遗址	28	5.9	11.11
	黄河北段明长城	35	7.52	14.12
	拦河堤坝（白马拉缰）	35	7.5	14.12
	美利渠	26	5.54	10.43
	中卫高庙	44	9.38	17.66
	大麦地岩画	33	6.96	13.10
节事娱乐融合价值	《沙坡头盛典》	109	6.6	43.77
	中卫市区	140	8.48	56.23
旅游观赏游憩价值	宁夏腾格里·金沙海旅游度假区	21	7.68	8.25
	腾格里金沙岛旅游度假区	21	7.72	8.25
	沙坡头景区	26	9.6	10.31
	沙坡头旅游新镇	16	6.12	6.61

续表

文化景观价值多样性类型划分	标注对象	标注频次	标注强度均值	比例（%）
旅游观赏游憩价值	沙坡头娱岛艺术文旅小镇	16	6.16	6.61
	迎水桥全域旅游示范镇	17	6.3	6.76
	沙坡头村（童家园子）	20	7.52	7.95
	水车度假村	10	3.74	4.02
	下河沿村（陶艺特色村）	12	4.5	4.83
	沙坡头水镇景区	15	5.72	6.16
	中卫市步行街	20	7.52	8.07
	红太阳广场	20	7.42	7.95
	中卫市区	20	7.4	7.95
	《沙坡头盛典》	15	5.74	6.16

注：节事演艺、节庆习俗以主要进行地为地理空间载体，旅游商品以主要售卖地为地理空间载体。

5.2.3 文化景观要素建构效果的表征

5.2.3.1 文化景观价值多样性的空间核密度特征

将受访者对9类文化景观价值标注并赋值的数据导入ArcGIS 10.2，进行各类文化景观要素价值的核密度分析。

整体而言，文化景观价值多样性的空间分布呈现出“一核、两块、多中心”特征。在旅游观赏游憩价值、地域特色彰显价值、节事娱乐融合价值、非遗传承创新价值、休闲娱乐功能价值和社会效益溢出价值多维度上，沙坡头景区均展现出核心地位与龙头效应，其产生的价值辐射与效益广泛且深远，其影响力与带动效应同样显著而持久。沿黄河东西两侧分别形成了以沙坡头和中卫市区为区块的两大文化景观区。两者以黄河为纽带，以文化景观为基底，以旅游业发展为依托，助力并推动研究区经济社会的全面、协调与可持续发展，其辐射影响力与联动作用力不容小觑。此外，研究区以旅游村落沙坡头村、鸣沙村、鸣钟村为乡村旅游发展引擎，以旅游景区金沙海、金沙岛为旅游替代品与互补品，以文物保护单位中卫高庙等为文化支撑，围绕“一核、两块、多中心”呈现出不同文化景观价值多点散布的空间特征。

具体而言，文化景观价值多样性空间特征如下：

就文化景观的社会效益溢出价值而言，沙坡头景区居于核心地位，产生的集聚与扩散效应最强，并通过发展壮大沙漠旅游业助力中卫城市建设与社会发展。

就文化景观的乡土资源开发价值而言，以沙坡头村为乡村旅游核心的“三村一域”规划日渐实施落地，并将在未来的乡村旅游发展进程中发挥示范带动作用。而南长滩村与下河沿村虽具有乡土资源开发价值与潜能，但对这些村落的开发利用需结合当下实际，考虑长远发展与可持续建设，使其成为乡村旅游后续发展的备选村落。

就文化景观的休闲娱乐功能价值而言，特色步行街、小吃街、商业街集购物、休闲、娱乐等于一体，城市公园、广场等汇集了吃、住、行、游、购、娱等功能，既能满足游客的基本旅游需求又兼顾了当地居民日常生活需求，因此，休闲娱乐的多功能性在中卫市区尤为突出。

就文化景观的原真性保存价值而言，沙坡头村虽然发展已然成熟，但其开发时间早、乡村旅游发展力度大，且经历多次搬迁，故而村落的原真性消失殆尽。而尚处于待开发阶段的下河沿村与南长滩村，受地理位置与规划后置等因素影响，村落的原真性保留完好，其房屋建筑、村民生活方式等仍保留了传统特色，文化景观要素积淀充分。

就文化景观的地域特色彰显价值而言，研究区形成了以沙坡头沙漠旅游为特色标识，以中卫市区高庙、鼓楼等为文化旅游特征的文化景观要素特质。

就文化景观的非遗传承创新价值而言，沙坡头旅游区独占鳌头，在该旅游区范围内以非遗为特色生产的旅游商品、推出的羊皮筏子漂流等旅游项目，经济效益凸显。反观其他景区，非遗的特色与价值尚待进一步挖掘。

就文化景观的节事娱乐融合价值而言，研究区内打造的《沙坡头盛典》与市区开展的各类节事活动构成双核心格局，两者虽然面向的群体略有不同，但目标一致且统一，在吸引游客、提升研究区知名度方面处于强核心地位。

就文化景观的历史文化赓续价值而言，沙坡头景区与中卫市区形成掎角之势，两者既有差别又有共性，形成了中卫市历史文化遗存高地。沙坡头景区虽为近年来新开发建设的旅游景区，但区域内深藏并蕴含着反映中卫社会历史变迁的文化遗址、历史故事等。目前，沙坡头景区在开发建设的进程中意识到地域历史文化的重要性，将能凸显历史文化特征的景观通过雕塑、观光点等形式予以标记建构，同时利用景区导游词、游览牌标识等进行注解，以此强化其文化要素特质。位于中卫市区的高庙与鼓楼，其本身的文物性质和经年积淀的历史文化底蕴增强了沙坡头旅游目的地的人文吸引力，发挥着地理标识和文化叙事的功能。

就文化景观的旅游观赏游憩价值而言，沙坡头景区与中卫市区的核心地位不容置疑，作为后起之秀的金沙海、金沙岛等景区，凭借与沙坡头景区截然不同的旅游产品和特色，获得众多游客青睐，起到有效分流部分游客的作用。后期规划建设的沙坡头水镇、迎水桥镇等，在新冠疫情前期已经成为游客的集散中心和发展势头极佳的商业街区，但因其功能的单一性和开发规划的滞后性，使之在疫情常态化背景下受到严重影响，旅游价值溢出效应低下。

5.2.3.2 文化景观要素之间的旅游相关性分析

关于文化景观要素之间的旅游相关性，本书采用 Pearson 相关性系数解释说明各价值维度文化景观要素之间的旅游相关关系，并结合实地调研与深度访谈情况解释说明了各点之间出现这些相关关系的原因。一般地，显著水平（p）值只统计显著性水平在 0.01 和 0.05 区间的各文化景观地理空间点之间的相关性。研究通常采用 R 值确定正相关与负相关关系。通常，R 值在 0.1 ~0.3 为弱相关，在 0.3 ~0.5 为中度相关，在 0.5 ~1 为高度相关。

研究将收集到的受访对象对文化景观地理空间点的评分数据归类整理后导入 SPSS20 进行相关性分析。结果发现，文化景观社会效益溢出价值各标注点之间的相关性见表5－11。

表5－11　文化景观地理空间点社会效益溢出价值方面的相关性

	沙坡头景区	金沙海	沙坡头水镇景区	金沙岛
沙坡头景区	1			
金沙海	0.098	1		
沙坡头水镇景区	－0.094	0.266	1	
金沙岛	0.082	0.972**	0.250	1

注：**表示在0.01水平（双侧）上显著相关。

由表5－11可知，金沙海与金沙岛景点在社会效益溢出方面具有高度的相关性，主要归因于两者地理位置邻近且位于同一旅游线路上。因此，在社会效益产出与辐射周边区域旅游发展方面具有高度的相关性。

文化景观乡土资源开发价值各标注点之间的相关性见表5－12。

表5－12　文化景观地理空间点乡土资源开发价值方面的相关性

	沙坡头村	水车度假村	下河沿村	南长滩村	北长滩村
沙坡头村	1				
水车度假村	0.253	1			
下河沿村	0.289*	0.856**	1		
南长滩村	0.975**	0.241	0.307*	1	
北长滩村	0.952**	0.250	0.294*	0.973**	1

注：**表示在0.01水平（双侧）上显著相关，*表示在0.05水平（双侧）上显著相关。

由表5－12可知，在乡土资源开发价值方面，南长滩村、北长滩村与沙坡头村之间具有高度的相关性。下河沿村与水车度假村具有高度的相关性。经实地调研并结合深度访谈后发现，南长滩村、北长滩村与沙坡头村都属于以发展乡村旅游为主的村落，其乡村旅游发展模式、发展路径类似。除南长滩村交通不便给当地旅游发展造成一定的阻滞外，三个村落未来发展目标趋同，开发价值俱佳。下河沿村原真性保存较好，其与水车度假村虽都具有一定的乡村资源特色与吸引力，但受新冠疫情影响，两者都缺乏发展乡村旅游的先期投资与规划。未来可从“一村一品，千村千面”方面思考探索村落的特色化与差异化发展之路。

文化景观休闲娱乐功能价值各标注点之间的相关性见表5－13。

表5－13　文化景观地理空间点休闲娱乐功能价值方面的相关性

	中卫市步行街	红太阳广场	中卫市区	沙坡头旅游新镇	沙坡头艺术文旅小镇	迎水桥镇
中卫市步行街	1					
红太阳广场	0.719**	1				
中卫市区	0.448**	0.557**	1			
沙坡头旅游新镇	－0.168	－0.032	0.203	1		
沙坡头艺术文旅小镇	0.116	0.160	0.182	0.235	1	
迎水桥镇	0.107	0.225	0.331*	0.765**	0.290*	1

注：**表示在0.01水平（双侧）上显著相关，*表示在0.05水平（双侧）上显著相关。

由表5－13可知，红太阳广场与中卫市步行街，迎水桥镇与沙坡头旅游新镇在休闲娱乐功能价值方面具有高度的相关性。经实地调研与深入访谈后发现，一方面，红太阳广场与中卫市步行街，迎水桥镇与沙坡头旅游新镇具有地理位置的邻近优势，易于形成旅游产业集群和旅游商业与集散中心，因此彼此之间相互影响、共同促进。另一方面，红太阳广场与中卫市步行街，迎水桥镇与沙坡头旅游新镇是集休闲、娱乐、购物等于一体的商业街区与旅游小镇，其不仅是吸引游客休闲、娱乐、购物的主要核心，而且是关系中卫市民居住、生活的城镇空间，因此，它们彼此相关性高、联系度强，既是沙坡头旅游发展的缩影又是沙坡头经济社会发展的缩影。

文化景观原真性保存价值各标注点之间的相关性见表5－14。

表5－14　文化景观地理空间点原真性保存价值方面的相关性

	沙坡头村	水车度假村	下河沿村	南长滩村	北长滩村
沙坡头村	1				
水车度假村	0.623**	1			
下河沿村	0.635**	0.796**	1		
南长滩村	0.649**	0.797**	0.984**	1	
北长滩村	0.649**	0.982**	0.801**	0.807**	1

注：**表示在0.01水平（双侧）上显著相关。

由表5-14可知，下河沿村与南长滩村具有高度的相关性，在当地人看来，下河沿村与南长滩村原真性保存完好，未进行过度改造，村落的历史文化、建筑特征等尚未大规模商业化重构，有进行乡村旅游开发利用的潜力。

地域特色彰显价值各标注点之间的相关性见表5-15。

表5-15　文化景观地理空间点地域特色彰显价值方面的相关性

	沙坡头景区	黄河北段明长城	美利渠	中卫高庙	沙坡头水镇	《沙坡头盛典》
沙坡头景区	1					
黄河北段明长城	0.505**	1				
美利渠	0.332*	0.448**	1			
中卫高庙	0.569**	0.414**	0.283*	1		
沙坡头水镇	0.184	0.136	0.487**	0.144	1	
《沙坡头盛典》	0.115	0.309*	0.354*	-0.029	0.558**	1

注：**表示在0.01水平（双侧）上显著相关，*表示在0.05水平（双侧）上显著相关。

由表5-15可知，黄河北段明长城与沙坡头景区，中卫高庙与沙坡头景区在地域特色方面具有高度的相关性，根据文献资料和深度访谈，在大部分当地人心中，沙坡头景区已成为中卫最典型的城市名片。“中卫要打造旅游示范城市，沙坡头是最有力的支撑。沙坡头现在已经是宁夏的一张亮丽风景名片，大家现在去沙坡头，就想去看沙、看星星、玩沙漠体验项目（V15）。”高庙作为一个三教合一的全国重点文物保护单位，蕴含着当地厚重的历史文化底蕴，承载着当地居民深厚的宗教情感，它是除沙坡头景区外当地人心中另一城市地标。“我们的高庙有600多年的历史了，它的名气和影响力是可以和沙坡头齐名的，虽然外地游客去沙坡头景区的更多，沙坡头在外地游客心中更有名，但对于我们本地人而言，高庙在我们心中的知名度和影响力更高。我们从小就知道高庙，平时也喜欢到高庙休闲、散步、会友、聊天（V19）。”

文化景观非遗传承创新价值各标注点之间的相关性见表5-16。

表 5－16　文化景观地理空间点非遗传承创新价值方面的相关性

	金沙海	沙坡头景区	沙坡头水镇	金沙岛
金沙海	1			
沙坡头景区	0.092	1		
沙坡头水镇	0.781**	0.201	1	.
金沙岛	0.934**	0.132	0.828**	1

注：** 表示在 0.01 水平（双侧）上显著相关。

由表 5－16 可知，在非遗传承创新方面，金沙海、金沙岛与沙坡头水镇具有高度的相关性。经调研发现，主要原因在于具有非遗特色的旅游商品如沙画、剪纸、蒿子面等，以及具有非遗特色的旅游活动如羊皮筏子漂流等，在上述三个景区景点尚不明显、不突出。因此，三者在非遗特色产品打造和非遗特色项目策划方面仍需对标沙坡头景区，不断探索、持续思考，开发差异化非遗旅游产品，提高非遗在景区的融合度、利用率，进一步让景区与地域文化相互融合、相互嵌入、共同作用，产生旅游发展辐射带动效应。

文化景观历史文化赓续价值各标注点之间的相关性见表 5－17。

表 5－17　文化景观地理空间点历史文化赓续价值方面的相关性

	黑林烽燧	沈家庄烽燧	姚滩烽燧	下河沿瓦窑遗址	黄河北段明长城	白马拉缰	美利渠	中卫高庙	大麦地岩画
黑林烽燧	1								
沈家庄烽燧	0.553**	1							
姚滩烽燧	0.648**	0.898**	1						
下河沿瓦窑遗址	0.574**	0.663**	0.615**	1					
黄河北段明长城	0.190	0.295*	0.234	0.339*	1				
白马拉缰	0.252	0.349*	0.287*	0.358*	0.512**	1			
美利渠	0.514**	0.389**	0.337*	0.412**	0.395**	0.432**	1		
中卫高庙	－0.003	0.101	0.050	0.108	0.430**	0.400**	0.279*	1	
大麦地岩画	0.305*	0.259	0.214	0.304*	0.164	0.543**	0.566**	0.340*	1

注：** 表示在 0.01 水平（双侧）上显著相关，* 表示在 0.05 水平（双侧）上显著相关。

由表 5－17 可知，各烽燧具有历史文化代表性与一致性，因此，它们之间具有高度的正相关性。

文化景观节事娱乐融合价值各标注点之间的相关性见表5－18。

表5－18　文化景观地理空间点节事娱乐融合价值方面的相关性

	《沙坡头盛典》	中卫市区
《沙坡头盛典》	1	
中卫市区	0.383**	1

注：**表示在0.01水平（双侧）上显著相关。

由表5－18可知，中卫市区与大型演艺节目《沙坡头盛典》的节事娱乐融合价值中度相关，一方面，《沙坡头盛典》的门票销售部分依赖市区设立的专门售卖点；另一方面，市区策划的节事娱乐活动与项目在一定程度上与《沙坡头盛典》产生联动效应，出现一定程度上的同频共振。但这种双向溢出效应还不够显著，节事活动在新颖性、特色性、吸引力和营销宣传推广力等方面仍存在较大的提升空间。

文化景观旅游观赏游憩价值各标注点之间的相关性见表5－19。

由表5－19可知，金沙海与金沙岛具有高度的相关性，主要原因在于两个景观地理位置邻近，位于一条旅游线路上，在当地居民与游客心中其旅游吸引力仅次于沙坡头景区，故而两者相关程度高。此外，沙坡头文旅小镇与迎水桥镇相关性程度高，主要原因在于沙坡头文旅小镇位于迎水桥镇辖区范围内，且作为迎水桥全域旅游示范区建设的一个子项目，其旅游发展与迎水桥镇的旅游发展联系密切，因此两者旅游休闲游憩价值相关性程度高。

5.2.4　文化景观要素建构效果归因分析

整体来看，沙坡头文化景观要素建构的效果使得文化景观的旅游开发利用价值和旅游服务价值得到了彰显和提升，并且文化景观要素建构的价值会伴随城乡建设发展与沙漠旅游发展日臻丰富多元。文化景观要素建构的过程实际上反映了自然的商品化演化过程，即沙漠旅游地发展与转型过程。而文化景观价值多样性的表征则与旅游业的发展同步推进，反映了沙坡头的时代变迁，也映射了沙坡头文化与旅游的融合发展效果。

表 5－19　文化景观地理空间点旅游观赏游憩价值方面的相关性

	金沙海	金沙岛	沙坡头景区	沙坡头旅游新镇	沙坡头文旅小镇	迎水桥镇	沙坡头村	水车度假村	下河沿村	沙坡头水镇景区	中卫市步行街	红太阳广场	中卫市区	《沙坡头盛典》
金沙海	1													
金沙岛	0.987**	1												
沙坡头景区	0.27	0.296*	1											
沙坡头旅游新镇	0.333*	0.327*	0.129	1										
沙坡头文旅小镇	0.366**	0.360**	0.202	0.747**	1									
迎水桥镇	0.366**	0.358**	0.157	0.670**	0.924**	1								
沙坡头村	-0.015	0.006	0.540**	-0.004	0.095	0.048	1							
水车度假村	0.247	0.255	0.162	0.280*	0.148	0.131	0.241	1						
下河沿村	0.196	0.211	0.18	0.121	0.261	0.24	0.329*	0.839**	1					
沙坡头水镇景区	0.330*	0.331*	0.266	0.650**	0.579**	0.470**	0.211	0.265	0.305*	1				
中卫市步行街	0.351*	0.376**	0.172	0.317*	0.333*	0.224	0.149	0.257	0.326*	0.632**	1			
红太阳广场	0.336*	0.361**	0.254	0.396**	0.452**	0.406**	0.169	0.217	0.304*	0.699**	0.857**	1		
中卫市区	0.398**	0.426**	0.469**	0.442**	0.497**	0.397**	0.366**	0.277*	0.336*	0.619**	0.690**	0.715**	1	
《沙坡头盛典》	0.229	0.262	0.405**	0.296*	0.437**	0.335*	0.495**	0.27	0.394**	0.512**	0.552**	0.654**	0.660**	1

注：** 表示在 0.01 水平（双侧）上显著相关，* 表示在 0.05 水平（双侧）上显著相关。

首先，文化景观地域特色彰显价值等9类价值特质在研究区旅游业的不断壮大与产业融合过程中，得到了挖掘、整合与利用。建立在生态优化基础上的旅游业发展不仅能够提升自然景观的原始面貌、改善人居环境，而且能有效促成文化景观的整合与利用，从而实现文化与旅游的双向融合。其与旅游业的协同开发有利于优化产业结构，挖掘地域文化内涵，丰富拓展旅游产品，增强目的地城市吸引力与影响力，对促成良好的目的地意象生成等具有良性的促进作用。但是，文化景观传承创新价值的生成容易受制于文物保护制度而被禁锢在博物馆、文化馆等公益性场馆，也容易被封存在地方志、展陈厅当中，因此，持续不断地激发文化景观的活力，激活具有历史文化特征的景观的创造力与创新性，让封存于场馆、散落于大地的文化景观资源“活”与“火”起来，实现文化的创造性转化与创新性发展，是促进研究区文旅产业融合发展和实现文旅产业转型、提质、升级的重要切入点与关注点。

其次，文化景观原真性保存价值等9类价值特质的形成和中卫市城乡建设与城乡融合发展协调共进。这9类文化景观价值的凸显不仅反映了这座城市旅游业发展、壮大、转型升级的轨迹，而且映射了中卫市城镇与乡村建设发展、变迁与优化的轨迹。中卫市城乡建设的协同推进与社会经济建设水平的提高密切相关，而社会经济建设水平的提高又与产业结构尤其是旅游产业的发展壮大紧密相连。可见，文化景观价值得以旅游化发挥的内驱力一方面得益于城乡建设的深入推进，另一方面得益于经济社会的全面发展，其背后深层次的原因更基于生态优化来达成社会发展的目标驱动。由此，在生态环境脆弱区，文化的繁荣与创新一则离不开生态环境的改善与优化，二则离不开社会经济的全面发展。

最后，文化景观旅游观赏游憩价值、休闲娱乐功能价值等9类价值特质的形成，与规划师、管理者的顶层设计思维和长远规划目标紧密相关。有效利用研究区现有的文化景观资源，旨在同步发挥其推动公共事业发展与促进旅游产业繁荣的双重作用，进而激活其经济效益与社会效益的潜能，这是未来城市管理者需不断探索深化的地方实践策略，也将是推动沙漠产业提质优化的重要着力点。

5.3 社会景观要素建构的效果与表征

随着社会发展变迁，人们愈加发现，自然不仅具有物质性，而且具有社会赋予的象征意义、价值与意识形态特征。社会对自然的作用，也不仅局限于物质上的改变，通常还伴随意义与价值的建构①。景观作为一种包含各种信息并可以被解读的空间载体，其意义远不止于呈现人们“看到的世界”和“看世界的方式”。它更是一个复杂的世界复合体②，既能反映人类的自然与社会实践轨迹，又彰显人类在与自然和社会互动进程中的精神支撑与价值指引③。可以说，景观是理解与塑造人类社会和环境关系最具操作性的维度，也是提供景观服务、实现人类福祉最重要的场所④。

在符号学研究中，景观被看作由“能指”表达的“所指”⑤。在社会交往中，景观符号与意义是互相依托、共生共存的。在社会环境中，无意义的景观符号不存在，而无符号表征的景观意义也是虚空而不真实的。在景观建构进程中，任何景观符号化的过程必然伴随意义的生产，并渗透着建构者的观念、道德、准则、价值、态度、精神与情感；任何景观意义的表达必然依托物质化的景观符号才得以视觉化呈现。人是创造符号的生物体⑥，也是生产价值感召与精神指引的缔造者。旅游景观既能为改善修复环境提供可靠支撑，又能为社会发展带来效益。在以旅游业发展为主导产业的区域，其景观社会服务功能的发挥受到越来越多的重视。通常，旅游

---

① 朱竑，尹铎．自然的社会建构：西方人文地理学对自然的再认识［J］．地理科学，2017，37（11）：1609－1616.

② Raymond C M，Brown G，Weber D．The measurement of place attachment：personal，community，and environmental connections［J］．Journal of Environmental Psychology，2010，30（4）：422－434.

③ 姚亦锋．以生态景观构建乡村审美空间［J］．生态学报，2014，34（23）：7127－7136.

④ 赵文武，房学宁．景观可持续性与景观可持续性科学［J］．生态学报，2014，34（10）：2453－2459.

⑤ 周尚意，阚天悦．以文化地理学四对视角展示景观意义的多元发掘方法：以圆明园为例［J］．自然与文化遗产研究，2021，6（6）：52－60.

⑥ 李拉扬．“旅游凝视”视角下的城市研究：从城市性到城市景观［D］．大连：东北财经大学，2017.

景观（Tourist Spectacle）指被纳入人类旅游活动范围的一切景物、景色、风景、景象、观展，既包括各种自然和人文的旅游资源、旅游吸引物，又包括人类在生产实践中建构的旅游符号；既包括视觉语言和图像，又包括听觉、触觉、身体体验、记忆等。

结合当下社会发展的实际，目前对于景观功能的研究不能仅限于传统研究意义上的风景整理、景象建构或土地利用类型变迁等方面，还应结合社会学、人类学、符号学等文化理论来关注社会文化变迁对景观的塑造①、关注景观的功能生产与社会溢出，并将景观功能的研究与社会发展进步联系起来，以此拓展景观研究的价值与意义。

5.3.1 社会景观要素建构效果测量标准的选取

受沙漠旅游开发利用的影响，沙坡头具有符号象征意义与精神感召意义的景观成为社会景观的重要组成要素。在生态文明建设持续进程中，在沙漠旅游大力发展背景下，社会景观已成为蕴含地理标识功能、旅游符号意象表征功能与生态优化价值凝结功能等的生态旅游资源。在反映沙坡头治沙历程，助力沙漠旅游内生价值发挥方面起着不容小觑的作用。

社会景观要素是建立在一地一域自然景观改善与优化、文化景观积淀基础之上，通过符号与标识凝结表征生成的景观形态。例如，“塞上江南”“星星故乡”“云天中卫”“中国最美五大沙漠”等反映了沙坡头在经历了生态环境胁迫、生态环境改善与生态环境优化后，形成的集“沙、水、林、田、湖”于一体的目的地景观形象，并凸显了其沙漠旅游、暗夜星空旅游的主题特征。而包兰铁路、“五带一体”、“麦草方格”等景观符号与景观标识则富有景观叙事功能。一方面，这些符号化的物质景观要素，既能对外彰显当地居民的治沙智慧与治沙地方实践，又能生成并传播治沙知识与固沙经验。另一方面，每一个符号化的物质景观要素背后，都承载着不同时期、不同群体投身防风固沙事业、参与社会发展的当地故事，凝结

① 李蕾蕾. 从新文化地理学重构人文地理学的研究框架[J]. 地理研究，2004，23（1）：125-134.

表征了不同时期人们的价值信念、精神追求与目标愿景。

随着沙漠旅游景观符号的生成和沙漠旅游地的生成与发展，虽然对社会景观要素的建构随着时代的发展进步不断得以更新和重新赋意，但是对社会景观符号意义生成背后生态与旅游服务功能的具体分析则鲜少被关注。为此，本节以社会景观要素建构的效果与表征为切入点，旨在厘清社会景观在生态文明建设进程中生成了哪些生态与旅游功能，这些功能赋予了沙坡头什么样的意义。通过透视自然（沙漠）的商品化过程，即沙漠旅游景观意象生成和沙漠旅游地生成与发展过程，明确社会景观功能丰富性的生成与表征方式。

研究采用实地调研与深度访谈相结合的方式，分析社会景观要素建构生成的生态与旅游服务功能。研究在深度访谈当地 25 人，实地调研 20 余个具有社会景观空间点的基础上，汇总梳理出社会景观要素建构产生的 6 类生态与旅游功能评价标准，分别是：①地方话语生成传播功能；②人地互构意义生产功能；③沙绿意向地理标识功能；④沙漠旅游符号表征功能；⑤沙漠治理精神表征功能；⑥生态优化价值凝结功能。

对受访结果进行分析发现，“麦草方格”“五带一体”等既具有维护生态环境功能又具有旅游景观符号功能。经由当地人长年累月的不断建构与实践，这些文化景观已被赋予了多重功能。沙坡头曾因“麦草方格”技术荣获联合国授予的“全球环境保护 500 佳”称号，并且该技术成为向海外传递中国本地治沙经验与治沙示范的一种符号，向外传导治沙地方话语权与影响力，促成了地方话语传播功能的生成；包兰铁路、“五带一体”、沙坡头景区、“麦草方格”等标识性景观，既是助力沙坡头生态文明建设的重要物质载体，又是表征沙坡头社会发展历程的精神标识。它们既产生于防风固沙的实践进程，又在生成后作用于沙坡头的生态保护与社会经济发展，成为人地之间相互建构、相互影响的见证者。这些景观要素赋予了沙坡头特殊的地方性与地方意义，它们也是特别的时代产物与地方产物，反映干旱、半干旱地区“人—地—业”之间关系的生态联结性与产业黏合性，促成了人地互构意义生产功能的生成；为保障铁路顺利通车建立起的

"五带一体"防护体系，防止风沙肆意扩展而实践出的"麦草方格"技术，最初的建构是为了发挥其防风固沙功能，产生生态改善效果，但随着"三北"工程的持续深入推进，这些人为建构的景观面积不断扩大，影响力不断攀升，并在时间的冲刷下，逐渐形成表征和标识当地植草种树、治沙固绿的地理标识，促成了沙绿意向地理标识功能的生成。

沙坡头景区、沙坡头治沙博览馆、黄河宿集、沙漠星星酒店的出现，不仅成为沙坡头旅游生成与发展的景观标识与建筑标识，而且成为反映沙漠旅游地形象的特色名片，它们在沙坡头的聚合出现，促成了沙漠旅游符号表征功能的生成；包兰铁路、"五带一体"、沙坡头景区、"麦草方格"等，本身就是反映人类利益与意志而建构出来的包含自然与社会双重意义的景观，它们的生成，起初是为了防风固沙、促进发展，当步入生态文明建设时期，它们在岁月的沉淀下，逐渐生成一种价值表征和精神标识，成为表达和诠释当地人响应号召参与治沙，向沙漠进军、向沙漠宣战，并最终取得多重社会效果的精神产物，促成了沙漠治理精神表征功能的生成；自 1955 年沙漠试验研究站在中卫建立以来，就以研究如何治理沙漠、如何利用沙漠资源、如何开发沙漠、如何促进社会发展为目标，通过研究腾格里沙漠地带系列的自然环境与人文社会数据，追求生态与发展、自然与社会之间的动态平衡。包兰铁路、"五带一体"、"麦草方格"等是在时代发展所需和长期治沙实践经验基础上生成的景观符号。它们在沙坡头的聚集呈现，深刻体现了沙漠治理背后生成的景观符号内涵。这些景观符号，既如透视生态与发展进程的"透视镜"，又似映照沙漠治理成效与社会发展成效的"反光镜"，共同促成了生态优化价值凝结功能的生成。

该测量标准体系的建立为后续进行社会景观要素建构效果测量与表征分析奠定了基础。

5.3.2 社会景观要素建构效果的测量

为测量社会文化景观要素建构效果如何在研究区地理空间范围内聚散呈现，以及厘清这些景观要素的地理分布格局、景观要素之间的生态或旅游发展关联，研究采用参与式制图和 Pearson 相关性分析的方法，对研究区的社会景观要素进行核密度分析与相关性分析，以此实现对社会景观功能丰富性的空间分析，实现对该类型景观要素建构包含的生态与旅游相关关系分析。

（1）数据来源。社会景观功能的空间呈现研究主要采用农户参与式社区评估（Participatory Rural Appraisal，PRA）和关键人物访谈的方式，收集沙坡头社会景观符号表征的空间点数据①。首先，研究在前期预调研的基础上，采用半结构式访谈的方式，收集沙坡头关于社会景观符号表征的空间标识点，并结合文献资料与实地调研，生成社会景观符号表征的地理空间标识，采用农户参与式社区评估方法，了解社会景观地理标识点的建造年份、建构目的与建构效果，见表5－20。

表5－20　社会景观的地理空间标识

社会景观	“麦草方格”、“五带一体”、沙坡头治沙博览馆、沙坡头沙漠试验研究站、沙漠星星酒店、黄河宿集、中卫市区、包兰铁路、“白马拉缰”、沙坡头景区

其次，依据表5－20，结合研究区2021年矢量地图，将每一类社会景观的空间地理点进行标识，并要求受访者根据自身对社会景观符号表征强弱程度的判断进行1～10级打分。随后，结合受访者所参与的绘图结果，询问其给予打分的原因，并允许受访者补充研究设计中所缺失的社会景观要素，为后续进行社会景观建构效果测量与表征收集第一手资料。

调研于2022年6月10—24日进行，关于社会景观功能丰富性的调研对象主要包含沙坡头国家级自然保护区工作人员、当地居民、当地村民、景区工作人员四类。以底图与社会景观要素空间信息点为依托，先帮助受访者构建地理空间认知概念，再采用边填图边提问的方式，收集受访者对于沙坡头社会景观功能丰富性的相关问题。本次调研共发放填图问卷253份，收回249份，其中有效问卷249份，有效率为98.41%。收集到社会景观地理空间标识点频次、强度统计，见表5－21。

① 罗文斌，唐沛，孟贝，等．国外旅游可持续生计研究进展及启示［J］．中南林业科技大学学报（社会科学版），2019，13（6）：93－100.

表 5－21　社会景观评价体系地理空间标识点频次、强度统计表

社会景观要素功能类型	标注对象	标注频次	标注强度均值	比例（%）
地方话语生成传播功能	沙坡头治沙博览馆	27	7.70	10.81
	“五带一体”	33	9.48	13.30
	沙坡头沙漠试验研究站	28	7.88	11.06
	沙漠星星酒店	21	5.92	8.31
	黄河宿集	20	5.84	8.20
	中卫市区	29	8.18	11.48
	包兰铁路	32	9.22	12.94
	“白马拉缰”	28	8.08	11.06
	沙坡头景区	31	8.96	12.57
人地互构意义生产功能	沙坡头治沙博览馆	28	7.36	11.21
	“五带一体”	35	9.14	14.08
	沙坡头沙漠试验研究站	25	6.48	9.98
	沙漠星星酒店	21	5.52	8.50
	黄河宿集	21	5.48	8.50
	中卫市区	28	7.28	11.21
	包兰铁路	35	9.02	13.89
	“白马拉缰”	27	7.14	11.00
	沙坡头景区	29	7.50	11.55
沙绿意向地理标识功能	沙坡头治沙博览馆	30	8.18	11.86
	“五带一体”	33	9.02	13.08
	沙坡头沙漠试验研究站	25	7.02	10.18
	沙漠星星酒店	20	5.56	8.06
	黄河宿集	19	5.14	7.45
	中卫市区	28	7.62	11.05
	包兰铁路	33	9.12	13.08
	“白马拉缰”	30	8.26	11.86
	沙坡头景区	33	9.06	13.08

续表

社会景观要素功能类型	标注对象	标注频次	标注强度均值	比例（%）
沙漠旅游符号表征功能	沙坡头治沙博览馆	22	6.18	8.87
	“五带一体”	28	7.70	11.20
	沙坡头沙漠试验研究站	21	6.00	8.62
	沙漠星星酒店	30	8.28	12.06
	黄河宿集	28	7.90	11.20
	中卫市区	30	8.40	12.06
	包兰铁路	28	7.80	11.20
	“白马拉缰”	28	7.92	11.20
	沙坡头景区	34	9.46	13.58
沙漠治理精神表征功能	沙坡头治沙博览馆	30	8.36	12.12
	“五带一体”	32	8.88	13.00
	沙坡头沙漠试验研究站	32	8.88	13.00
	沙漠星星酒店	16	4.50	6.59
	黄河宿集	17	4.78	7.00
	中卫市区	26	7.26	10.63
	包兰铁路	32	8.78	12.86
	“白马拉缰”	30	8.28	12.12
	沙坡头景区	31	8.58	12.56
生态优化价值凝结功能	沙坡头治沙博览馆	28	7.48	11.31
	“五带一体”	33	8.70	13.16
	沙坡头沙漠试验研究站	31	8.24	12.58
	沙漠星星酒店	20	5.34	8.08
	黄河宿集	21	5.56	8.41
	中卫市区	26	7.00	10.59
	包兰铁路	31	8.32	12.58
	“白马拉缰”	28	7.46	11.31
	沙坡头景区	30	8.02	12.13

（2）数据处理方法。首先，将收集到的访谈材料进行编码，研究结合访谈实际，将社会景观要素建构生成的功能分为地方话语生成传播功能、

人地互构意义生产功能、沙绿意向地理标识功能、沙漠旅游符号表征功能、沙漠治理精神表征功能、生态优化价值凝结功能6种类型。其次，对收集到的空间数据点进行点属性二次赋值，从而实现社会景观功能分析从质性分析过渡到空间制图表达。最后，借助ArcGIS 10.2中的核密度制图功能，针对收集到的6类社会景观功能点进行核密度制图，旨在剖析6类社会景观功能凸显程度与强度的空间分布特征。

社会景观要素生态旅游相关性分析，主要采用Pearson相关系数测量。主要是将表5-21中社会景观功能评价体系中地理空间标识点强度均值导入SPSS20软件，分析各社会景观功能类别的相关性。

5.3.3 社会景观要素建构效果的表征

5.3.3.1 社会景观功能丰富性的空间核密度特征

将受访者对6类社会景观功能标注并赋值的数据导入ArcGIS 10.2，进行各类社会景观功能的核密度分析。

整体来看，研究区社会景观功能丰富性表征效果在空间分布上呈现出“一带双驱”的特征。具体而言，无论在地方话语生产传播和人地互构方面，抑或在地理标识和旅游符号表征方面，蕴含社会景观特质的沙坡头、“五带一体”、包兰铁路等地理要素，其功能作用都尤为明显，形成了以沙坡头景区为核心、呈条带状分布的景观功能集中区。此外，中卫市区作为沙漠生态优化水平提升、时代发展进步和沙漠旅游业发展的城市缩影，与沙坡头景区的发展步伐协同，并与沙坡头景区一起，成为助力经济社会发展的另一地理要素集。沙坡头社会景观要素功能的空间特征具体如下：

就地方话语生成传播功能而言，沙坡头景区、“五带一体”和包兰铁路不仅是当地居民致力于沙漠治理、改善生态环境并促进当地社会发展的地方性知识的物质化凝结，而且是生成地方性知识、形成现代治沙技术体系，向国内外传播当地治沙方式、治沙路径和治沙经验的地理要素标识。因此，沙坡头景区、“五带一体”和包兰铁路作为地方话语生成传播的地理要素代表，在研究区呈现出沿沙坡头景区与沿黄河带密集分布并形成社会景观核密度热点的地理特征。

就人地互构意义生产功能而言，当地仍是以沙坡头景区为核心，围绕“五带一体”、包兰铁路及治沙博览馆构建并展现了沙坡头人地交互关系的地理表征。在研究区，沙漠治理改善了当地的生态环境，促使当地生产、生活与生计方式发生变迁，并推动了产业结构的变化。尤其是进入21世纪以来，沙坡头以发展沙漠旅游为主导产业的产业格局使得旅游业逐渐替代传统农牧业，成为推动当地发展的主导产业。而沙坡头旅游业主导地位的形成和旅游产业的壮大升级也进一步促进了研究区人地关系的变化，突出表现为代际生计资本与生计方式随着时代变迁与旅游业发展不断变化。通过从事旅游业与经营农家乐，最早致富的一批当地人实现了资本积累与经验积淀，并随着自身的成长，不断拓展其经营规模与业务范畴，引领了当地旅游生产关系与旅游再生产方式的变革。这一系列人地关系格局的变化以沙坡头的历史演变为导火索，集中反映出当地社会关系随时代变迁所呈现出的阶段性特征。

就沙绿意向地理标识功能而言，除沙坡头景区、“五带一体”和包兰铁路已形成沙漠与绿地交织的地理标识外，中卫市区、沙漠星星酒店、黄河宿集也成为反映研究区城乡协调发展、产业转型升级及沙漠生态日趋向好的地理标识和景观要素。它们不仅是城乡生态建设进步的形象代表，而且是旅游宣传推广的景观标识。

就沙漠旅游符号表征功能而言，沙坡头景区当之无愧成为研究区沙漠旅游的典型代表。此外，因旅游发展而不断得以升级改建的沙漠星星酒店、黄河宿集等也成为继沙坡头之后，对外宣传推广沙漠旅游形象与暗夜星空旅游、星空研学体验等的旅游符号。同时，沙坡头因治沙闻名的包兰铁路与“五带一体”治沙工程不仅是反映时代发展的典型符号代表，而且是表征沙漠旅游地生成、建设与发展的符号代表，它们共同作用于研究区，以沙坡头景区为中心，生成具有较强聚合力与代表性的旅游符号。

就沙漠治理精神表征功能而言，始于保障包兰铁路顺利开通的“五带一体”治沙防护体系，反映当地人与沙漠抗争的治沙博览馆，以及诞生于沙漠治理之初的中国科学院沙坡头沙漠试验研究站等作为一种景观、一类符号，共同叙述了当地人“人进沙退、人沙和谐共处”的治沙奋斗历程。而沙漠生态优化后逐渐形成的沙坡头景区则凝结了研究区多年的治沙成果，体现了治沙行动带来的广泛社会效应，其也与包兰铁路、“五带一体”、治沙博览馆及沙坡头沙漠试验研究站一道，成为表征沙漠治理精神的又一重要地理要素。

就生态优化价值凝结功能而言，沙漠星星酒店与黄河宿集属于旅游基础服务设施升级换代的标志，其旅游符号表征功能强于生态优化价值凝结功能，两者的产业属性突出而生态功能微弱。除此以外，沙坡头景区、包兰铁路、“五带一体”、“白马拉缰”等地理要素，既是当地治沙成效的集中体现，又是沙漠治理所衍生出的生态优化功能的典型代表，它们的发展轨迹与演变历程生动诠释了“绿水青山就是金山银山”的绿色发展理念，有力证明了生态文明建设的重要性与必要性。

5.3.3.2　社会景观要素之间的生态旅游相关性分析

关于社会景观要素之间的生态旅游相关性，本书采用 Pearson 相关性系数解释说明各价值维度社会景观要素之间的生态旅游相关关系，并结合实地调研与深度访谈情况解释说明了各点之间出现这些相关关系的原因。一般地，显著水平（p）值只统计显著性水平在 0.01 和 0.05 区间的各文化景观地理空间点之间的相关性。研究通常采用 R 值确定正相关与负相关关系。通常，R 值在 0.1 ~ 0.3 为弱相关；在 0.3 ~ 0.5 为中度相关；在 0.5 ~ 1 为高度相关。

研究将收集到的受访对象对社会景观地理空间点的评分数据归类整理后导入 SPSS20 进行相关性分析。结果发现，社会景观地方话语生成传播功能各标注点之间的相关性见表 5 - 22。

表 5－22　社会景观地理空间点地方话语生成传播功能方面的相关性

	沙坡头治沙博览馆	“五带一体”	沙坡头沙漠试验研究站	沙漠星星酒店	黄河宿集	包兰铁路	“白马拉缰”	沙坡头景区
沙坡头治沙博览馆	1							
“五带一体”	0.126	1						
沙坡头沙漠试验研究站	0.577**	0.376**	1					
沙漠星星酒店	0.504**	－0.055	0.266	1				
黄河宿集	0.547**	－0.071	0.396**	0.895**	1			
包兰铁路	0.150	0.802**	0.469**	－0.134	0.052	1		
“白马拉缰”	0.671**	0.398**	0.758**	0.303*	0.401**	0.486**	1	
沙坡头景区	0.564**	0.266	0.574**	0.342*	0.335*	0.201	0.419**	1

注：** 表示在 0.01 水平（双侧）上显著相关，* 表示在 0.05 水平（双侧）上显著相关。

由表 5－22 可知，包兰铁路、“五带一体”作为体现沙坡头沙漠治理最具代表性的景观符号，不仅是对外传播话语权的有力例证，而且深受国际科考人员青睐，是他们渴望实地探访学习的典范。因此，两者在地方话语生成传播功能方面作为生态文明建设的标识，因生态治理效果相通而高度相关。

社会景观人地互构意义生产功能各标注点之间的相关性见表 5－23。

表 5－23　社会景观地理空间点人地互构意义生产功能方面的相关性

	沙坡头治沙博览馆	“五带一体”	沙坡头沙漠试验研究站	沙漠星星酒店	黄河宿集	包兰铁路	“白马拉缰”	沙坡头景区
沙坡头治沙博览馆	1							
“五带一体”	0.472**	1						
沙坡头沙漠试验研究站	0.823**	0.386**	1					
沙漠星星酒店	0.541**	0.172	0.521**	1				
黄河宿集	0.558**	0.125	0.562**	0.799**	1			
包兰铁路	0.242	0.526**	0.165	0.148	0.097	1		
“白马拉缰”	0.790**	0.430**	0.735**	0.642**	0.479**	0.434**	1	
沙坡头景区	0.736**	0.442**	0.699**	0.640**	0.634**	0.449**	0.758**	1

注：** 表示在 0.01 水平（双侧）上显著相关。

由表5-23可知，沙坡头治沙博览馆与沙坡头沙漠试验研究站两者作为研究如何治理生态和展示治沙成果的机构与组织，是反映生态建设推进、生态社会发展情况的最典型的景观要素；而星星酒店与黄河宿集依托沙漠旅游高质量发展与生态优化而建设，是针对游客差异化与多样化需求打造的景观设施，两者在反映旅游演化过程上高度相关。同时，生态治理与旅游发展的双向推进，不断改变着沙坡头居民的生产生活方式和产业发展构成，因此它们都是反映社会景观人地互构意义的景观要素。

社会景观沙绿意向地理标识功能各标注点之间的相关性见表5-24。

表5-24 社会景观地理空间点沙绿意象地理标识功能方面的相关性

	沙坡头治沙博览馆	“五带一体”	沙坡头沙漠试验研究站	沙漠星星酒店	黄河宿集	包兰铁路	“白马拉缰”	沙坡头景区
沙坡头治沙博览馆	1							
“五带一体”	0.267	1						
沙坡头沙漠试验研究站	0.321*	0.463**	1					
沙漠星星酒店	0.422**	0.363**	0.321*	1				
黄河宿集	0.303*	0.333*	0.465**	0.746**	1			
包兰铁路	0.344*	0.808**	0.355*	0.263	0.225	1		
“白马拉缰”	0.142	0.715**	0.647**	0.239	0.451**	0.599**	1	
沙坡头景区	0.018	0.537**	0.417**	0.348*	0.274	0.230	0.666**	1

注：**表示在0.01水平（双侧）上显著相关，*表示在0.05水平（双侧）上显著相关。

由表5-24可知，包兰铁路与“五带一体”作为沙坡头最早向沙漠进军、治理沙漠环境形成的景观要素，两者既是传播地方话语的景观符号，又是标识治沙成果、生成沙绿意象地理标识的标识性景观符号。因此两者在沙绿意象地理标识方面有高度的相关性。

社会景观沙漠旅游符号表征功能各标注点之间的相关性见表5-25。

表 5－25 社会景观地理空间点沙漠旅游符号表征功能方面的相关性

	沙坡头治沙博览馆	"五带一体"	沙坡头沙漠试验研究站	沙漠星星酒店	黄河宿集	包兰铁路	"白马拉缰"	沙坡头景区
沙坡头治沙博览馆	1							
"五带一体"	0.549**	1						
沙坡头沙漠试验研究站	0.821**	0.641**	1					
沙漠星星酒店	0.201	0.298*	0.109	1				
黄河宿集	0.356*	0.394**	0.255	0.759**	1			
包兰铁路	0.685**	0.847**	0.630**	0.318*	0.392**	1		
"白马拉缰"	0.667**	0.828**	0.650**	0.339*	0.403**	0.980**	1	
沙坡头景区	0.015	0.195	0.081	0.360*	0.264	0.162	0.176	1

注：**表示在0.01水平（双侧）上显著相关，*表示在0.05水平（双侧）上显著相关。

由表5－25可知，"白马拉缰"、包兰铁路与"五带一体"作为嵌入沙坡头景区的标识，一方面反映沙坡头因人文历史积淀而生成的景观符号；另一方面反映沙坡头因生态优化转化而生成的旅游景观符号，两者在旅游符号表征功能方面具有高度的相关性。

社会景观沙漠治理精神表征功能各标注点之间的相关性见表5－26。

表 5－26 社会景观地理空间点沙漠治理精神表征功能方面的相关性

	沙坡头治沙博览馆	"五带一体"	沙坡头沙漠试验研究站	沙漠星星酒店	黄河宿集	包兰铁路	"白马拉缰"	沙坡头景区
沙坡头治沙博览馆	1							
"五带一体"	−0.041	1						
沙坡头沙漠试验研究站	0.294*	0.103	1					
沙漠星星酒店	0.222	0.221	0.107	1				
黄河宿集	0.263	0.252	0.136	0.640**	1			
包兰铁路	0.007	0.647**	0.164	0.249	0.286*	1		
"白马拉缰"	0.132	0.486**	0.336*	0.365**	0.407**	0.791**	1	
沙坡头景区	−0.092	0.456**	0.284*	0.339*	0.311*	0.559**	0.608**	1

注：**表示在0.01水平（双侧）上显著相关，*表示在0.05水平（双侧）上显著相关。

由表5－26可知，包兰铁路与“五带一体”不仅是地方特色的有力传播者，更是沙坡头治沙成就的重要标志，两者作为见证沙坡头生态文明建设的产物，是凝结了当地人本土智慧、实践经验及乡愁情感的景观符号。在沙坡头，两者的存在，已成为当地人不畏艰难、不怕吃苦、敢于向沙漠进军，勇于对沙漠宣战的精神表征符号，在沙漠治理精神表征功能方面具有高度的相关性。

社会景观生态优化价值凝结功能各标注点之间的相关性见表5－27。

表5－27　社会景观地理空间点生态优化价值凝结功能方面的相关性

	沙坡头治沙博览馆	“五带一体”	沙坡头沙漠试验研究站	沙漠星星酒店	黄河宿集	包兰铁路	“白马拉缰”	沙坡头景区
沙坡头治沙博览馆	1							
“五带一体”	0.343*	1						
沙坡头沙漠试验研究站	0.510**	0.242	1					
沙漠星星酒店	0.447**	0.232	0.377**	1				
黄河宿集	0.448**	0.115	0.382**	0.835**	1			
包兰铁路	0.344*	0.582**	0.373**	0.319*	0.101	1		
“白马拉缰”	0.690**	0.575**	0.524**	0.398**	0.471**	0.572**	1	
沙坡头景区	0.438**	0.316*	0.517**	0.432**	0.203	0.728**	0.628**	1

注：**表示在0.01水平（双侧）上显著相关，*表示在0.05水平（双侧）上显著相关。

由表5－27可知，黄河宿集、沙漠星星酒店、沙坡头景区、包兰铁路作为生态环境优化后沙漠旅游获得转型提质发展的代表，从旅游地的生成和旅游基础设施设备的完善方面突出展示了当地治理沙漠产生的生态价值与成效，四者在生态优化与旅游发展方面具有高度的相关性。

5.3.4　社会景观要素建构效果归因分析

综合而言，沙坡头的社会景观功能随研究区城乡建设与社会进步而逐步显现，经历了一个历时性的演化过程。这些社会景观不仅记录了人类建构自然、改造环境、与沙漠作斗争的自然斗争史，而且映射出“人进沙退、人沙共存、人沙和谐”的社会发展改革轨迹。这些社会景观不仅发挥着景观标识功能，刻画出时代发展的印记，传递出不同时代背景下人地互动的关系表象，而且发挥着景观叙事功能，以景观符号的方式讲述着过往与当下，时空变化与时代变迁的发展历程。

首先，社会景观地方话语生成传播功能与沙绿意向地理标识功能的生成受绿色治理技术日益成熟、多元化与规模化影响，围绕研究区沙漠、绿地与黄河景观组合带规模的形成而凸显其功能与意义。一方面，来源于研究区地方治沙实践与地方智慧的“麦草方格”治沙技术，不仅在当地取得了良好的沙漠治理效果，而且在国内外声名鹊起，1994 年获国务院颁发的国家科技进步奖特等奖，沙坡头还被联合国授予“全球环境保护 500 佳”的光荣称号，在意义层面传播了人为建构产生的社会景观的全球影响力与话语权。另一方面，顺应时代之需建构的社会景观——包兰铁路，人类基于地方实践建构的社会景观——“麦草方格”，治沙技术进步集成的社会景观——“五带一体”，不仅在意义层面产生影响力与话语权，而且在视觉层面生成沙绿组合的景观意象，并在沙坡头景区集中呈现，成为反映当地沙漠治理成果与时代进步的地理标识，映射出了一代代中卫人的治沙历程。

其次，社会景观人地互构意义生产功能与沙漠旅游符号表征功能的生成建立在研究区生态优化基础之上，成为当地顺应时代变革、调整发展路径、提高社会经济发展水平的时代缩影。得益于生态优化成果，并依托乡村旅游发展实现脱贫致富的沙坡头村、鸣沙村与鸣钟村等村落，其持续建设与发展，不仅重塑了沙漠腹地乡村贫困落后的旧貌，而且改变了过去以农牧业、种养殖业为主导的生产生活模式。村民在享受生态治理带来的社会福祉之际，还通过美化庭院、重构家园、建设乡村，推动当地生态环境的进一步改善，促成了黄河沿线及景区附近乡村“人—地—业”关系的转变。此外，因沙漠生态优化而兴起的沙坡头景区，以及为满足多元消费需求而打造的黄河宿集、建造的沙漠星星酒店等，在规划师、管理者的共同努力下，逐渐凝结成以沙漠旅游为吸引力的旅游符号，勾勒出研究区产业化发展的模式与路径。

最后，社会景观沙漠治理精神表征功能与生态优化价值凝结功能，随着沙坡头沙漠治理的推进与时代发展的历程而逐渐凝结生成。其凝结生成的主要原因有两个方面：一方面，始于20世纪50年代持续至今的沙漠生态治理，使得当地生态环境得到了大幅改善，也使得当地人居环境、城乡建设发展得到了持续升级，从而催生了生态优化的效能。另一方面，源于沙漠治理的长期社会实践，使得不同时代涌现出具有代表性的治沙模范个人与集体，他们成为象征“人进沙退、人沙和谐”的景观标识。这些元素共同作用于研究区，随着时代的演进凝结成一种精神表征和价值引领，持续书写着当地的沙漠治理史与时代变迁史。

5.4 本章小结

本章基于空间性的视角，解读并分析了沙坡头自然景观要素、文化景观要素与社会景观要素的建构效果与表征。研究发现：1984年至今，沙坡头自然景观生态呈现出“林地景观面积逐渐扩大，沙漠景观面积与裸土地景观面积逐渐缩小，耕地、草地与河流（黄河）面积有一定幅度的波动”的“一增两减三均衡”绿色生态发展趋势。文化景观价值多样性得到充分展现，其地域特色彰显价值、原真性保存价值、历史文化赓续价值、旅游观赏游憩价值、社会效益溢出价值、节事娱乐融合价值、非遗传承创新价值、乡土资源开发价值、休闲娱乐功能价值9类价值特质的形成与中卫市城乡建设和城乡融合发展协调共进，与规划师、管理者的顶层设计思维和长远目标规划紧密相关，与旅游业壮大发展和旅游产业融合发展密切相连。社会景观功能丰富性得到充分诠释，其地方话语形成传播功能、人地互构意义生产功能、沙绿意向地理标识功能、沙漠旅游符号表征功能、沙漠治理精神表征功能、生态优化价值凝结功能6类功能的生成不仅发挥着景观标识作用，传递出不同时代背景下人地互动的关系表象，而且发挥着景观叙事作用，以沙漠旅游地生成与沙漠旅游景观意象生成的方式反映出自然的商品化演化过程，也反映出自然在社会多重力量的建构作用下随社会演化变迁的历史进程。

通过对景观要素建构效果进行测量与表征，我们得以洞察生态与旅游之间如何相互作用、共生发展，进而创造出旅游服务价值。这一结果不仅彰显了生态文明理念在生态环境脆弱区践行的必要性与重要性，而且揭示了沙漠生态环境治理带来的影响，不止于生态方面，更在旅游经济社会发展方面展现出显著成效。生态持续治理，不仅促进了沙漠生态环境的优化，提升了城乡人居环境的质量，而且推动了社会经济发展，增强了民众对美好幸福生活的追求与向往。旅游发展对生态环境的影响，既体现在自然景观要素的改善与优化上，又催生了文化景观要素价值的多元化，拓展了社会景观要素功能的丰富性。此类景观要素建构效果在沙坡头的呈现，对推动生态社会发展、促进旅游社会发展起到了积极的促进作用。至于该效应是否会作用于沙坡头，促进旅游社会福利的生成，将在下一章进行详细论证。

6　景观要素建构对区域旅游社会福利的影响

本章旨在验证生态环境的变迁与景观要素建构能否促进生态系统旅游社会福利的溢出。通过上一章对各类景观要素建构效果进行测量与表征后发现，沙漠旅游景观符号的生成和沙漠旅游地的生成与发展，其实质是在生态治沙工程的持续推进下，具有物质属性的自然转化为具有文化旅游属性的自然的过程，即自然的商品化过程。在这一过程中，自然通过沙坡头多元主体的实践建构，并以沙坡头原有历史文化底蕴为依托，产生了促进旅游地生态稳定性增强、旅游地景观多重价值凝结与旅游地景观多重功能拓展的生态效应与旅游效应。

生态环境建设带来的社会发展效果应从两方面展开探讨，一方面从环境客体层面出发，以生态环境景观的演化为切入点，探讨生态环境治理与景观要素建构带来的生态稳定性及旅游社会服务价值，该方面研究已在前一章节进行了实证；另一方面从目的地居民主体感知层面出发，以旅游社会福利效应的测量为切入点，探讨生态环境治理与目的地景观要素建构带来的旅游社会福利，该方面研究将在本章进行验证。本章依旧遵循“生态重塑—价值凝结—效益溢出”的逻辑分析主线，以目的地景观要素建构对区域旅游社会福利的影响为研究主题，通过开发沙漠旅游地景观要素建构量表、生态环境变迁量表和旅游社会福利效应量表，实测治理沙漠、景观要素建构、开发沙漠旅游资源产生的旅游社会福利，回答生态环境变迁与景观要素建构能否促进旅游社会福利的溢出这一问题。

6.1 变量间的逻辑关联

6.1.1 景观要素建构

多向度的景观要素建构，是加速目的地基础设施建设完善、推动社会发展与产业结构优化、助力城乡融合与协调发展的可行路径。景观作为反映不同地域景观特质的一种潜变量，其产生、发展与演变与区域自然条件、地理环境与气候因素等密切相关，其功能、作用和价值的演化也与经济社会大环境、时代发展大趋势、产业空间大格局等紧密相连。每一个时代都有其特殊的时代特质和历史痕迹，景观也不例外，它的历时性演化能映射、展现一个时代的发展过程与奋斗历程，其遗留和延续的景观特质还能生动诠释一个时代、一个地方的发展逻辑与历史过往。

在干旱、半干旱地区，自然景观的改善与优化往往和沙漠生态环境治理相伴相生，与人民生活、社会发展密切相关。出于对生产生活环境修复、改善与优化的初衷，生活在干旱、半干旱地区的人们普遍具有与大风扬沙天气抗争的自觉，有植草固绿以维系赖以生存的家园的情怀。通常，对生活周遭的环境加以开发利用已成为生活在干旱、半干旱地区人们融入血脉的意识自觉与行动自觉。此类自觉意识在国家层面“三北”工程、退耕还林等政策的加持下，集聚形成磅礴的社会力量和强大的精神感知，影响一代又一代人对长期生产生活环境治理的审视与反思，也影响一代又一代人对生态环境治理效能的反思，更影响一代又一代人对未来生活与生存环境的展望与憧憬。

在中卫，当地人对自然景观进行的要素建构，其目的已从最初的保障生存、建设家乡向后期的促进发展、美化建设家园转变。这种意识与行动映射到具体环境中，以自然景观的人为化重复建构加以体现。自然景观要素建构目标任务的演化不仅反映了一个时代的发展与进步，而且反映了一地的生态环境建设历程。“你面前的这一排房子，全部都是从长流水孟家湾搬迁到这个地方的搬迁户。以前这里的房子都是土坯房，这条路也全是沙子，老百姓要在上面走路、拉东西，要生活啊！我们就在沙子上铺麦草、稻草等硬的东西，以便能过人过车。后来这里的移民多了，政府出资，给这条路做了路面硬化，解决了大家的出行问题，再后来生活条件慢慢变好了，家家户户都盖了新砖房。如今随着沙坡头景区的发展，我们这里也逐渐办起了农家乐，政府又统一给每家每户房屋外观进行了设计和改造，还免费给我们安了窗子，你看，现在这些农家乐是不是很有西北特色（V3）。”“我们从小就有种树的意识，以前这里全是沙子，只要看到一棵树，大家就会去种，也非常想把它种活，希望它能抵御风沙。看到一棵树苗，我们就想把它种活。这种意识已经刻在我们的心里，形成了一种自发意识（V7）。”“我们开农家乐，就得先有树、有水、有房。我们都有强烈的先种树再盖房的意识，没树没房咋做生意，咋发展呢？你看我家，每一棵树都是我们种的，这里大多种果树，比如杏子、桃子、苹果、李子、核桃，我们都种。客人来我们这里可以摘水果、吃农家饭（V11）。”“我们这里啊有沙漠、有黄河、有大山、有果园，你今天进去看的那棵大枣树都400多年了，沙坡头的这种美和江南不同，我们这里主要是游玩黄河、沙漠、吃农家饭（V11）。”

沙坡头自然景观的优化与沙漠生态治理密切相关。尽管不同代际的受访者对自然景观要素建构效果的时序性变化感受不同，但由于他们长期生活在干旱、半干旱地区，受宏观层面防风固沙意识感召及行动征召的影响，使得他们与生俱来都具有生态环境保护意识，并且强烈地意识到生态环境建设与城乡社会发展紧密相关，与人民生活幸福度、满意度密切相连。“生态环境、生活条件不好，我们的幸福指数肯定不高。在我们很小的时候天空都是暗沉沉的，大部分时间都是黄沙和扬沙天气。你看现在城市到处都是树木绿地，明显感觉天蓝了、水绿了，我们的幸福感也跟着提升了。当然，我们的幸福感提升不仅源自树木的增多，也与基础设施建设、教育质量、就业机会、医疗服务等多方面的改善紧密相连，同时还与生态环境的优化密切相关。我们这代人深刻体会到了时代发展、社会进步所带来的时代红利。我们很幸运，‘前人栽树，后人乘凉’，我们正是受益于老一辈人为我们营造的良好生态环境，我们这代人也要将生态环境维护好，将老一辈人的治沙固绿精神传递给我们的子孙后代，让他们代代传承，形成优良的传统，形成强大的精神（V11）。”

强烈的治沙种树意识在老一辈人的心中落地生根，较高的生态环境建设评价在年轻人心中获得高度认同，并驱动他们潜移默化地形成治沙种树可发展建设家乡的生态文明意识。“我们从小就听大人们说起过包兰铁路、‘麦草方格’，也在电视上看过相关的报道。从小就感觉中卫挺绿的，我们这里不缺水，可能是因为靠近黄河吧，这里的湖挺多的，像香山公园、五馆一中心附近都有很多人工湖，感觉这里挺宜居的，生活在这里没有大城市压力大（V17）。”“我们这代人，都参与过扎‘麦草方格’，都知道只有把沙丘固定住了，我们才能谋得生存空间，获得发展机会。我们那个年代的人能吃苦啊（V7）。”“我们上初高中那会，课外实践课其中一项就是学习扎‘麦草方格’。很多时候，老师上课，说到这里的发展，也会讲‘麦草方格’治沙的历史，讲包兰铁路建设和开通的过程。这是我们地方课程的一部分，也是对我们进行劳动教育和爱国主义教育的一部分。让我们不忘祖辈和父辈治沙植绿的艰辛，也要掌握治沙的技能（V19）。”“虽然整个西北很干燥，宁夏部分地方还很缺水，但是中卫不缺水，可能是因为离黄河比较近吧，我们从小也没有水匮乏的概念，而且中卫能营造这么多的人工湖，说明水资源还是相对丰富的（V18）。”

深厚的长城文化、丝路文化和黄河文化积淀为中卫市留下了宝贵的文化景观，是涵养城市文明精神、标识城市历史文脉、延续城市历史记忆的宝贵资源。而成为旅游景区后的沙坡头，其历史悠久而丰裕的人文旅游资源为文化与旅游融合发展带来了新契机。“这里有长城文化遗址，是丝绸之路上重要的节点城市，也是黄河的上游区域，这里是长城文化、丝路文化与黄河文化的汇集地，我们这里历史文化底蕴是很深厚的。中卫这个城市的名字就带有历史痕迹，在古代，‘卫’和‘所’都是重要的军事节点，是兵家必争之地。如今，随着国家‘一带一路’倡议的提出，我们也开始注重挖掘这里的丝路文化。随着黄河国家文化公园建设战略的推进，我们越发重视对母亲河——黄河的保护，过去的黄河泥沙很多，现在再去看会发现黄河变绿了，这都是我们保护黄河的结果。同时，我们这里还有很多长城的遗址，像烽燧遗址、烽火墩遗址等，都是值得了解的历史文化（V22）。”

尽管文化景观留下的历史印记与产生的社会影响不及自然景观带来的生态巨变让当地人感受强烈，但受访者大都希望通过旅游业的发展，建立起对本地发展的自信和对自身文化的认同，将中卫深厚的人文历史资源、乡土文化资源、地域民族文化资源开发利用起来，并宣传展示出去。通过文化与旅游的充分融合，助力沙坡头旅游业向更高质量、更深底蕴、更具特色的方向迈进。“宁夏面积不是很大，但是小而精，你要去旅游，会发现它还挺不错的。你看我们的高庙是明朝时期的建筑，是一个三教合一的宗教场所，现在里面都还住着僧人，我们本地人喜欢到这里来休闲玩耍，新冠疫情以前，这里也有很多的游客（V19）。”“你想了解中卫的历史啊，可以看看我们的鼓楼，看看中卫县志，你就知道鼓楼的四个门都是啥意思了（V20）。”“我爷爷奶奶那一辈，很多人是支援西部到这边的，我身边很多同学，他们祖籍都不是宁夏的，都是从别的地方过来的。所以宁夏虽然是回族自治区，但是中卫却不是回族人聚居区，这里汉族人更多一些，当然，像回族的很多节日，开斋节、古尔邦节我们也会放假，但是却没有特别的民族节日气氛（V19）。”“现在来沙坡头全是玩沙的，其实我们这里的历史文化底蕴还是很深厚的，这里的长城文化、丝路文化很多年轻人都不清楚。虽然中卫博物馆里都有梳理和介绍，但是对这里文化的挖掘、宣传和利用还不是很好，希望以后能把这里的历史文化更好地向游客展示，让我们的下一代知道这个地方的历史底蕴，给他们树立文化自信（V14）。”“南北长滩村保护得很好，南长滩村全是党项族的后代，那个地方就是交通不方便，开车过不去，得有船把车托运过去才行，现在那里以梨花节出名。北长滩村以前是一个码头，以前的人和外面交流很少，现在北长滩村因为66号公路火了，很多人开始发展农家乐，现在留在村子里的都是开农家乐的，年青一代赚到钱的都到市区买房子了（V3）。”“南长滩村保存得很好，还有下河沿村保存得也很好，那个村子以前是个煤矿，我认为这个村子很有旅游发展的空间（V13）”。

在多数人看来，要促成文化景观人文效益的回归，一方面，需要当地政府加大对现有文物、文化遗产和历史遗迹的保护力度，加强对当地历史文化的梳理与整合，加大对文化旅游活动与产品的开发力度，通过旅游发展的契机，拓展文化与旅游融合发展的转型提质升级之路。“中卫市目前的旅游资源和产品太单一、太匮乏了，沙漠旅游产品同质化严重。与内蒙古、甘肃等地的沙漠景区相比，我们的旅游项目和体验存在诸多相似之处，且对商务游客的挖掘深度还不够，所以，我认为沙坡头还是没有发掘出它内在最深层的东西。现在沙坡头景区也一直在探寻转型发展之路，从单一的沙漠体验向观光、度假、休闲、房车营地等靠拢。我们应该更多地聚焦度假市场的开发。另外，我们这个地方还缺乏丰富的文化旅游项目、业态和产品，其实这个景区的文化价值还是很高的，不管是治沙文化还是黄河文明，都蕴含了古人和当代人的智慧。我们这里治沙最享有盛誉，再加上深厚的历史文化底蕴，就构成了这里独有的文化，但挖掘深度不够、活化利用不足，与旅游业的结合效果还不明显（V16）。”另一方面，就当地居民与景区从业者而言，文化景观人文效益的回归，不单是将其陈列在博物馆、文化馆内，还需要充分挖掘历史文化背后的精神内核，将其与旅游发展深度融合，加大对历史文化遗产的宣传和开发力度，让历史文化与旅游产业的融合发展成为助力沙坡头旅游高质量发展、多元化发展新的增长极。

社会景观是一种景观符号的凝结，也是一种景观意义的生产。在沙坡头，只要到沙漠区，便随处可见“麦草方格”。在沙坡头景区，其旅游发展演化的历史脉络始于包兰铁路的开通和“五带一体”的建设维护。在中卫人的心里，“麦草方格”与包兰铁路不仅是一种物质化的治沙技术、治沙符号，而且是一种非物质化的精神标识和精神象征。“现在黑林村的人就专门扎草方格子，那个草啥的全要自己背进沙漠里去，然后扎成方格子（V3）。”“‘麦草方格’，我们景区现在还在弄（V13）。”“‘麦草方格’是我们中卫市最出名和值得骄傲的，可以说是我们中卫人拿命换来的。但外省的很多人都不知道‘麦草方格’（V14）。”同时，“麦草方格”作为当地人在长期治沙实践中探索总结出的地方性智慧，不仅凝结了当地人的实践经验，而且展现表征出他们的地方情感。这种以物质载体为依托的记忆与情感虽然随着治沙技术的不断进步在年青一代中卫人中有所弱化，但“麦草方格”承载着老一辈中卫人对过去艰苦岁月的怀念，对现在美好生活的感怀。这种情感使得老一辈中卫人强烈地希望“麦草方格”能演化为一种精神感召、一种城市气质、一种地方话语、一种治沙基因，在中卫人心中不断赓续、传承下去，而非止步于仅供游客欣赏的景观。“现在很多人去那儿旅游，他可能就是想玩一玩沙，其实‘麦草方格’里面有很多精彩的故事，这是‘值得被共和国铭记的工程’，当之无愧啊。我们这里齐老汉治沙，习近平总书记给颁发过勋章，王荣贵治沙，也是前无古人后无来者。但很多年轻人特别是外地游客，他们来这里旅游主要以玩沙、滑沙为主，他们不知道也不了解‘麦草方格’对于我们中卫人的重要性。希望你们能把它作为一个课题来研究，让这个工程被更多人了解（V15）。”访谈发现，“麦草方格”与包兰铁路不仅是中卫治沙的符号表征，而且是人为建构的社会景观。其既具有静态的社会景观符号表征功能，又具有强烈的景观叙事功能。“麦草方格”不仅是大多数人对艰苦岁月顽强治沙的回忆，而且是大多数人对社会发展进步的感怀。

包兰铁路、“五带一体”、“麦草方格”作为社会景观的物质化载体，虽然被以沙漠体验游为目的的游客所忽视，但它们所包含的精神内核和地方智慧却在当地人心中占据极高的地位，有着极大的影响力。“包兰铁路啊，我们中卫人都知道包兰铁路的历史。我们读小学的时候地方电视台播放中卫改革发展进程的纪录片的时候，就会提到包兰铁路，我们从小就知道包兰铁路。包兰铁路的开通，就是新中国成立后，国家为了促进中卫的发展，让我们的货物能够运送出去，外面的货物能够运送进来所修建的铁路。当然，随着时代的发展，我们中卫如今也实现了高铁梦，去西安都能乘坐高铁了。尽管包兰铁路随着我们中卫建设发展水平的提高，它的作用和地位已经不那么明显了，但它对于我们这座城市具有巨大的意义，那是一个时代的烙印，也是一个划时代的标志（V20）。”“麦草方格，基本上中卫人都知道啊，有些当地人叫它‘草格子’。年纪大的人，以前都扎过‘麦草方格’，人人都会扎。现在，在黑林村一带的人就靠扎‘麦草方格’赚钱，虽然这个活儿挺累的，需要深入沙漠里，但还是很能赚钱的。像我们这里的小孩，他们现在的那个叫啥，噢，对，第二课堂，教学实践课就是让这些娃学习扎‘麦草方格’，这是我们这里的地方特色，也是我们得以生存发展的一项重要技能，有必要进行学习，也有必要通过这样的方式，让我们艰苦奋斗、吃苦耐劳、勤劳坚毅的品质与品格一代一代传承下去（V13）。”

这种富有精神感召影响力的社会景观如何转化为社会经济价值和旅游产业发展的增长极，如何创新传承激活这些社会景观的精神内核，使之具备使命承载、精神感召价值，需要地方政府、当地民众、学者专家集多方智慧，在不断的产业发展实践、历史文脉梳理和顶层规划设计中重新审视思考、不断研判，使之在时代不断变化的当下发挥引领作用、指引作用和表征作用，在一代一代的中卫人中传承下去，进一步提升景观的功能、价值和意义。

6.1.2 生态环境变迁

调研发现，沙坡头的沙漠生态治理能力、治理制度、治理体制、治理方式日益多样化，且日臻完善成熟，不断得到当地居民发自内心的认可与赞许。尤其对于大多数亲历过改革开放、吊庄移民、旅游发展的老一辈人而言，生态环境变化带来的社会生活方式的变化反映在他们日常生活的方方面面，让当地人在感叹过去生活艰辛的同时，获得了对如今生活进步的满足感与幸福感。“以前我们在那个沙路上骑自行车都骑不动，也没有自来水喝，现在好啊！生态好了、环境好了、树多了、生活也好了（V10）。”“我觉得挺好的，你看我们小时候，只要一刮风，沙子满天飞，现在两年都没有出现过那种情况（大风扬沙天气）了（V5）。”

此外，调研发现，“三北”工程等沙漠生态治理的持续推进，不仅改善了生态环境，而且促进了当地产业结构的调整，推动了当地非农业人口的增长，增加了居民的生计资本，增强了当地经济社会发展活力与发展韧性。"我们这里有专门从事治沙的人群和队伍。除了林场专门从事治沙的队伍之外，还有一些村民加入治沙队伍，这已经成为他们的职业。他们也是职业治沙人，像黑林村的人，大部分都从事治沙行业（V18）。""咱们中冶美利集团就是和治沙紧密相关的企业，我们主营业务有植树造林、生产纸张，植树造林形成的景观我们让大家参观考察，后续也会发展成参观考察类的旅游项目。现在大西北地区，很多企业都是先从事治沙这个行业，然后从治沙这个行业里衍生出很多的产业业态。比如，腾格里沙漠边缘的太阳能光伏产业、沙漠节水农业、沙漠中草药种植、沙漠旅游业，都是因为治沙植绿带来的产业。这肯定促进了当地产业结构的调整，对于产业结构优化肯定是一件好事，这是将单一产业转化为多元产业（V24）。"

同时，经建构规划后的沙水、沙草、沙湖景观不仅改善并优化了沙坡头的人居环境，提升了沙漠旅游地景观生态的层次性与多样性，而且增强了沙坡头旅游形象定位的多元性和旅游产品的差异性与丰富性。"沙坡头最具吸引力的地方就是沙漠，所以我们也叫'世界沙都'。当然，除此之外，其实沙坡头还是一个湖泊广泛分布的城市，像金沙岛、香山公园、五馆一中心等地方，我们建立的湖泊很多，所以也被叫作'云天中卫'。由于靠近黄河的地缘优势，这里水资源相对充足，可以说黄河滋养了一代代中卫人，我们非常感激党和国家的生态治理政策，保护和利用好黄河也是我们一代代中卫人的责任（V23）。"在参与生态治理与环境保护开发的进程中，当地人的环境保护意识、生态文明意识得到不断增强，并强烈地意识到开发自然、利用自然的必要性，也深刻认识到保护自然、保护生态环境的必然性和重要性。

6.1.3 旅游社会福利

沙漠生态治理的初衷与作用不仅在于优化提升自然环境，更在于通过优化提升自然环境，促进社会经济全面发展，不断提高人民生活水平。因此，景观的社会建构与生态环境持续建设的目的在于激发沙坡头的空间溢出效应与产业发展效应，推进生态系统向旅游社会福利转化，实现旅游社会生态福祉与旅游社会发展福祉的双向进步。在空间溢出效应方面，通过持续推进沙漠生态治理，当地居民从主观层面见证了沙坡头城乡人居环境的优化与现代化建设水平的提升，同时亲身体验到美丽乡村与宜居城市带来的旅游社会生态福利日益凸显。“我们小学的时候经常是上着课，天就黄了，满天的黄沙，然后就提前放学了。但是等我读到初中以后，就很少有这种情况了。现在的香山公园和五馆一中心，都是后来撤县并市的时候建的。晚上或周末来香山公园玩耍的周边市民特别多，很多有小孩的家庭会带着零食和毯子等到这边挖沙、拍照、拍视频（V18）。”“中卫人对自己的定位很清晰，这座城市从治沙开始就很注重环境保护，无论是基础设施建设还是人居环境改善方面都很注重环境保护和沙漠治理，它可能在消费水平和经济发展水平上相对其他城市而言没有太大的优势，但是环境保护方面的力度和效果确实挺明显的（V17）。”“在这边生活的人，幸福感挺强的，既然选择了这里，就喜欢待在这里，长期住在这里的人很喜欢这种城市节奏和生活节奏。中卫人还有一个很大的特点，就是平时娱乐活动挺多的。一到晚上，大家都喜欢出来跳跳舞、散散步、跑跑步。这里环境很好，基础建设也不错，所以大家的幸福感是很强的（V16）。”“像香山公园，属于新开发的区，自从沙坡头景区开始建立，就将道路规划为8车道，就是为了发展旅游业。在市区，路面虽然相对窄一些，但整体环境是挺好的，真的有‘塞上江南’的感觉（V16）。”

沙漠治理促进了经济社会的协调发展和全面进步，在沙坡头，最明显的发展就是沙漠旅游业的兴起与旅游城市的形成。“咱们中卫，除了农牧业之外，没有什么工业污染，发展沙坡头（沙坡头景区），就是要发展旅游业。新冠疫情以前，这里的游客特别多。三年疫情对这里影响挺大的，游客现在很少，但我们大都认为这里（中卫市）就是一座旅游城市（V14）。”

沙坡头因沙漠治理带来的旅游社会发展福利，体现在旅游产业的不断发展成熟和乡村旅游的蓬勃发展方面。“我们后面不是有农家乐嘛！嗯，村子里很多人把房子流转给一些老板开民宿，办农家乐。2019年和2020年之前，沙坡头村的生意相当好，每天游客都爆满（V1）。”乡村旅游的发展，推动了美丽乡村、生态乡村和休闲乡村建设的完善，也刺激了乡村集体产业与村办合作社等产业合作和集体互助方式的兴起，助力旅游乡村在借由乡村旅游发展实现乡村振兴目标价值的道路上不断摸索、实践。“我们是承包种树的。沙坡头搞乡村振兴，乡村振兴肯定要有点特色，有绿化啊，就像这个向日葵是我们负责绿化的。这些都是政府扶持的项目，政府掏钱，我们帮搞绿化，承揽政府的工程。我们是外地来的，我们就觉得政府投入力度大，挺好的（V9）。”“现在比几年前的生态环境好多了，前期镇上、村上都花费了大量的资金来改善环境。你看眼前这条街，以前路边都是羊圈，后来书记动员，把羊圈拆了，然后都弄成了绿化带。还有以前我们上厕所用的都是旱厕，现在经过政府投资，就使那个水冲式马桶（V5）。”“你看见的这些房子，外围改造都是政府在扶持，今年才刚开始建，有的都还没建好。你看这是我们打造的旅游街、美食街，对面建的这个楼是星空研学基地，那片田里是萌宠乐园，还有民宿（V5）。”“沙坡头区乡村振兴体验中心是我们的村办企业，是村主导办的旅游公司，它主要是承接培训。我们的‘三村一域’就是三个村一起办企业。三村一域合作社是沙坡头牛书记的院子，他免费提供场所（V1）。”“咱们村最早发展旅游的时候，都是以个体的形式，现在尝试着以集体的形式，把所有的农家乐，还有咱们这个旅游资源整合到一块，成立了一个经济合作社来管理，但是这种模式，尝试了几次，不太理想。今年鸣钟村，政府的投资力度特别大，政府准备把三个村整合起来搞‘三村一域’，发展乡村旅游（V1）。”

沙坡头因生态治理带来的旅游社会发展福利，还体现在乡村旅游吸纳了大量的农村劳动力，转变了村民传统的就业观念，拓展了生计方式等方面。乡村旅游的发展使邻近沙坡头景区的沙坡头村、鸣沙村、鸣钟村村民成为发展乡村旅游最先致富的一批村民，经实地调研和深度访谈发现，这些旅游乡村的村民深切享受到了乡村旅游发展带来的时代红利，感受到了旅游社会发展福利的积极影响。“我们搬迁过两次，第一次是1984年开发沙坡头景区的时候。第二次搬迁是2008年，搬到这里。现在沙坡头村主要是以农家乐为主，鸣沙村、鸣钟村各自有特色。沙坡头村主要是住宿、农家乐，房车基地，烧烤，喝点酒啥的（V12）。”“我们这里其他的村子有专门种植西红柿、辣椒、土豆、蔬菜的大棚（V11）。”“像我们村，有开农家乐的、有拉骆驼的、有开快艇的、有做羊皮筏子的、有当导游的。男人做羊皮筏子、开快艇，女人就拉骆驼、当导游。现在游客少了，导游就少了，很多人现在当保安、干保洁（V9）。”“我们这里年轻人出去打工的很少。新冠疫情以前，年轻人大部分都在景区上班，后来有农家乐的就在家里帮忙，有骆驼的就在景区里拉骆驼，基本上忙不过来。现在游客少了，大家就待在家里帮家里干活，去外省打工的很少，最多在市里打临工（V3）。”

可见，沙漠治理和环境改善是推动社会全面进步和城乡建设的驱动力，也是创造社会价值、引发旅游社会福利增长主要来源。生态环境治理在调整沙坡头产业结构、转变当地人就业模式、促进城市与乡村建设方面影响巨大，是旅游社会福利显现的前置条件和前因变量。而旅游社会福利的不断提升也能反向助力生态环境的持续改善，促进当地人环境责任行为的强化与生态保护意识的增强。

从深度访谈后呈现的结果来看，尽管目的地居民主观感知到景观要素建构会对区域旅游社会福利的溢出带来积极的影响，生态环境的变迁也会对区域旅游社会福利溢出产生影响，但仅靠主观的文本资料收集与分析并不能全面客观地反映目的地居民对生态环境建设的态度，也不能多向度地评估景观要素建构、生态环境变迁和区域旅游社会福利之间的影响关系。因此，基于评价量表开发与假设模型验证的客观评价方法值得尝试。

6.2 量表编制与数据收集

随着中卫市“三北”工程的持续推进和沙漠治理措施的长期深入实施，沙坡头自然生态环境逐渐发生变化。这些变化较为突出地体现在城市与乡村基础设施建设方面，潜移默化地体现在城市与乡村景观格局变化方面，也明显地体现在中卫市产业结构与社会发展的各个方面。尤其是自20世纪80年代以来，当地逐步发展起了沙漠旅游业，中卫围绕沙漠生态治理这一核心，以环境建设提升为中心，实施了一系列治沙防沙措施，这些措施带来的环境优化效应，不仅促进了旅游产业的发展，而且推动了旅游社会格局的构建。“绿水青山就是金山银山”的生态文明理念在沙坡头得到了生动而有力的诠释。“世界沙都、云天中卫、沙漠湖城”等城市旅游意象和旅游形象符号，随着长期的沙漠治理逐渐根植于当地居民心中，促进生态治理理念和社会发展理念成为不可分割的时代命题。

为了从实证层面检验生态环境变迁和景观要素建构对旅游社会福利的影响，在对中卫市目的地居民开展深度访谈，并观察、分析沙坡头景观社会建构方式、路径及效果的基础上，基于主体视角开发出测量生态环境变迁、景观社会建构与旅游社会福利之间关系的量表。一方面，可弥补长期以来旅游社会福利绩效研究多注重宏观数据统计与核算，而忽视微观感知与认知方面的不足；另一方面，可客观验证景观社会建构是否带来旅游社会福利这一问题。

6.2.1 调研过程与数据收集

在赴案例地调研之前，研究对自然景观、文化景观和社会景观的建构生产与表征方式进行了收集、整理、汇总，以此作为访谈的主要议题和对象。并在深入访谈进程中，不断了解当地居民对于生态环境变迁、景观社会建构及旅游社会生态福利效果的感知。该项研究于2022年6月1—20日进行。研究主要采用扎根理论的方法进行维度划分与量表设定。通常，采用扎根理论访谈的人数最好限定在15~25人①②，本书的访谈对象共计24人，如表6-1所示。为确保访谈对象的典型性、代表性与广泛性，研究将访谈对象有区别地分为当地重点旅游村的村委工作人员、村民，沙坡头旅游景区工作人员，中卫市民以及沙坡头国家级自然保护区工作人员，用以确保群体的多样性和访谈材料的真实性、严谨性与系统性。研究共收集景观要

---

① HENNINK M M, KAISER B N, MARCONI V C. Code saturation versus meaning saturation: how many interviews are enough? [J]. Qualitative Health Research, 2017, 27(4): 591-608.

② 匡红云，江若尘. 主题公园资源要素与“令人难忘的旅游体验”[J]. 经济管理，2019(1): 137-155.

素格局变化的资料和访谈资料 6.7 万余字，并以此为基础，形成目的地居民视角下沙漠旅游地景观社会建构、生态环境变迁与旅游社会福利的关系研究调查问卷。

表 6－1　受访者基本信息

受访者编号	受访时间	职业	性别	年龄
V1	2022 年 6 月 16 日	沙坡头村村委工作人员	女	43
V2	2022 年 6 月 16 日	鸣沙村村民	男	86
V3	2022 年 6 月 16 日	鸣沙村村长	男	47
V4	2022 年 6 月 17 日	沙坡头乡村振兴体验中心工作人员	女	29
V5	2022 年 6 月 17 日	鸣钟村村委工作人员	女	30
V6	2022 年 6 月 18 日	鸣钟村村长	男	49
V7	2022 年 6 月 18 日	鸣钟村村委工作人员	男	51
V8	2022 年 6 月 18 日	春满园农家乐老板	女	27
V9	2022 年 6 月 19 日	绿化公司员工	男	32
V10	2022 年 6 月 19 日	超市大妈	女	68
V11	2022 年 6 月 20 日	黄河鱼庄老板	女	47
V12	2022 年 6 月 20 日	银泰烧坊老板	男	69
V13	2022 年 6 月 14 日	沙坡头景区员工 1	女	40
V14	2022 年 6 月 14 日	中卫市居民 1	男	60
V15	2022 年 6 月 14 日	中卫市居民 2	女	52
V16	2022 年 6 月 13 日	沙坡头景区员工 2	男	29
V17	2022 年 6 月 13 日	宁夏工商大学大学生	男	20
V18	2022 年 6 月 12 日	大学生	女	21
V19	2022 年 6 月 12 日	中卫市居民 3	女	27
V20	2022 年 6 月 11 日	中卫市居民 4	男	64
V21	2019 年 12 月 20 日	沙坡头国家自然保护区管理局刘副局长	男	47
V22	2019 年 12 月 21 日	沙坡头国家自然保护区管理局尤局长	男	51
V23	2019 年 12 月 22 日	治沙林场员工	男	43
V24	2019 年 12 月 23 日	中冶美利集团老总	男	52

6.2.2　扎根理论之编码过程

首先，研究对收集到的所有文献资料与访谈材料进行开放式编码，将文献资料与访谈材料进行整合，抽取出能用于构建量表的资料①。研究依据Corbin和Strauss的三级编码方法对所有资料进行扎根理论分析。具体过程如下：①筛选出与景观要素建构和生态环境变化有关的资料与内容，整理收集中卫市沙漠生态治理、沙漠旅游发展及历史文化积累与保护开发利用的相关素材，为维度识别和题项设计打下基础。②在深入访谈过程中，以中卫市沙漠生态治理措施、治理效果、城市与乡村开发建设、沙漠旅游发展与乡村旅游发展、社会发展进步感知等问题为核心，对每一位重点受访对象展开不少于半小时的深入访谈，试图从目的地居民视角出发，评价验证沙漠生态治理产生的生态环境和旅游发展双重效应，为生态环境变迁、景观要素建构及旅游社会福利量表的开发积累丰富的素材。③根据访谈后的综合研判，删除与研究主题不相关的资料②，并预留了4人约1万字的访谈资料用于对原始语句进行理论饱和度检验。本书同时邀请旅游管理专业博士生采用双盲方式对原始语句进行初始概念提取，删除重复内容，形成开放式编码的初始概念，并按照意思相近与重复归并的原则，对庞杂的初始概念进行归类组合。经反复修正，形成了8个开放式编码，见表6－2。

表6－2　开放式编码举例

开放式编码	原始语句与资料举例	资料来源
景观品质提升	自然环境变美了	访谈材料V11、V8
	出现了有沙又有水的景点	访谈材料V8
	沙坡头的景色得到了合理的规划	访谈材料V23
景观廊道形成	条带状绿色景观的形成	吴红斌、郝耀明、刘迺发③
	"塞上江南"	宣传资料
	沙绿组合带、沙水组合带	李昀霏、李陇堂④

① 窦璐．生态旅游景区服务场景的量表开发研究[J]．旅游学刊，2022，37(5)：110－123.

② 王馨，白凯，包军军．丽江古城旅游移民地方融入的维度建构与检验[J]．旅游学刊，2021，36(6)：116－132.

③ 吴红斌，郝耀明，刘迺发．宁夏沙坡头国家级自然保护区综合科学考察[M]．兰州：兰州大学出版社，2005.

④ 李昀霏，李陇堂．沙漠型景区旅游形象感知对比研究：以宁夏沙坡头、沙湖景区为例[J]．宁夏社会科学，2016(4)：128－133.

续表

开放式编码	原始语句与资料举例	资料来源
原真性保持	保护与开发古建筑（中卫高庙等），能够保留当地的历史文化	访谈材料 V17
	保护与开发古遗址（长城、烽燧、香山岩画等），能够保留沙坡头的当地特色	王旭科、赵黎明①
	保护与开发古建筑与古遗址，能够保留它们结构的完整性	访谈材料 V18
历史文化拾遗	保护与开发古建筑和古遗址，能够保留它们原来的样子	访谈材料 V5
	保护与开发古建筑和古遗址，能够让它们被更多的人知道	文献资料 V6
	南北长滩村具有浓厚的乡村特色	熊梅、周宏伟②
	南北长滩村很有西北特色	访谈材料 V3
	保护与开发古村落，能够保留它们原来的样子	访谈材料 V2
景观符号生产	沙坡头的治沙技术非常有名。如“麦草方格”、“五带一体”、化学治沙、飞播治沙等	文献资料 V19
	沙漠治理的成功让沙坡头名声大噪	访谈材料 V14
	治理好生态环境对沙坡头的旅游发展很重要	访谈材料 V21、V23
	沙漠旅游形象的宣传对沙坡头的旅游发展很重要	访谈材料 V16
	旅游发展让沙坡头比以前更有吸引力了	访谈材料
生态环境演化	沙漠治理让这里的绿色植被变多了	访谈材料 V24、V9
	沙漠治理丰富了沙坡头的风景	访谈材料 V17
	沙漠治理让沙坡头变得更加适合居住了	访谈材料 V10
	沙漠治理促进了沙漠旅游的发展	访谈材料 V11

① 王旭科，赵黎明．宁夏中卫市旅游资源及开发对策研究[J]．干旱区资源与环境，2008(1)：107－112.

② 熊梅，周宏伟．西北地区历史文化村镇研究述评[J]．中国社会经济史研究，2015(1)：71－79.

续表

开放式编码	原始语句与资料举例	资料来源
旅游社会生态福祉	多年的沙漠治理提高了沙坡头的现代化建设水平	访谈材料 V21
	多年的沙漠治理提高了沙坡头的城市建设水平	访谈材料 V22
	多年的沙漠治理促进了沙坡头城镇和乡村的发展	访谈材料 V12
旅游社会发展福祉	多年的沙漠治理促进了沙坡头人民生活水平的提高	访谈材料 V19
	沙坡头的游客越来越多了	访谈材料 V8
	发展沙漠旅游，增加了当地人的谋生和工作机会	访谈材料 V13
	沙坡头的发展让越来越多的当地人愿意留下来	访谈材料 V13
	近年来，沙坡头从事农家乐经营的人多了，外出务工的人少了	访谈材料 V10
	近年来，在沙坡头市区或旅游景区打工的人多了，外出务工的人少了	访谈材料 V16
	近年来，在沙坡头从事旅游与服务的人变多了，而从事传统农牧业，如种地、放牛羊的人变少了	访谈材料 V13

其次，研究在开放式编码的基础上，通过对相近的概念加以归类和集聚，发现和建立了各类别之间的关系，进一步进行了概念抽取。研究在提取 8 个开放式编码的基础上，将它们总结归纳为自然景观的优化、文化景观的回归、社会景观的表征、生态环境变迁以及旅游社会福利 5 个主轴编码，见表 6-3。

表 6-3 主轴编码结果

主轴式编码	开放式编码	理论来源及说明
自然景观的优化	景观品质提升	本书提炼
	景观廊道形成	

续表

主轴式编码	开放式编码	理论来源及说明
文化景观的回归	原真性保持	杨振之、谢辉基①，吴兴帜②，吴宗杰③
	历史文化拾遗	薛芮、余吉安④，杨立国、彭梓洺⑤，潘宝⑥
社会景观的表征	景观符号生产	石德生⑦、仰海峰⑧
生态环境变迁	生态环境演化	吴志华、王晓辉⑨
旅游社会福利	旅游社会生态福祉	邱坚坚等⑩、程宪波等⑪
	旅游社会发展福祉	李文青等⑫、李昂等⑬

再次，在主轴编码的基础上，研究将自然景观的优化、文化景观的回归、社会景观的表征 3 个主轴编码提炼为景观的社会建构，为后续进行景

① 杨振之，谢辉基．“修旧如旧”“修新如旧”与层摞的文化遗产［J］．旅游学刊，2018，33（9）：6－9.

② 吴兴帜．文化遗产的原真性研究［J］．西南民族大学学报（人文社科版），2016，37（3）：1－6.

③ 吴宗杰．话语与文化遗产的本土意义建构［J］．浙江大学学报（人文社会科学版），2012，42（5）：28－40.

④ 薛芮，余吉安．基于地方品牌建构的乡村文化旅游活化路径［J］．经济地理，2022，42（6）：1－8.

⑤ 杨立国，彭梓洺．传统村落文化景观基因传承与旅游发展融合度评价：以首批侗族传统村落为例［J］．湖南师范大学自然科学学报，2022，45（2）：74－82.

⑥ 潘宝．旅游社会建构过程中民族文化的解构与重构［J］．北方民族大学学报，2022（2）：88－94.

⑦ 石德生．景观社会理论：经济社会景观化构序构境的深刻批判［J］．青海社会科学，2017（1）：123－128.

⑧ 仰海峰．商品社会、景观社会、符号社会：西方社会批判理论的一种变迁［J］．哲学研究，2003（10）：21－26，96.

⑨ 吴志华，王晓辉．巢湖东端湖滨带物理基底及生态修复［J］．合肥工业大学学报（自然科学版），2006（9）：1068－1071，1076.

⑩ 邱坚坚，刘毅华，袁利，等．人地系统耦合下生态系统服务与人类福祉关系研究进展与展望［J］．地理科学进展，2021，40（6）：1060－1072.

⑪ 程宪波，陶宇，欧维新．生态系统服务与人类福祉关系研究进展［J］．生态与农村环境学报，2021，37（7）：885－893.

⑫ 李文青，赵雪雁，杜昱璇，等．秦巴山区生态系统服务与居民福祉耦合关系的时空变化［J］．自然资源学报，2021，36（10）：2522－2540.

⑬ 李昂，杨琰瑛，师荣光，等．居民福祉及其与生态系统服务的关系研究进展［J］．农业资源与环境学报，2022（39）：1－14.

观建构影响下的旅游社会福利效应测量研究做好铺垫。

最后，为检验扎根理论方法的理论饱和度，研究预留了约1万字的访谈资料进行编码，以开展理论饱和度检验。经研究发现，对预留访谈资料编码后并未生成新的概念和范畴，证明本书生成的理论模型已饱和，范畴编码可以停止。

6.3 研究假设与理论模型

6.3.1 量表初测与修正

基于对景观要素建构、生态环境变迁与旅游社会福利的维度解析，本书在参阅大量参考文献及深度访谈的基础上，构建了景观要素建构、生态环境变迁、旅游社会福利三者的关系模型，并在此基础上发展了相关的测量题项。基于扎根理论分析，本研究在景观要素建构的基础上提炼出自然景观的优化、文化景观的回归、社会景观的表征三个维度，在旅游社会福利的基础上，提炼出旅游社会生态福祉和旅游社会发展福祉两个维度，并以生态环境变迁为中介变量，构建假设模型。

量表最初设计了33个题项让受试者作答，问卷具体构成与内容有：①自然景观的优化、文化景观的回归、社会景观的表征、生态环境的变迁、旅游社会生态福祉、旅游社会发展福祉6个测量维度，采用李克特5点量表，分别为1分（不同意）、2分（比较不同意）、3分（一般）、4分（比较同意）、5分（同意），来邀请受试者作答。②受试者的人口统计学特征，采用选择的方式设立问项。

6.3.1.1 预调研与初测试

预调研是量表开发的重要环节，根据预调研的结果调整量表内容和删减题项，可以提高量表的质量。研究运用扎根理论形成的量表，于2022年6月20—21日在中卫市区、高庙景区、香山公园等地发放了问卷200份，收回193份，其中有效问卷193份，有效率达96.5%。预调研样本特征如表6-4所示。

表 6－4　预调研样本人口统计学特征

特征	分类	人数（人）	占比（%）
性别	男	103	53.4
	女	90	46.6
年龄	18 岁以下	67	34.7
	18～30 岁	38	19.7
	31～40 岁	41	21.2
	41～50 岁	28	14.5
	51～60 岁	15	7.8
	60 岁以上	4	2.1
受教育程度	高中以下	48	24.9
	高中	94	48.7
	大专	31	16.1
	本科	18	9.3
	硕士及以上	1	0.5
职业	学生	79	40.9
	企业人员	19	9.8
	公务员	3	1.6
	事业单位人员	16	8.3
	自由职业者	37	19.2
	农民	11	5.7
	工人	3	1.6
	其他	24	12.4

从表 6－4 可见，预调研群体中，男女比例基本均衡。受试群体以中青年为主，年龄多在 31～40 岁及 18 岁以下，受教育程度多为高中，职业以自由职业者和学生为主。整体而言，预调研群体构成多元，具备较强理解和辨别能力，能为调研提供稳定、可靠及有价值的信息。

预调研完成后对数据进行了项目分析。项目分析是量表初测的第一步，用于考察量表各题项的适合度，探究高低分的受试者在各题项上的差异，或进行题项间的同质性检验。

项目分析的具体步骤为：①对问卷的 33 个测量题项（不含人口统计学

信息题项）得分进行加总排序，建立各测量维度的总分变量；②将各维度总分按降序排列，取前27%和后27%分别作为高低分组。由于各维度总分变量高低分组的临界值存在差异，进而形成各维度的总分变量分组；③对各维度总分变量分组数据开展独立样本 t 检验。若 Levene 方差等同性检验和平均值等同性检验结果均显著（$p<0.05$），则表明高低分组差异显著，题项具有区分度。将预调研数据导入 SPSS20 后进行项目分析，其结果见表6-5。

表6-5　预调研项目分析结果

问卷题号	题项编号	独立样本 t 检验		校正的项总体相关性（CITC）
		t 值	p 值	
Q1	ZRJG1	-7.973	0.00	0.558**
Q2	ZRJG2	-9.442	0.00	0.617**
Q3	ZRJG3	-10.362	0.00	0.527**
Q4	ZRJG4	-10.047	0.00	0.454**
Q5	ZRJG5	-7.182	0.00	0.516**
Q6	ZRJG6	-8.632	0.00	0.665**
Q7	WHJGA7	-11.458	0.00	0.662**
Q8	WHJGA8	-11.671	0.00	0.627**
Q9	WHJGA9	-10.283	0.00	0.674**
Q10	WHJGA10	-12.172	0.00	0.567**
Q11	WHJGA11	-10.716	0.00	0.608**
Q12	WHJGB12	-14.107	0.00	0.741**
Q13	WHJGB13	-13.571	0.00	0.739**
Q14	WHJGB14	-13.992	0.00	0.657**
Q15	SHJG24	-8.688	0.00	0.667**
Q16	SHJG25	-12.003	0.00	0.670**
Q17	SHJG26	-10.866	0.00	0.659**
Q18	SHJG27	-10.193	0.00	0.708**
Q19	SHJG28	-8.460	0.00	0.622**
Q20	STHJ29	-10.825	0.00	0.613**
Q21	STHJ30	-9.789	0.00	0.657**
Q22	STHJ31	-11.101	0.00	0.548**

续表

问卷题号	题项编号	独立样本 t 检验		校正的项总体相关性（CITC）
		t 值	p 值	
Q23	STHJ32	-8.313	0.00	0.517**
Q24	LYSHFLA33	-14.559	0.00	0.554**
Q25	LYSHFLA34	-13.554	0.00	0.505**
Q26	LYSHFLA35	-14.914	0.00	0.624**
Q27	LYSHFLB36	-8.344	0.00	0.647**
Q28	LYSHFLB37	-8.171	0.00	0.627**
Q29	LYSHFLB38	-9.795	0.00	0.674**
Q30	LYSHFLB39	-14.838	0.00	0.735**
Q31	LYSHFLB40	-13.929	0.00	0.795**
Q32	LYSHFLB41	-14.092	0.00	0.751**
Q33	LYSHFLB42	-9.533	0.00	0.662**

注：** 表示置信度（双侧）为 0.01 时，相关性是显著的。自然景观简写为 ZRJG，文化景观简写为 WHJG（WHJGA 表示原真性保持，WHJGB 表示历史文化拾遗），社会景观简写为 SHJG，生态环境简写为 STHJ，旅游社会福利简写为 LYSHFL（LYSHFLA 表示旅游社会生态福祉，LYSHFLB 表示旅游社会发展福祉）。

由表 6-5 可知，所有测量题项的 p 值均小于 0.001，CITC 值均大于 0.4，说明 33 个题项在高低分组的区分度较好，所有题项予以保留。

6.3.1.2 预调研之探索性因子分析

本书采用 Cronbach's Alpha 系数来检验量表的内部一致性，通常，Cronbach's Alpha 系数值在 0.7 以上，表明量表的可靠性高。将研究数据导入 SPSS20 得到表 6-6。

表 6-6 初测量表的探索性因子分析结果

题项编号	Cronbach's Alpha		
ZRJG1	0.798	0.914	0.942
ZRJG2			
ZRJG3			
ZRJG4			
ZRJG5			
ZRJG6			

续表

题项编号	Cronbach's Alpha		
WHJGA7	0.829	0.914	0.942
WHJGA8			
WHJGA9			
WHJGA10			
WHJGA11			
WHJGB12	0.846		
WHJGB13			
WHJGB14			
SHJG24	0.848		
SHJG25			
SHJG26			
SHJG27			
SHJG28			
STHJ29	0.776	0.776	
STHJ30			
STHJ31			
STHJ32			
LYSHFLA33	0.823	0.902	
LYSHFLA34			
LYSHFLA35			
LYSHFLB36	0.901		
LYSHFLB37			
LYSHFLB38			
LYSHFLB39			
LYSHFLB40			
LYSHFLB41			
LYSHFLB42			

由表6-6可知，总量表的Cronbach's Alpha值为0.942，各维度的Cronbach's Alpha值均在0.7以上，说明本量表的总体和各维度都具有较高的信度。

本书采用 SPSS20 对回收的调查问卷做探索性因素分析，结果表明，KMO 值为 0.882，Bartlett's 的球形检验为 3453.235，df 为 435，显著性水平 $p = 0.000 < 0.05$，说明数据适合做因子分析。

参考已有旅游研究，采用主成分分析，特征值大于 1 的方法提取公因子，选用最大方差法进行因子旋转，并根据以下标准进行数据优化：①逐一删除所有因子载荷值 <0.4 的题项；②逐一删除同时在两个因子上的载荷值达到 0.4 的题项；③删除只含有一个题项的因子。按以上原则对题项逐一删除后将数据代入 SPSS20，得到初测量表的总方差解释表，见表 6-7。

表 6-7　初测量表的总方差解释

成分	初始特征值			旋转平方和载入		
	合计	方差百分比（%）	累计百分比（%）	合计	方差百分比（%）	累计百分比（%）
1	11.108	37.027	37.027	4.510	15.032	15.032
2	2.429	8.096	45.123	4.407	14.690	29.722
3	1.849	6.162	51.286	3.301	11.003	40.725
4	1.709	5.696	56.981	2.859	9.528	50.253
5	1.382	4.605	61.587	2.412	8.038	58.291
6	1.080	3.598	65.185	2.068	6.894	65.185
7	0.947	3.157	68.342			
8	0.830	2.766	71.108			
9	0.796	2.652	73.760			
10	0.767	2.555	76.316			
11	0.696	2.321	78.636			
12	0.660	2.200	80.837			
13	0.596	1.986	82.823			
14	0.538	1.793	84.616			
15	0.493	1.643	86.258			
16	0.437	1.457	87.715			
17	0.420	1.400	89.116			
18	0.405	1.350	90.466			
19	0.372	1.240	91.706			

续表

成分	初始特征值			旋转平方和载入		
	合计	方差百分比（%）	累计百分比（%）	合计	方差百分比（%）	累计百分比（%）
20	0.344	1.147	92.853			
21	0.326	1.085	93.938			
22	0.311	1.036	94.974			
23	0.258	0.860	95.834			
24	0.242	0.807	96.641			
25	0.210	0.701	97.342			
26	0.197	0.655	97.998			
27	0.181	0.603	98.601			
28	0.167	0.557	99.158			
29	0.137	0.458	99.616			
30	0.115	0.384	100			

由表 6－7 所知，数据旋转后得到 6 个公因子，累计方差解释率为 65.185%，表明提取的公因子对问卷数据具有良好的解释力。

按以上原则对题项逐一删除后进行因子旋转，得到目的地居民视角下景观建构、生态环境变迁与旅游社会福利之间关系的碎石图，如图 6－1 所示。

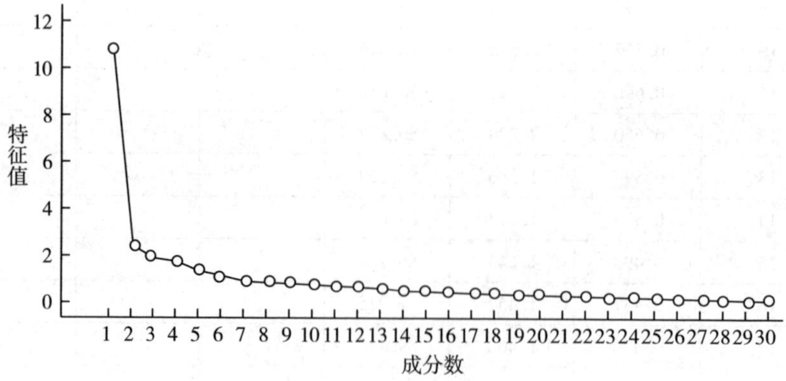

图 6－1　初测量表碎石图

由图6－1可知，碎石图的拐点在6～7位置，说明样本数据提取6个公因子是合适的。

根据以上数据优化原则，对题项逐一删除后进行因子旋转，经多次尝试将问卷中的WHJG7、WHJG9、WHJG10三个题项删除，得到旋转后的成分矩阵表，见表6－8。

表6－8　初测量表因子分析旋转后的成分矩阵

题项编号	成分					
	1	2	3	4	5	6
LYSHFLB39	0.764					
LYSHFLB41	0.760					
LYSHFLB40	0.752					
LYSHFLB37	0.722					
LYSHFLB38	0.699					
LYSHFLB42	0.656					
LYSHFLB36	0.636					
STHJ30		0.684				
STHJ29		0.676				
STHJ32		0.646				
STHJ31		0.614				
SHJG27		0.755				
SHJG24			0.68			
SHJG26			0.676			
SHJG25			0.652			
SHJG28			0.648			
WHJGB14				0.757		
WHJGB12				0.723		
WHJGA11				0.716		
WHJGB13				0.712		
WHJGA8				0.559		
ZRJG5					0.771	
ZRJG2					0.746	
ZRJG1					0.701	

续表

题项编号	成分					
	1	2	3	4	5	6
ZRJG6					0.653	
ZRJG4					0.540	
ZRJG3					0.506	
LYSHFLA34						0.769
LYSHFLA33						0.717
LYSHFLA35						0.649
提取方法：主成分						
旋转法：具有 Kaiser 标准化的正交旋转法						
旋转在 7 次迭代后收敛						

经对总体量表进行信效度检验后，发现开发量表的维度划分与题项设计基本和开发量表初期保持一致，删除 WHJG7、WHJG9、WHJG10 三个题项，量表最终保留 30 个测量题项，以及 5 个人口统计学特征题项，共 35 个题项，经整合后，将完善后的新问卷用于正式调研中。

6.3.2 研究假设与模型构建

景观作为人为建构的一种自然、生态、文化与建筑美学，其在建构前期就融入了人类主观的功能诉求、价值追寻与情感诉求。在景观的要素建构进程中，城市管理者与景观规划者通过不断调整和修正景观建构方式、景观塑造形式等来适应发展变化的自然社会，而自然社会的发展也不断地再作用于景观，生产出新的自然与社会风景。景观与社会的不断融入和相互嵌入形塑了不同时代、不同地域、不同文化背景、不同价值追求的多元化、差异化的景观要素与景观综合体，使得景观成为反映社会冲突、政权更迭、时代发展、社会进步等的物质载体和精神符号。

在自然景观的建构过程中，人们通常会从其功能性作用与实用性作用两方面出发去塑造景观的硬核，以实现资源的保护利用与环境的美化提升，这种塑造在风景园林领域尤为突出。例如，通过对庭院景观、城市景观、乡村景观的设计、规划与布置，提升建构对象的外在形象与内在气质，实现自然景观的优化，达到提高城乡现代化建设水平，满足人民群众日益增长的物质与精神文化需要的目的。

在文化景观的建构进程中，城乡规划者通过对当地历史文化资源的梳理与挖掘，对地面文物的保护、对古镇古村房屋建筑的修缮与维护，以及对历史文化资源的活化利用等，描绘诠释一地、一城、一镇、一村的历史文化底蕴和城乡文化内核，达到修旧如旧，将文化遗产资源转化为旅游资源的目的。以此积淀滋养一座城市、一个小镇、一个村落的历史人文气质与文化艺术气息，从而实现古城新颜、恬适小镇、富裕乡村建设的目标。

在社会景观的建构历程中，其特质与内核往往夹杂在自然景观与文化景观的建构与塑造过程中，随着自然景观与文化景观特质的凸显以符号或精神标识等形式展现出来。它产生于自然环境与文化生态环境之中，以物质化的形式予以呈现，又凝聚并生产了意义与情感，以非物质化的形式传达发展之声与时代之音，展现和诠释社会变迁的历程与时代发展进步的节奏。

基于此，本书提出如下研究假设：

H1a：自然景观的优化对旅游社会生态福祉有显著的正向影响。

H1b：文化景观的回归对旅游社会生态福祉有显著的正向影响。

H1c：社会景观的表征对旅游社会生态福祉有显著的正向影响。

H2a：自然景观的优化对旅游社会发展福祉有显著的正向影响。

H2b：文化景观的回归对旅游社会发展福祉有显著的正向影响。

H2c：社会景观的表征对旅游社会发展福祉有显著的正向影响。

景观要素的建构往往以区域自然环境为载体、以生态环境为基础，在此基础上进行蓝图勾勒与规划实施。而自然景观、文化景观与社会景观的构建不可避免地会影响生态环境的变迁。这种变迁可能衍生出两种不同的结果：一种是按照管理者与规划师设计勾勒的蓝图展现生态重塑与环境再造的成果；另一种是始于理想蓝图却基于现实偏差，终于半吊子工程的生态环境破坏与生态环境改造停滞。基于前期访谈与扎根后的结果发现，沙坡头的景观社会建构正引领着当地生态环境向更加优化和持续进步的方向迈进，这种趋势对生态环境和社会发展均产生了显著影响，或加速或制约沙坡头城市形象的塑造和产业结构的转型升级。基于此，研究提出如下假设：

H3a：自然景观的优化对生态环境变迁有显著的正向影响。

H3b：文化景观的回归对生态环境变迁有显著的正向影响。

H3c：社会景观的表征对生态环境变迁有显著的正向影响。

无论是生态环境的优化还是自然环境的破坏，这两种相悖的结果一方面可促进自然生态环境转化为社会生态资源，推动城乡产业发展与社会进步，使民众享受生态环境变迁产生的旅游社会生态福利和旅游社会发展红利；另一方面会加速自然生态环境的恶化，成为阻碍城乡发展和民众生活水平提高的绊脚石。尤其对如今处于产业转型升级、倡导自主创新、推动产业高质量发展的中国而言，自然生态环境的变化不仅关系经济社会的全面发展，而且关乎大众社会生态福祉的全面提升。“绿水青山就是金山银山”的理念，不仅成为衡量社会是否实现协调、绿色、高质量、高效率发展的标尺，而且成为评价大众能否实现心中向往生活与美好愿景的准绳。基于此，研究提出如下假设：

H4a：生态环境变迁对旅游社会生态福祉有显著的正向影响。

H4b：生态环境变迁对旅游社会发展福祉有显著的正向影响。

综合以上研究假设，得出本书的假设模型（见图6－2）。

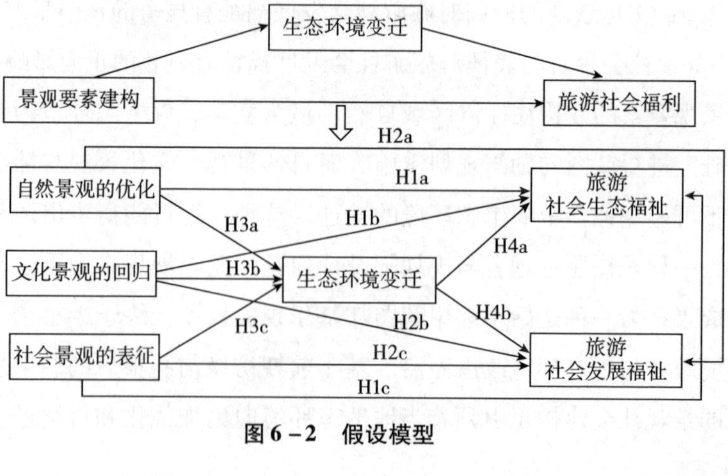

图6－2　假设模型

6.3.3 正式调研与实证分析

正式调研在预调研的基础上进行，基于预调研后修订形成的量表展开。研究团队于2022年6月22—28日在中卫市区、高庙景区、香山公园、红太阳广场、雍楼等地发放正式调研问卷500份，收回494份，其中有效问卷494份，有效率达98.8%。调研对象特征如表6-9所示。

表6-9 正式调研对象样本特征

特征	分类	人数	百分比（%）
性别	男	239	48.4
	女	255	51.6
当地人	是	455	92.1
	否	37	7.5
年龄	18岁以下	170	34.4
	18~30岁	122	24.7
	31~40岁	90	18.2
	41~50岁	63	12.8
	51~60岁	36	7.3
	60岁以上	13	2.6
受教育程度	高中以下	117	23.7
	高中	255	51.6
	大专	68	13.8
	本科	48	9.7
	硕士以上	4	0.8
职业	学生	210	42.5
	企业人员	49	9.9
	公务员	5	1.0
	事业单位人员	37	7.5
	自由职业者	98	9.8
	农民	20	4.0
	工人	6	1.2
	其他	68	13.8

从表6-9可见，正式调研群体中，男女比例基本均衡，受试群体以中

青年为主，年龄多在30岁以下，受教育程度多为高中及高中以下，职业以自由职业者、其他和学生群体为主，学生群体主要为少量研究生、部分大学生和高中生。受试群体有92.1%的当地人，剩下7.5%的非当地人也大多有5年以上在中卫市居住和工作的经历。整体看，正式调研群体构成多元，具备较强的理解和辨别能力，能为调研提供稳定、可靠及有价值的信息。

6.3.3.1 探索性因子分析

本书采用Cronbach's Alpha系数对正式问卷进行信度分析①。将正式调研问卷导入SPSS20计算后，得到各维度的Cronbach's Alpha系数值如表6-10所示。

表6-10 正式调研量表的探索性因子分析结果

维度名称	Cronbach's Alpha	项数
自然景观的优化	0.822	6
文化景观的回归	0.850	5
社会景观的表征	0.833	5
生态环境变迁	0.845	4
旅游社会生态福祉	0.798	3
旅游社会发展福祉	0.857	7

如表6-10所示，所有维度的Cronbach's系数均大于0.7的标准，表明量表的信度较好。

本书采用SPSS20对回收的正式调查问卷做探索性因素分析，结果表明，KMO值为0.925，Bartlett的球形度检验为7432.953，*df*为435，显著性水平$p=0.000<0.05$，说明数据适合做因子分析。

① 张辉，徐红罡．触“景”会生“情”吗？——旅游体验场景和目的地熟悉对游客地方依恋的影响[J]．旅游学刊2023，38(6)：1-16.

参考已有旅游研究①②，采用主成分分析，特征值大于1的方法提取公因子，选用最大方差法进行因子旋转，并根据以下标准进行数据优化：①逐一删除所有因子载荷值<0.4的题项；②逐一删除同时在两个因子上的载荷值达到0.4的题项；③删除只含有一个题项的因子。按以上原则对题项逐一删除后将数据代入SPSS20，得到初测量表的总方差解释表，见表6－11。

表6－11　正式调研量表的总方差解释

成分	初始特征值			旋转平方和载入		
	合计	方差百分比（%）	累计百分比（%）	合计	方差百分比（%）	累计百分比（%）
1	10.796	35.986	35.986	3.786	12.622	12.622
2	2.2	7.333	43.319	3.372	11.239	23.861
3	1.863	6.210	49.529	3.348	11.160	35.020
4	1.467	4.890	54.419	3.309	11.029	46.049
5	1.229	4.095	58.514	2.723	9.078	55.128
6	1.101	3.671	62.185	2.117	7.058	62.185
7	0.857	2.855	65.040			
8	0.847	2.824	67.864			
9	0.727	2.423	70.287			
10	0.678	2.260	72.546			
11	0.651	2.170	74.716			
12	0.629	2.096	76.812			
13	0.588	1.961	78.773			
14	0.578	1.926	80.699			
15	0.53	1.768	82.467			
16	0.519	1.731	84.199			
17	0.471	1.572	85.770			

① 王舒媛，白凯．西安回坊旅游劳工移民的地方依恋与幸福感[J]．旅游学刊，2017，32(10)：12－27.

② 金红燕，孙根年，张兴泰，等．传统村落旅游真实性对旅游者环境责任行为的影响研究：怀旧和道家生态价值观的作用[J]．浙江大学学报(理学版)，2022，49(1)：121－130.

续表

成分	初始特征值			旋转平方和载入		
	合计	方差百分比（%）	累计百分比（%）	合计	方差百分比（%）	累计百分比（%）
18	0.444	1.481	87.251			
19	0.427	1.423	88.674			
20	0.400	1.334	90.009			
21	0.390	1.300	91.309			
22	0.370	1.233	92.542			
23	0.362	1.208	93.750			
24	0.320	1.068	94.819			
25	0.312	1.039	95.858			
26	0.293	0.978	96.835			
27	0.270	0.901	97.736			
28	0.251	0.835	98.571			
29	0.242	0.807	99.379			
30	0.186	0.621	100			

注：提取方法为主成分分析。

由表6－11所知，数据旋转后得到6个公因子，累计方差解释率为62.185%，表明提取的公因子对问卷数据具有良好的解释力。

按以上原则对题项逐一删除后进行因子旋转，得到目的地居民视角下景观要素建构、生态环境变迁与旅游社会生态福利之间关系的碎石图，如图6－3所示。

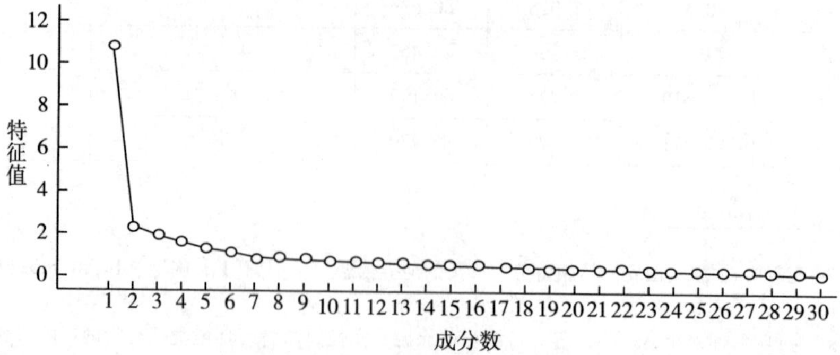

图6－3 正式调研量表碎石图

由图6－3可知，碎石图的拐点在6～7位置，说明样本数据提取6个公因子是合适的。

6.3.3.2　验证性因子分析

本书对由自然景观的优化、文化景观的回归、社会景观的表征、生态环境变迁、旅游社会生态福祉、旅游社会发展福祉6个潜变量构成的测量模型进行验证性因子分析。经计算得到测量样本的聚敛效度，结果见表6－12。

表6－12　正式测量样本的聚敛效度结果

潜变量	观测变量	因素负荷量	AVE	CR
自然景观的优化	ZRJG6	0.713	0.4526	0.8321
	ZRJG5	0.672		
	ZRJG4	0.652		
	ZRJG3	0.664		
	ZRJG2	0.676		
	ZRJG1	0.658		
文化景观的回归	WHJGB14	0.787	0.5333	0.8484
	WHJGB13	0.819		
	WHJGB12	0.812		
	WHJGA11	0.626		
	WHJGA8	0.570		
社会景观的表征	SHJG27	0.738	0.5152	0.8413
	SHJG26	0.769		
	SHJG25	0.658		
	SHJG24	0.722		
	SHJG28	0.697		
生态环境变迁	STHJ29	0.795	0.5685	0.8396
	STHJ30	0.815		
	STHJ31	0.740		
	STHJ32	0.656		
旅游社会生态福祉	LYSHFLA35	0.620	0.5809	0.8036
	LYSHFLA34	0.813		
	LYSHFLA33	0.835		

续表

潜变量	观测变量	因素负荷量	AVE	CR
旅游社会发展福祉	LYSHFLB42	0.713	0.4757	0.8633
	LYSHFLB41	0.726		
	LYSHFLB40	0.714		
	LYSHFLB39	0.751		
	LYSHFLB38	0.663		
	LYSHFLB37	0.590		
	LYSHFLB36	0.658		

由表6－12可见，各维度的AVE值均达到0.4以上，CR值均大于0.7，一般的判别标准是AVE值大于0.5，CR值大于0.7则达到最佳状态，但是当CR值高于0.6时，AVE值达到0.4的水平是可以接受的①。整体来看，模型的聚敛效度良好。

将正式调研数据导入AMOS22进行假设模型的结构效度分析，经修正调整，假设模型的拟合结果见表6－13。

表6－13　模型拟合标准及检验结果

拟合指标	适配标准	景观要素建构的拟合系数	旅游社会生态福利的拟合系数	整体的拟合系数（调整前）	整体的拟合系数（调整后）
CMIN/DF	(1～3)	2.558	2.924	3.109	2.602
RMSEA	<0.08	0.056	0.062	0.065	0.057
GFI	>0.8	0.946	0.967	0.858	0.869
AGFI	>0.8	0.924	0.936	0.832	0.881
CFI	>0.9	0.959	0.975	0.885	0.914
IFI	>0.9	0.959	0.975	0.886	0.914
TLI	>0.9	0.949	0.959	0.872	0.903

由表6－13得知，各项指标均达到了适配标准值以上，说明假设模型拟合效度良好。

① BAGOZZI R P. Evaluating structural equation models with unobservable variables and measurement error: a comment[J]. Journal of Marketing Research, 1981, 18(3):375－381.

区别效度的检验可以通过比较各潜变量的平均提取方差的算术平方根与其他变量的相关系数来决定。当平均提取方差的算术平方根大于相关系数时，表明变量存在区别效度①。经计算，假设模型各维度的区别效度见表6－14。

表6－14 假设模型区分效度

	自然景观的优化	文化景观的回归	社会景观的表征	生态环境变迁	旅游社会生态福祉	旅游社会发展福祉
自然景观的优化	0.453					
文化景观的回归	0.191***	0.533				
社会景观的表征	0.148***	0.17***	0.515			
生态环境变迁	0.129***	0.145***	0.155***	0.569		
旅游社会生态福祉	0.147***	0.191***	0.184***	0.151***	0.581	
旅游社会发展福祉	0.102***	0.155***	0.125***	0.112***	0.163***	0.476
AVE平方根	0.673	0.730	0.718	0.754	0.762	0.690

注：*** 表示 p 小于0.01。

由表6－14可见，潜变量自然景观的优化、文化景观的回归、社会景观的表征、生态环境变迁、旅游社会生态福祉、旅游社会发展福祉两两之间均呈现显著相关性（$p<0.01$）；此外，其相关性系数绝对值均小于0.5，且小于对应的AVE平方根，说明各潜变量间既具有一定相关性又具有一定区分度，即量表数据区分效度理想。

6.3.3.3 假设验证

使用结构方程模型对上述的所有研究假设进行检验。结果如表6－15所示。

表6－15 变量之间的路径系数及显著性检验结果

路径	非标准化系数	S.E.	C.R.	p	标准化系数	显著影响	结论验证
自然景观的优化→生态环境变迁	0.125	0.061	2.051	0.0400	0.137*	显著正向	成立

① 张辉，徐红罡．触“景”会生“情”吗？——旅游体验场景和目的地熟悉度对游客地方依恋的影响[J]．旅游学刊，2023，38(6)：122－135.

续表

路径	非标准化系数	S. E.	C. R.	p	标准化系数	显著影响	结论验证
文化景观的回归→生态环境变迁	0.043	0.038	1.117	0.2640	0.062	不显著	不成立
社会景观的表征→生态环境变迁	0.626	0.073	8.565	0.0003	0.636***	显著正向	成立
生态环境变迁→旅游社会生态福祉	0.104	0.099	1.045	0.2960	3.000	不显著	不成立
生态环境变迁→旅游社会发展福祉	0.146	0.068	2.163	0.0310	0.158*	显著正向	成立
自然景观的优化→旅游社会生态福祉	0.001	0.081	0.012	0.9910	0.001	不显著	不成立
自然景观的优化→旅游社会发展福祉	-0.054	0.055	-0.974	0.3300	-0.064*	显著负向	不成立
文化景观的回归→旅游社会生态福祉	0.162	0.052	3.138	0.0020	0.182**	显著正向	成立
文化景观的回归→旅游社会发展福祉	0.154	0.036	4.227	0.0002	0.240***	显著正向	成立
社会景观的表征→旅游社会生态福祉	0.726	0.117	6.224	0.0003	0.573***	显著正向	成立
社会景观的表征→旅游社会发展福祉	0.433	0.081	5.327	0.0004	0.476***	显著正向	成立

注：*表示 p 小于 0.05，**表示 p 小于 0.01，***表示 p 小于 0.001。

将 AMOS 绘制的修正后的结构方程假设模型图导出，见图 6－4。

为更加清晰地展现假设模型图各维度之间的显著性影响关系，本研究将修正后的结构方程假设模型图进行简化，生成图 6－5。在图 6－5 中，实线箭头表示影响效应显著，值为正表示正向显著，值为负则表示负向显著，虚线表示影响效应不显著。

综合表 6－15、图 6－4、图 6－5 后发现，H1a 不成立，即证明自然景观的优化对旅游社会生态福祉有显著的正向影响不成立；H1b 成立，即证

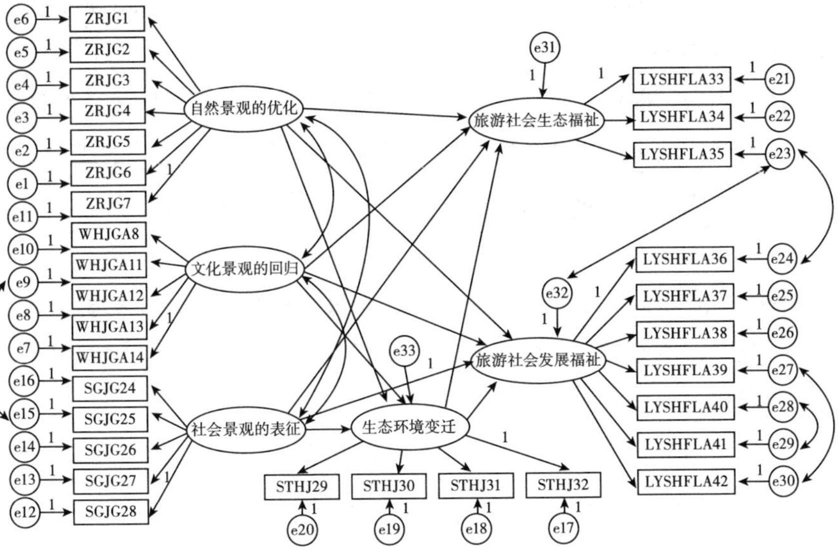

图 6－4　修正后的结构方程假设模型

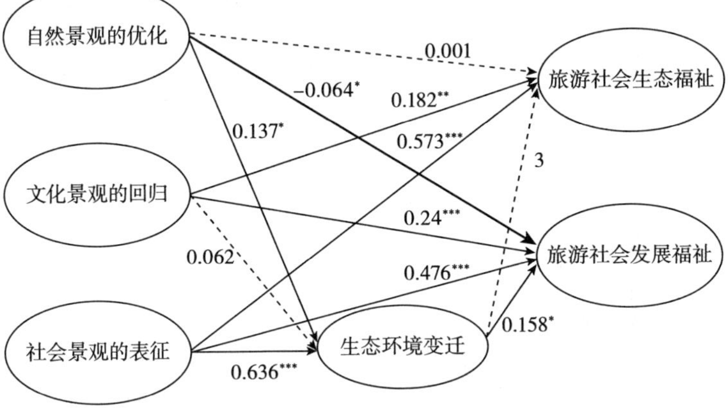

图 6－5　结构方程假设模型简化图

注：* 表示 p 小于 0.05，** 表示 p 小于 0.01，*** 表示 p 小于 0.001。

明文化景观的回归对旅游社会生态福祉有显著的正向影响；H1c 成立，即证明社会景观的表征对旅游社会生态福祉有显著的正向影响。

H2a 不成立，且显著负向，即证明自然景观的优化对旅游社会发展福祉有显著的负向影响；H2b 成立，即证明文化景观的回归对旅游社会发展福祉有显著的正向影响；H2c 成立，即证明社会景观的表征对旅游社会发展福祉有显著的正向影响。

H3a 成立，即证明自然景观的优化对生态环境变迁有显著的正向影响；H3b 不成立，即证明文化景观的回归对生态环境变迁有显著的正向影响不成立；H3c 成立，即证明社会景观的表征对生态环境变迁有显著的正向影响。

H4a 不成立，即证明生态环境变迁对旅游社会生态福祉有显著的正向影响不成立；H4b 成立，即证明生态环境变迁对旅游社会发展福祉有显著的正向影响。

本书使用 Bootstrap 方法对假设模型的中介效应进行检验，将数据代入 SPSS20 中，利用 Process 插件进行回归分析后得出中介效应的检验结果，见表 6 - 16。

表 6 - 16　假设模型中介效应检验结果

路径	中介效应值	95% 置信区间			效应占比（%）	中介检验结论
自变量→中介变量→因变量		Boot 标准误	Boot LLCI	Boot ULCI		
自然景观的优化→生态环境变迁→旅游社会生态福祉	0.2415	0.0514	0.1494	0.3489	45.6	完全中介
文化景观的回归→生态环境变迁→旅游社会生态福祉	0.1515	0.0319	0.0945	0.2188	36.8	部分中介
社会景观的表征→生态环境变迁→旅游社会生态福祉	0.1770	0.0644	0.0774	0.3225	28.8	部分中介
自然景观的优化→生态环境变迁→旅游社会发展福祉	1.9000	0.3225	1.2936	2.5649	50.9	部分中介
文化景观的回归→生态环境变迁→旅游社会发展福祉	1.0978	0.1957	0.7456	1.5096	33.7	部分中介
社会景观的表征→生态环境变迁→旅游社会发展福祉	1.4905	0.2860	0.9516	2.0893	33.9	部分中介

由表 6 - 16 可知，生态环境变迁在自然景观的优化与旅游社会生态福祉中起完全中介作用，但生态环境变迁在文化景观的回归与旅游社会生态

福祉之间、社会景观的表征与旅游社会生态福祉之间、自然景观的优化与旅游社会发展福祉之间、文化景观的回归与旅游社会发展福祉之间、社会景观的表征与旅游社会发展福祉之间起部分中介作用。从中介效应的占比看，生态环境变迁在自然景观的优化与旅游社会发展福祉之间起的部分中介作用最强。

6.4 结果分析

研究以沙坡头为例，基于扎根理论研究方法，开发了目的地居民视角下沙漠旅游目的地景观要素建构、生态环境变迁与旅游社会生态福利之间关系的测量量表，将景观要素建构划分为自然景观的优化、文化景观的回归与社会景观的表征三个维度，将旅游社会福利分为旅游社会生态福祉与旅游社会发展福祉两个维度，以生态环境变迁为中介变量建立假设模型，并进行了实证研究。其结果总体而言，景观要素建构影响下的旅游社会福利效应，其正面效应远大于负面影响，说明在沙坡头进行自然景观、文化景观与社会景观的建构，有助于旅游社会福利的溢出。同时，当生态环境得到持续改善与优化时，整体上会提升景观要素建构产生的旅游社会福利溢出。具体而言，研究发现：

(1) 景观要素建构对旅游社会生态福祉的影响。综合表 6－15、图 6－4、图 6－5 可知，自然景观的优化对旅游社会生态福祉的影响不显著，文化景观的回归对旅游社会生态福祉有显著的正向影响，社会景观的表征对旅游社会生态福祉有显著的正向影响。表明对古建筑、遗址、传统村落的保护开发与利用，能提高沙坡头的现代化建设水平并促进城乡经济社会的协调发展。沙坡头沙漠治理技术影响力的传播、治沙经验的成功、沙漠旅游形象的宣传等，对提高沙坡头城乡现代化建设水平也有显著的促进作用。而就自然景观的优化而言，对问卷题项 ZRJG2、ZRJG3、ZRJG6 赋值“比较不同意”的比例分别占 4%、3.8%、3.6%，这些观念在访谈过程中得到进一步证实。如部分访谈者表示，沙坡头的黄河文化宫和金沙岛附近，存在具有休闲娱乐与旅游价值的景观建筑与设施，但因触及生态红线，被强制拆除。此现象反映出缺乏长远规划与顶层设计思维，造成资源浪费，在一定程度上阻碍了城乡建设与协调发展。

（2）景观要素建构对旅游社会发展福祉的影响。综合表6－15、图6－4、图6－5可知，自然景观的优化对旅游社会发展福祉有显著的负向影响，文化景观的回归对旅游社会发展福祉有显著的正向影响，社会景观的表征对旅游社会发展福祉有显著的正向影响。表明对古建筑、遗址、传统村落的保护开发与利用，能提高沙坡头沙漠旅游发展水平并促进经济社会全面协调与可持续发展。沙坡头沙漠治理技术影响力的传播、治沙经验的成功、沙漠旅游形象的宣传等，也能提高沙坡头沙漠旅游发展水平并促进经济社会全面协调与可持续发展。然而，2020年以来，受新冠疫情影响，沙坡头旅游发展受到严重打击，其产生的消极影响使得加大对自然景观的建构力度并未有效促进沙漠旅游的发展。调研发现，虽然沙坡头与各景区仍致力于沙漠生态治理工作，但受新冠疫情影响，昔日热闹非凡的沙坡头如今游客日渐稀少，对自然景观进行优化产生的效应在疫情这段特殊时期未产生明显的促进作用。

（3）景观要素建构对生态环境变迁的影响。自然景观的优化对生态环境变迁有显著的正向影响，文化景观的回归对生态环境变迁没有显著的正向影响，社会景观的表征对生态环境变迁有显著的正向影响。表明沙漠生态治理能明显提升沙坡头的自然景观与社会景观建设水平，有利于景观符号的表征与沙漠旅游目的地影响力的传播。而对古建筑、遗址、传统村落进行保护开发与利用等，虽然能促进沙漠旅游发展并促进经济社会全面协调与可持续发展，但其对生态环境的改善与优化影响不明显。因此，持续改善生态环境，需更注重对自然景观和社会景观的建构。

（4）生态环境变迁对旅游社会福利的影响。生态环境变迁对旅游社会生态福祉的正向影响不显著，生态环境变迁对旅游社会发展福祉有显著的正向影响。表明生态环境的持续优化对旅游社会福利的积极影响主要体现在沙漠旅游发展上，这不仅吸纳了大量劳动力、优化了产业结构，而且促进了旅游业的可持续发展。由此可见，改善和优化沙漠生态环境对于促进经济社会协调发展，提高人民生活水平，增强大众获得感与幸福感有积极的作用，也印证了生态文明建设既要注重生态环境建设又要注重社会经济发展。如此，方能实现资源利用的帕累托最优状态，形成生态与旅游协调发展的良好局面。

此外，由表6－16可知，生态环境变迁作为中介变量，在景观社会建构与旅游社会福利之间起到了中介传导作用。尽管景观要素建构在不同程度上影响着旅游社会福利，但生态环境变迁会显著加剧这种影响效应。其中，尤为突出的是，当生态环境得到持续改善与优化时，会极大增强自然景观建构带来的旅游社会生态福祉的溢出效应。

综上，假设模型的建立，为全面系统地审视人为建构景观要素生成的旅游社会福利研究提供了有力的实证参照。同时，该假设模型的验证结果说明：在沙漠地区进行植树造林有利于维护沙漠生态环境；对沙漠景观进行多元化的社会建构有利于旅游社会福利效应的溢出。

6.5　本章小结

本章从沙坡头居民主体视角出发，在进行深度访谈的基础上，采用扎根理论的方法，总结凝练出景观要素建构的三个维度，即自然景观的优化、文化景观的回归、社会景观的表征；抽取出旅游社会福利的两个维度，即旅游社会生态福祉和旅游社会发展福祉；并在此基础上，开发了景观要素建构、生态环境变迁与旅游社会福利关系的测量量表，建立了以景观要素建构为自变量，生态环境变迁为中介变量，旅游社会福利为因变量的假设模型，且对模型进行了实证检验。结果发现，总体上，景观要素建构影响下的旅游社会福利效应，其正面效应远大于负面影响。同时，当生态环境得到持续改善与优化时，整体上会提升景观要素建构带来的旅游社会福利的溢出效应。

7 景观要素建构与旅游地可持续发展的互动关系

本章旨在厘清景观要素建构与沙坡头旅游地可持续发展之间的互动关系，明确两者是相互胁迫的关系，还是相互促进的关系，抑或是在交互胁迫中相互促进的关系。研究遵循“生态重塑—价值凝结—效益溢出”的逻辑分析主线，以自然的商品化——沙漠旅游地的生成与演化进程为研究切入点，采用多重理性的辩证分析视角，即工具理性与价值理性分析视角、人类中心主义思想与非人类中心主义思想分析视角、功利主义思想与道德主义思想分析视角，结合案例地调研实际，解构景观要素与旅游地可持续性之间的互构关系。挖掘出隐含在景观要素建构方式变迁与区域旅游结构变化背后“自然—社会—自然”的关系。

7.1 生态环境压力促使沙漠景观要素改善

沙漠生态环境的胁迫会促使当地多元群体响应宏观政策，结合地方实际与本地经验，参与协调生态建设与社会发展的动态平衡。在此指引下，行动者常运用工具理性与价值理性，在沙坡头生态环境建设与区域发展中协调“旅游与环境”“生态与发展”“自然与社会”的关系。

工具理性指导下的景观建构注重生态环境优化目标的实现，以“自然”为中心，将治理沙漠生态、增加绿地面积、抵御沙尘暴侵袭作为景观建构的出发点。价值理性指导下的景观建构注重景观旅游价值的溢出，以“社会”为中心，通过优化改善自然环境来实现经济社会全面发展与城乡和谐共进。经调研发现，双重理性约束下，生态环境建设激活了景观的旅游潜力。旅游融入后，景观的社会再构发挥了促进多元群体参与旅游的情感征召功能，促使他们积极投身沙坡头旅游事业。研究发现，无论是工具理性还是价值理性指导下的景观要素建构，均殊途同归，既促进了生态环境的改善，又推动了沙漠旅游景观符号的生成和沙漠旅游地的生成与发展。

7.1.1　生态环境建设推进激活景观旅游价值

在工具理性指导下，沙坡头经过70余年的“三北”工程建设与沙漠生态治理，使其自然景观和生态环境获得重构与再塑。这一过程阶段性地呈现出从解放前的“沙逼人退”，到20世纪50—70年代的“人进沙退”，再到20世纪80年代至20世纪末的“人沙共存”，直至21世纪初以来的“人沙和谐”社会生态格局变迁。景观的旅游价值因生态环境建设的持续推进得以激活，景观的旅游属性在生态环境改善与优化的背景下得以彰显。如今，“沙绿组合、沙水组合、沙湖组合”的绿色生态轴线和沙漠优化廊道在沙坡头集中呈现，促进了“沙漠水城”“云天中卫”“世界沙都”旅游景观符号的生成，见图7－1。

图7－1　“沙绿组合、沙水组合、沙湖组合”的自然景观

在工具理性指导下，文化景观的保护、开发与利用均围绕推动旅游高质量发展的核心目标展开。这一行动逻辑促使旅游业的兴盛给文物带来了更多的保护与修缮机会，同时激活了沙坡头物质与非物质文化遗产的旅游潜力。非遗商品的旅游化转型，以及传统村落因旅游发展而进行的保护与开发，均焕发出了新的生机。在研究区域内，为满足游客需求所进行的文化景观修复与重构，不仅改造、提升了城乡面貌，深化了沙坡头的历史文化底蕴，而且优化了公众休闲游憩娱乐空间。这一系列举措分阶段推动了“花儿杞乡”“西北的摩洛哥”“星星的故乡”等旅游城市符号的生成与发展。

上述旅游城市符号表征的形成，主要受旅游业“推—拉”效应的驱动与影响。一方面，沙坡头旅游产品多元化发展的需求，以及沙漠旅游形象的推广诉求，成为推动当地探索文化与旅游产业融合发展路径的动力，旨在寻求高质量、可持续的发展模式，从而加速了文化景观的梳理、整合与利用进程。另一方面，文旅产业融合发展的需求，以及文旅产业提质、转型、升级的迫切要求，构成了行业内部的压力与驱动力，拉动当地不断深化和拓展对沙坡头文化景观的梳理、整合与利用，期望借助历史文化资源的独特魅力和融合能力，展现地域特色和产业风貌，进而达成服务社会经济发展的目标。文化景观要素在研究区的整合利用与提升，映射出当地在制定中长期发展规划中，积极探索产业融合发展路径的改革与指导历程。

在工具理性指导下，“麦草方格”、包兰铁路及“五带一体”等社会景观符号，随着生态环境的改善与文化景观的重塑而逐渐凝练成形，它们不仅成为当地治沙历程的标志，而且深刻体现了治沙精神，具体见图7－2。这些符号在沙坡头的各旅游景区内与沙漠、绿地景观巧妙融合，共同构成了沙坡头独特的自然景观与人为构景相结合的特色风貌。它们以社会景观符号的形式，向国内外游客生动展示了沙坡头在生态文明建设与区域社会发展方面取得的辉煌成就。

在沙坡头，治沙固绿、植草种树的习俗，在“三北”工程等持续推动下，深深根植于当地社会组织与民众的生活之中，还演化成一种生产方式、生活方式、价值观念与日常行为，进而升华为一种文化自觉与精神导向。这种精神通过“麦草方格”、包兰铁路、“五带一体”等社会景观符号得以具象展现。这些具象化的社会景观符号，与“麦草方格”、包兰铁路、“五带一体”的表征一道，融入当地的自然、生态、经济、社会发展，成为代表当地特色、彰显品格与特质的抽象化象征。如图7－2所示，这些社

图7－2　“麦草方格”、包兰铁路、“五带一体”社会景观在各景区穿插交织

会景观不仅记录了当地人向沙漠挑战的历史时刻，而且展示了多年生态治理、修复与优化的丰硕成果。更重要的是，这些社会景观符号凝聚了当地人的治沙智慧与成就，彰显了坚定的治沙决心、信心与精神。它们生动展示了人类在深刻认识自然基础上，改造、开发与利用自然的中国经验与智慧。

7.1.2　景观再构促进多元群体旅游情感征召与行动响应

在价值理性指导下，景观要素的建构聚焦沙漠这一改造对象，旨在拓展更为广阔的生产生活空间、优化人居环境，赋予人们追求幸福生活的权利，并满足人们对美好生活的向往。这一过程旨在实现景观价值的再生产，从而激发多元群体积极参与景观建设与旅游发展的热情与动力。

在价值理性指导下，自然景观的建构面临三方面的压力与动力。其一，生态环境胁迫促使中央与地方管理者深思人类的生存权利与发展需求。昔日沙坡头因紧邻沙漠而陷入生存与发展困境，既阻碍了社会的发展进步，又威胁到人类的存续。因此，探索如何在沙漠地带实现人与沙漠和谐共存、人与社会全面发展，成为时代与发展的迫切需求。“三北”工程的规划、实施，其初衷之一便是推动社会发展、增进人民福祉，故而当地自然景观的构建均围绕人的生存与发展展开。人类不仅是自然景观塑造的主体，而且是生态环境改善后的最大受益者，因此，自然景观改造工作多集中在沙坡头的城乡生产生活区域，并逐步向沙漠地带扩展。其二，生态环境修复旨在提升生态系统服务价值，其工作重心在于改善人的生产与生活环境。在沙坡头，集“山—水—林—田—湖—草”于一体的自然景观组合的形成，既是生态环境修复历程的见证，又是当地人居环境质量提升的明证，生动诠释了“以人民为中心”的发展理念。其三，生态环境优化旨在促进社会生态福利的产生与扩散，其核心在于保障人类生计与社会发展的可持续性。随着生态环境的不断优化，“塞上江南”这一城市景观符号的凝聚与生成，不仅标志着生产生活环境质量的提升，而且彰显了当地生产生活水平与发展质量的飞跃。

在价值理性指导下，对文化景观进行旅游化再构，有效促进了多元群体参与旅游发展，并激发了他们积极投身沙坡头旅游事业的深切情感。一方面，沙坡头精英群体的外流促使当地从情感动员与行动号召的角度出发，唤起这些外流精英对家乡发展的深切关注。当地以“幸福都是奋斗出来的”为情感共鸣点，激发了在外游子与当地居民的地方认同感和家乡依恋，激活了他们的乡土情感，从而吸引了更多群体关注家乡的城乡建设，进一步实现了为当地人谋求发展与福利的目标。另一方面，当地通过对传统节庆习俗和非遗等景观要素进行提升改造，赋予了现代旅游产品更深厚的情感内涵。这不仅激发了人们对往昔“苦”日子的回忆，而且加深了对当前“好”日子的珍惜，并促使他们在参与家乡建设中展现出高度的主体自觉性和能动性。这种基于物质层面的乡愁情感联结，不断向精神层面发出号召，唤醒了当地人的文化自觉意识，增强了他们参与家乡建设与社会发展的意愿。“以前啊，这羊皮筏子我们管它叫‘浑脱’，为什么这么叫呢？还不是因为得把整个羊皮给完整脱下来嘛。早些时候，羊皮筏子是我们的水上交通工具，运粮食、运煤这些的全靠它。现在好了，不用它来运东西了，改成了景区里的漂流项目。游客一来，觉得新鲜，没见过，又是咱们当地的特色，都乐意去试试。羊皮筏子制作手艺，是我们的非物质文化遗产，特别能体现我们过去的生产生活场景。我也有这门手艺，不仅能在景区靠它赚点钱，而且能让这老手艺继续发光发热，游客们都喜欢得不得了，我心里头也是美滋滋的。希望我们的非遗能在景区大放异彩，让大家都感受一下我们沙坡头的文化特色，这也算是展示了我们的地域特色。所以，我特别希望有关部门能多重视非遗的利用，让这些有特色的东西和手艺让更多人知道（V16）。”

图7－3 文化景观的情感征召与感情赋能

图7－3呈现出在价值理性指导下，物质景观的文化凝结功能与情感征召功能。如在沙坡头村，当地把生态环境的治理成果和乡村旅游的发展成就，融入沙坡头区乡村振兴体验中心里。这个体验中心，一方面向外展示着当地的治沙智慧和成效，另一方面宣扬着因参与治沙而带动乡村旅游蓬勃发展的宝贵经验。如今，沙坡头区乡村振兴体验中心不仅是治沙成果的真实展示区和现实体验区，而且是吸引众多党群团体、村镇干部前来沙坡头村交流学习的经验示范区、成效传播区。

此外，在价值理性指导下，沙坡头的非遗传承人发挥了文化的引领示范与技艺传承展演的关键作用。沙坡头景区积极吸纳并聘请当地擅长制作和修复羊皮筏子的非遗传承人加入景区团队。他们在景区内以景区工作人员的身份，实现了从农业向非农业的就业转型，拓宽了生计道路，还通过羊皮筏子漂流活动，向游客展现并讲述着当地人的传统生活风貌和方式。同时，他们肩负起了羊皮筏子的日常管理和维护工作，以及讲解羊皮筏子制作工艺的历史变迁，让游客能更直观、深入地体验和了解当地的传统文化，让传统的非遗技艺在景区以旅游活动的形式得到了更广泛的传播，让更多人得以认识和欣赏。

在价值理性指导下，“麦草方格”这一标志性社会景观的构建，极大地加深了人与土地之间的情感纽带，促进了自然与社会的和谐共生。“我们这一代人对‘麦草方格’的记忆最深，小时候我们就去扎‘麦草方格’，那个年代的人纯朴，干活劲头足，单位或者村里一召唤，我们就成群结队地进沙漠，扎‘麦草方格’。你问问这儿上了岁数的人，基本上家家户户参与过。不管你是城里的还是村里的，那会儿啊，中卫还是县，大家都毫不犹豫地响应号召，因为知道扎‘麦草方格’能够抵御风沙，对我们这里的环境有利啊。(V19)”“‘麦草方格’啊，是我们老一辈的共同回忆，50～60岁以上的人都扎过。虽然现在的学生也有扎草格子的社会实践，但和我们那个年代不一样啊。我们是响应地方政府号召，自觉自愿地去扎，都希望靠扎‘麦草方格’挡住沙尘暴，改善我们的生活环境啊。这段记忆太深刻了，它是我们与自然抗争的精神标识，也是‘人进沙退’治沙效果的符号。那是我们时代的声音，当然它现在也是反映时代发展的最佳代表性景观（V20）。”“麦草方格”作为景观符号与治沙精神的体现，凝聚了当地人共同参与沙漠治理的集体记忆。它与自然景观、文化景观聚合在一起，构成了独具沙漠特色的景观集合体，向世界传达人为改造自然、建构社会的时代之声与发展之音。

在干旱、半干旱地区，得益于中央和地方层面相关工程的积极推动与政策措施的切实落实，人们植树种草的自觉性和防风固沙的主动性得以汇聚成强大的凝聚力。这种力量进一步凝结成坚决的行动响应，并通过景观再构，从提升物质生活水平、增强传统文化学习自觉、增进福祉等多个方面展现出来。同时，在景区和旅游区内再现传统生产生活方式，不仅发挥了汇聚磅礴力量的作用，而且唤醒了当地人的集体记忆，保留了他们的文化和社会记忆。这一过程增强了群体间的社会联系，也弘扬了群体间互助互促的传统社会意识。

7.1.3 双重理性约束下“自然—社会”互构互馈成为必然

在改造自然、重塑生态、引领社会现代化的进程中，人们总期望借物质载体传递各时代话语、精神与情感①。通过物质载体的联结，实现对历史的回溯、现状的分析及未来的预期。在此过程中，物化的景观社会建构必融入人类情感价值追求，成为我们创生与改革的对象。

景观作为情感传递的载体，是自然、文化与社会符号系统的融合，蕴含着丰富的内涵与底蕴。其鲜明的自然地域特色、独特的文化特征与深刻的社会表征，共同赋予了景观生生不息的自然属性、代代传承的文化属性与情感丰富的社会属性②。在多元主体参与景观要素建构的过程中，各类景观被赋予了多重意涵，它们在向“自然的社会”演进的过程中，不断与人的行为、意志、目标产生互动，催生了以工具理性为目标的景观，也孕育了以价值理性为目标的景观符号。因此，景观不仅是供人观赏的物体或解读的文本，而且是一个动态的过程，是一种人类观看世界的方式③，透过它，我们可以窥见不同时代人们意志、情感与精神要素的变迁。

景观要素建构的过程，实质上也是对景观进行符号化塑造的过程，这一过程是将“能指”与“所指”结合为一体的过程④，即意义的生产过程。在景观的建构中，人们选取待治理的沙漠作为载体，将待改造的城乡作为媒介，通过再构沙绿组合自然景观符号，如再构沙坡头的黄河、沙漠与果园景观，实现了固沙增绿的生态建设目标，促进了生态环境的优化；通过重拾与维护文化景观，如实施“三村一域”（沙坡头村、鸣沙村、鸣钟村）规划，统一中卫市区中心建筑风格，以及保护修缮高庙景区等，实现了传统村落与历史文化的保护、开发与利用的目标，促进了文化景观的

---

① 安传艳，翟洲燕，李同昇．传统村落空间的表征与话语权力：基于文本话语的分析[J]．地理科学，2022，42(4)：702－710.

② 张艺馨，陈建文，钟晟，等．基于扎根理论的武汉大学樱花景观叙事研究[J]．地理与地理信息科学，2021，37(6)：135－140.

③ 薛芮，阎景娟．景观管理嵌入乡村旅游人地关系研究的应用框架建构[J]．地理科学进展，2022，41(3)：510－520.

④ [法]罗兰・巴尔特．符号学原理[M]．王东亮，等译．北京：三联书店，1999：25－39.

回归；通过构建与表征社会景观符号，如“麦草方格”“五带一体”等，展现了不同时代的话语权力，积累了地方知识，并再现了时代精神。

综上，景观可视为“符号”，是建立在大地之上，累积人类社会价值观与行为活动的代码系统；景观亦可作为“风景”，成为展现人与自然、自我与他者关系的物理媒介。同时，景观还是“政体”，承载着人类对自然的掌控、人类内部的资本或社会群体间的权力关系①。实际上，自然景观、文化景观与社会景观的形成与演变，是一个主流话语表征、地方性知识生产、不同时代奋斗目标物化赋能的再表征过程。透过这些景观载体与媒介，我们能够剖析出不同时代的人地关系、自然与社会的主要矛盾、不同年代的生产生活需求与精神价值追求。

总而言之，在工具理性与价值理性的指导下，沙坡头沙漠生态环境建设至今已展现出自然景观的优化与文化景观的回归。其社会景观不仅激发了人们的乡愁情怀、回顾了往昔辉煌，而且表征了不同时代的精神风貌，发挥了构建集体记忆与感召时代精神的作用，赢得了沙坡头居民的广泛认可。这些基于景观建构的社会实践与城乡规划，将持续引领当地社会发展方向和生产方式，增强社会主体参与建设的自觉性与自主性，促使城市生态文明建设在理念规划、目标设定与精神感召上更符合多元主体的共同利益，更契合未来社会的发展的趋势。

7.2 景观功能拓展促进沙漠旅游地提质升级

景观要素再构的内在驱动力，旨在丰富景观形态、拓宽景观意义，并为景观赋予更多旅游价值，从而促进旅游地的品质提升与转型升级。在此目标价值指引下，行动者通常会遵循人类中心主义思想与非人类中心主义思想指导下的景观再构逻辑，重组景观功能、重构景观价值，同时兼顾“旅游与环境”“生态与发展”“自然与社会”的动态平衡，实现以景观规

① 陈岗，黄震方．旅游景观形成与演变机制的符号学解释：兼议符号学视角下的旅游城市化与旅游商业化现象[J]．人文地理，2010，25(5)：124－127.

划建设为体，以旅游提质升级为用的区域经济社会发展目标。

人类中心主义思想指导下的景观要素建构强调对“人”的关怀，着重塑造景观的叙事功能与意义功能。非人类中心主义思想指导下的景观要素建构侧重于对“自然”的关注，着重景观旅游符号意象的生产与景观社会表征功能的生成。通过旅游化开发，沙坡头的旅游特色得以彰显。调研显示，尽管在双重主义的影响下，景观再构在某些方面偏离了历史与现实的轨道，但总体上，对景观功能的多方面再构推动了旅游的转型与提质升级，有利于沙漠旅游的高质量发展。

7.2.1　生态环境的旅游化建构赋予景观叙事功能

在人类中心主义思想的影响下，物质化的自然景观被赋予了更多“人化”的功能和意义。常用于改善和优化沙漠生态环境的草本与木本植物，如樟子松、花棒、沙冬青等，其功能不仅体现在植草增绿、扩大绿化面积和抵御风沙侵袭上，而且在人们优化与建构自然景观要素的过程中，这些植物还被赋予了更为丰富的情感价值和表征意义。它们不仅在当地生态环境中发挥着积极作用，而且内化为具有深刻内涵的景观符号，通过物质媒介再生产出情感与价值，深刻体现出当地人对生态建设的价值认同与情感共鸣，见图 7－4。

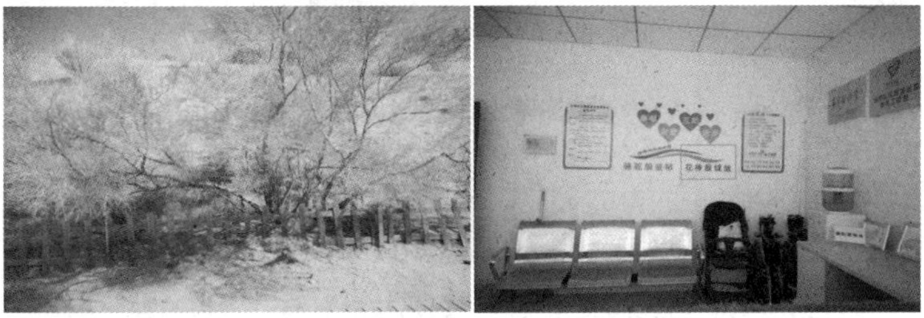

图 7－4　人类中心主义思想影响下自然景观的“人化”建构

适应干旱、半干旱环境，兼具防风固沙与景观绿化功能的花棒，在沙坡头景区被建构者赋予了双重价值意蕴。其一，利用花棒优化景观环境，提升自然景观的多样性。其二，花棒被赋予了象征意义，隐喻着多元群体共建家乡、改造沙漠的奉献精神与奋斗姿态，同时彰显环境优化与社会发展并进的示范效应。以此为参照，沙坡头的各类草本、木本植物在经历“物化”改造与利用的同时，被赋予了丰富的“人化”意义建构。

沙坡头将当地生态环境修复与优化的花棒视为人与自然勇敢抗争的精神象征，对其进行符号化与抽象化处理，使之成为代表当地人坚韧不拔、持续进取、勇于拼搏的标志性符号。在沙坡头景区，花棒与志愿者精神紧密相连，以“骆驼般坚韧，花棒般绽放”为口号，生动诠释志愿者奉献、友爱、互助、进步的服务精神，进一步丰富了花棒的文化内涵，彰显了它如花儿般坚韧绽放的不屈精神。在当地，展示固沙植物花棒、讲述治沙历程、弘扬治沙精神已成为众多景区的必备环节。通过阐释治沙行动、展现治沙过程、展示治沙经验、再现治沙故事，沙坡头及其周边景区为“人化”景观增添了深厚的价值底蕴，使景观的文化功能与叙事功能得以全面、立体的呈现。

在人类中心主义思想的驱动下，管理者与规划师凭借对当地人文历史的理解建构的景观雕塑、旅游地标、仿古仿真标识，尽管在某些层面使历史与现实略显偏离轨道，但在一定程度上实现了人文景观价值的再生产，显著加深了游客对目的地景观的印象，见图7－5。

图7－5　再构的文化景观“白马拉缰”与“沙坡鸣钟”

原为讲述当地修渠灌溉传说故事的“白马拉缰”，因缺乏历史考证，规划者在简单理解的基础上，将其以白马雕塑的景观小品形式进行标识。尽管这种方式较难赢得当地居民的情感认同与价值认可，但仍留下了标志性的人文景观印记（见图7－5）。“白马拉缰的故事，只有我们上了年纪，了解中卫历史文化的人才知道这个故事的大概。只有少数人知道白马拉缰的故事发生地。这样的历史和传说我认为不应该消失，这可是我们祖祖辈辈留下来的文化遗产，真正体现中卫地域性和历史性的遗产。中卫是一座有历史、有底蕴的城市，也是一座英雄城市，我就赞成沙坡头景区的做法，将白马拉缰的故事以雕塑的形式呈现，赋予它新的生命和内涵，使它成为我们的一处标志性景观，既能让当地人更深入地了解中卫的历史，又能让外地游客更好地知晓中卫的故事。(V20)”“白马拉缰讲的是我们祖先修渠引水的故事。过去老百姓种庄稼极不容易，靠天吃饭。下大雨时担心洪水冲毁渠坝，刮大风时又怕沙埋渠道。掌管水利的渠官也日夜忧虑。一天夜里，一个渠官愁得睡不着觉，他在睡意蒙眬的状态下，仿佛看见一匹白马拖着缰绳在野地里行走，他便尾随其后，直到一座山下，白马不见了。后来他被鸡鸣声叫醒，他对自己的这个梦境生出极大的好奇，于是便外出查看河道的情况。沿途，他果然发现野地上留有白马拉缰的痕迹。他认为这和他的梦境非常契合，并认为是神仙派白马来给他指引修建水利的方位。于是，这个渠官带领乡民按照白马留下的缰痕修建水渠，最终顺利建成，这就是我知道的关于美利渠的传说。如今，景区白马拉缰景观的构建就取自白马拉缰故事的原型。景区就依样塑造了一个雕塑在那里，但是这个渠对当地人的价值与意义，以及给当地发展带来的影响没有展现出来，让我们的黄河文化、丝路文化仅停留于历史故事中，挺可惜的。希望相关专家能为我们出谋划策，让我们的历史文化焕发光彩，创造新的价值。(V21)”

本为风吹沙响、自然生态奇观的“沙坡鸣钟”，因沙漠生态优化而消失了，沙坡头景区规划者就根据字面意义将“鸣钟”意构为撞钟而发生的钟鸣声（见图7－5）。“我们的沙坡鸣钟，和内蒙古的响沙湾、甘肃的鸣沙山的命名是一个道理，它其实啊，就是风吹沙子发出来的声音，这是大自然的声音，也是沙漠地区才有的自然现象。所以我们才根据这一大自然的神奇现象，赋予它们不同的名字，沙坡鸣钟、响沙湾、鸣沙山，不都是说风吹沙响发出的声音嘛！你们学旅游的师生就知道嘛，一般在做旅游项目规划或者景区规划的时候，会根据当地的旅游资源、历史文化底蕴，以及自然地理特点来命名，突出当地的特色和优势，也让游客被这样的一些名字和名字背后的故事吸引，才来这里旅游（V19）。”“中卫沙坡鸣钟的由来和你们现在在沙坡头景区看见的沙坡鸣钟亭是不一样的，是两个意思。中卫之所以因沙坡鸣钟而出名，是因为过去风沙大，刮风的时候，沙子会发出‘嗡嗡’的钟鸣声，人们滑沙的时候也会发出嗡嗡声，沙子发出的声音和钟声一样。这个名字的由来就和内蒙古的响沙湾，甘肃的鸣沙山一个道理，都是因为风吹沙响而得名。现在生态环境变好后，很难见到风沙了，也很难再听到沙坡鸣钟的声音了。可是沙坡头景区里只是简单地建起了沙坡鸣钟亭，定时敲钟，这其中的由来很多人就不知道了（V20）。”尽管这种景观再构方式使得历史与事实有所偏离，但它仍在一定程度上凸显了人文景观的文化内核。不可否认，单一的文化景观的符号表达方式易导致景观的刻板印象和失真，进而造成传统与现代的时空异化，抑制和限制了历史文化景观的传承与发展。因此，旅游地在未来的景观规划实践中，应更注重历史文化内核的创造性转化和创新性发展，以此提升目的地形象。

在人类中心主义思想驱动下，社会景观的集体记忆重构功能、精神感召引领功能、时代发展刻写功能得以符号化再现，其中，沙坡头的“麦草方格”尤为显著。这一景观通过持续再构，向游客与年青一代讲述当地生态演变进程，人沙斗争历程，以及一代代中卫人民投身治沙植绿的奋斗过程。这一社会景观符号的生成，随着时代的变化而不断和自然发生互动与互构，赋予了景观记忆传递与精神感召的意义。“我们那一代，每个人都扎过草格子（麦草方格），那是我们共同的时代记忆啊。那时，我们都是自带麦草或稻草，徒步背到沙漠中去扎草方格，现在生活好了，娃娃们可能都没有像我们那个年代那样扎过草格子了（V10）。”“沙坡头的治沙可以说是人类征服自然的一个乐章啊，它凝结的是我们黄河儿女的智慧。我们治沙获得的‘全球环境保护500佳’称号和‘国家科技进步奖特别奖’，又转化为一种精神召唤，激励大家把这种吃苦耐劳、坚韧不拔、勇于奋斗的精神传承下去（V12）。”

社会景观符号在被多元主体赋予各种意义并且被多元主体用于叙事表达的同时，随着生态环境的变迁和当地人生产生活方式变迁、感知认识变化而发生功能、作用与意义的变化。“我们这个地方，最开始就是因为治沙而出名的，治沙最有名的技术就是‘麦草方格’。这项技术是当地老百姓在治沙过程中无意发现的。在过去，很多外宾就是为了看和学习我们这个治沙技术才到沙坡头来的。我们的治沙技术，还在国际上获过奖，被授予‘全球环境保护500佳’的称号。来参观过的外宾都盛赞我们的‘麦草方格’治沙固沙工程是世界奇迹（V12）。”“我把‘麦草方格’叫作‘失落的文明’。为什么这样说呢，我们的‘麦草方格’凝结了大家共同的治沙智慧，你看，你现在还能在沙漠附近看见‘麦草方格’，它真的是治沙实践一道最美丽的景观。它承载了我们，特别是老一辈人太多的回忆。那个时候，风沙肆虐，生活环境远不及现在好啊，那一代人都参与过扎草格子。那会儿，我们扎草格子都不要钱，大家无私奉献，无偿劳动，都希望通过亲手扎出来的草格子护卫我们当时生活的环境。现在，‘麦草方格’的知名度虽然还在，但是没有内蒙古那些地方的治沙技术名气大。可就是这样，我们那一代人对‘麦草方格’的记忆才更深啊，它是我们那一代人共同的记忆啊。希望你们能通过这次学术研究，把‘麦草方格’的重要地位与意义帮我们传播出去（V14）。”因此，在社会景观符号持续演变的过程中，当地需结合时代特色，精心挑选能体现沙坡头治沙实践与影响社会变迁的社会景观符号，充分利用社会景观的精神传导与价值传递功能，深化对景观要素叙事内涵的挖掘，加强景观要素集体记忆的搜集与整理，并传承与弘扬其精神引领的核心，以在“人化”实践与再构中实现质的飞跃，赢得更多地方性知识话语的传播权。

7.2.2　城乡生态的旅游化再构生产景观符号意义

在非人类中心主义思想的引领下，自然景观被赋予了更丰富的“物化”内涵。其建构逻辑，始于对生态胁迫的响应，终于生态环境的优化，核心价值在于通过持续推进“三北”工程和防风固沙任务，分阶段、历时性地实现沙坡头的“生态修复—生态改善—生态优化”。以此为导向，自

20世纪70年代“三北”工程启动以来，沙坡头的生态景观发生了巨变，自然景观格局呈现出跨越式发展与旅游化开发的态势。昔日黄沙蔽日、缺水乏绿的景象已成过往，“云天中卫”“沙漠湖城”的旅游城市新形象蔚然成形，同时激发了沙漠旅游的带动效应与乡村旅游的促进效应，见图7-6。

图7-6 自然景观的“物化”属性——“云天中卫”“沙漠湖城”的旅游城市景观意象

如图7-6所示，中卫市“五馆一中心”周边，荷塘、廊道与场馆在中卫新区集中呈现。利用中卫自然特色的沙湖进行规划，建设了集中展示中卫历史沿革与文化变迁的博物馆，并汇集了提供市民休闲、娱乐、运动的体育场馆、文化馆等设施。此举不仅满足了县改市城市扩展的指标要求，而且展现了中卫市的自然生态风貌与历史文化底蕴，彰显了中卫市城乡改革与发展的历程。“我们由县改市，其中的一项评价指标就是城镇化率得达到一定的水平。‘五馆一中心’的建设就是为了展示我们的城镇化率。当然这也是政府顶层规划设计的结果。我认为这挺好的，住在这附近的人，下班后常来逛逛，这里地方宽敞、空气清新、绿植丰富。这些场馆，特别是博物馆，很值得一游，只是新冠疫情期间只能限流开放。等疫情过后，亲朋好友来访，我会带他们去博物馆逛逛，了解我们的历史文化。也会带他们去香山公园游玩，让他们看看中卫并不是他们想象中的干旱荒凉之地，而是有沙、有水、有湖、有草、有绿的地方，‘沙漠湖城’的称号名副其实，是根据我们的特点取的名字（V20）。”这种城乡生态的旅游化再构，加速了具有当地代表性景观符号与景观意义的生产和生成。

在中卫市的标志性城市公园——香山公园内，自然景观如沙、湖等被融入公园设计中，不仅为当地市民打造了良好的休闲游憩空间，而且向游客展示了中卫“沙漠湖城”“云天中卫”的城市特点。“我们中卫其实并不像很多外地游客所认为的那么干旱，其实我们近邻黄河，水资源并不匮乏。过去宁夏固原等地缺水的问题，在国家重视下也已经得到解决。你看我们这香山公园啊，正是这一水资源丰富的生动体现，你稍微不注意，还有一种到了江南的感觉，所以‘塞山江南’的美誉对我们中卫而言可是实至名归的。如今，中卫人擅长将黄河水引入城市，围湖造景，成就了‘沙漠湖城’的美名。下班后，我们常来香山公园散步，这里生态佳、空气清新，空间开阔，人的心情也随之豁达开朗（V21）。”

中卫市的“五馆一中心”城市公共设施与香山公园等休闲场所的建设，不仅美化了城市面貌，而且重塑了城市形象，发挥了重要的再生产作用。自然景观的生态优化属性与生态恢复功能，在沙坡头这一沙漠旅游城市符号中得到了充分展现。如今，沙坡头以“塞上江南”“星星的故乡”等旅游形象闻名遐迩，随着沙漠旅游业的蓬勃发展，其知名度和美誉度不断提升。生态环境优化与旅游福利的双赢局面，正逐步从规划蓝图变为现实。

在非人类中心主义思想的引领下，生态环境变迁自然而然地滋养着文化景观体系，利用自然景观的投射属性，通过生态环境阶段性的嬗变特征，反映出旅游城市与乡村旅游地区随时间推移的发展脉络与形象转变路径。这一过程中，生态环境的变迁与文化景观属性的凸显形成了并行不悖、相互塑造的建构模式。以北长滩村为例，其生态环境的变迁与文化景观要素的建构相互作用、同步生成，共同建构了作为全国乡村旅游重点村应具备的田园风光与深厚历史文化底蕴，推动了传统村落在乡村旅游开发、村容美化、乡风民俗传承等多方面的全面提升（见图7－7）。

以影视作品为村落原型的文化景观建构，对北长滩村旅游发展起到

图 7-7　文化景观的属性意义——乡村旅游、村容村貌多向度提升

了积极的助推作用，有效提升了其知名度与认知度。其中，影视作品《山海情》便以生态变化与时代变迁为主题，通过一种以生态环境变迁为逻辑脉络的叙事手法，展现了宁夏回族自治区全域的时代演进与发展轨迹。同理，北长滩村历经“生态环境修复—生态环境改善—生态环境优化—乡村旅游发展”的演变历程，以生态环境之蜕变，映衬时代革新与生态文明建设进程。这诠释了生态文明的评价标准不应仅局限于生态环境的优化，还应将人民生产方式的转变、生活水平的提升、生计模式的变迁与人民生活满意度等多方面因素纳入考量范围。因此，生态环境优化的属性意义不仅在于物化的自然生态改善，还在于其能否推动社会经济的全面发展。

在非人类中心主义思想的引领下，社会景观的建构根植于沙漠自然生态环境与当地自然环境的相互作用之中，与生态环境的变迁几乎同步发生、共同演进。一方面，以“麦草方格”“五带一体”治沙体系和包兰铁路为标志的社会景观，是多元主体共同参与沙漠环境治理，对自然环境进行社会建构的成果。“1958 年包兰铁路开通，最开始，政府主要是想带动我们这里的发展，既能把我们这里的货物运出去，又能把外地的货物运进来，所以修建了这条铁路。我们这里最早的治沙林场就是随着包兰铁路的建设与开通而诞生的，因为最初啊，我们这里风沙大，狂风一刮，铁路轨道就被沙子掩埋了，所以，治沙林场最初的主要任务就是保障包兰铁路的顺利通车。后来，随着治沙技术不断进步与成熟，我们当地就集林场、中国科学院沙坡头沙漠试验研究站和老百姓的智慧，摸索出了‘五带一体’的治沙障，以此确保包兰铁路不被风沙侵袭。（V23）”

另一方面，“麦草方格”、“五带一体”治沙体系、包兰铁路这些符号表征又反作用于沙漠生态环境，对生态环境的治理、改善与优化起到了推动与促进作用。“如今啊，‘麦草方格’在咱们这里仍然随处可见，过去我们是主动参与扎草格子，现在啊，扎草格子都开始产业化了。你看像黑林村的人，他们村就擅长扎草格子，那个活儿能赚钱啊，收入还挺高。不过那个活儿也很累，像扎‘麦草方格’全部都要在大沙漠里进行，那个草啥的全要靠自己背进去，还要把那些东西全部扎成方格。你看扎这个草格子既能赚钱，又能美化环境，对吧？现在你看这儿，虽然我们这儿吹风了，但你看有沙子吗？没有沙子（V3）。”

因此，生态环境与社会景观的双向互构，一方面有利于生态的重塑，另一方面有利于价值的凝结，再一方面有利于旅游效益的溢出。“你看这个‘麦草方格’吧，这是我们当地人长年累月治沙实践中摸索出来的智慧结晶。从过去到现在，它不仅抵御了风沙侵袭，保卫了包兰铁路的安全，发挥了治理沙漠的关键作用，而且是我们勇于与向沙漠挑战，在恶劣条件下坚持不懈、吃苦耐劳的精神体现，代表了我们中卫人的一种性格、一种气质、一种品格。为什么当地政府、老百姓、治沙林场，以及中国科学院沙坡头沙漠试验研究站都参与这里的沙漠治理啊，因为我们是有共同目标的，就是希望通过沙漠治理，改善与优化我们这里的生态环境，同时借助沙漠旅游的发展，让这里所有人都能过上好日子（V13）。”由此可见，在沙坡头，以“麦草方格”、“五带一体”治沙体系、包兰铁路为代表的社会景观符号是当地多元群体在地实践摸索出来的成果，也是沙漠生态治理进展到一定阶段必然形成的产物。它们反映了当地人参与沙漠治理实践的行动逻辑与目标价值，也集中展现了多元主体在治沙过程中共同目标的统一与追求。

7.2.3 双重主义牵绊下“社会—自然”互制互促齐步发生

沙漠生态治理紧密联结了人地关系与可持续发展的科学理念，对环境治理和自然资源管理战略产生了深远的影响①。尽管主流社会意识形态倾向于将沙漠生态治理视为增进人类福祉的核心驱动力，但在实际推进过程中，它不可避免地会受到人文主义意识流与科学主义意识流的双重影响，使构建后的景观呈现出不同的意涵。

在人类中心主义思想的影响下，景观的建构将自然与社会的互构融入生态管理实践，由此衍生出了“人化自然”的自然景观、文化景观与社会景观。这些景观符号映射出话语权力掌控者的景观建构目标与路径，其成果既具备精神感召的价值于意识领域，又可能因主观意愿的过度介入而牺牲了景观要素的原真性。在沙坡头地区，无论是哪种结果，均以沙漠为建构对象展开在地实践，反映了自然与社会之间既相互制约又相互作用的关系。尽管这种源自人类中心主义思想指导下的景观要素建构方式可能在一定程度上对社会全面进步构成制约与限制，但鉴于其建构的时间与空间范围仍处于可控状态，总体而言，其在相互胁迫中寻求共进的发展主基调与主趋势依然稳固。

在非人类中心主义思想的指导下，沙漠生态治理实践着重强调自然的内在价值，更关注“物化自然”变迁所引发的社会效应，其评价标准则建立在旅游社会福利的生成基础之上。这一观念主导下的价值与效果评价体系，促使对自然的改造与再构更加重视效率与绩效的产生，成为推动权力主体推进生态文明建设的重要衡量准绳。在这一目标的驱动下，社会与自然彼此互构的过程中，通过景观再构，既展现了权力主体的价值导向与施政理念，又进行了生动的诠释与注解。综合调研与实证分析的结果揭示，尽管近年来权力主体在治沙理念与治沙目标的具体执行中存在一定偏差，但总体而言，其主导方向和考核路径赢得了当地大多数民众的认可与支持，有助于凝聚多元群体形成发展同盟，并推动环境治理与社会进步相互促进的利益共同体的生成。

---

① 李小建．中国经济地理思想的历史演变及发展走向[J]．地理学报，2022，77(8)：1873－1891.

综上所述，无论是人类中心主义思想还是非人类中心主义思想引领下的沙坡头生态环境变迁，其压力源自生态胁迫，其目标指向生态环境的优化，其成效体现在促进旅游地的品质提升、转型与升级上。景观的社会建构，既是沙漠生态治理的终点，又是沙漠生态优化的起点；既是推动沙漠旅游发展的引擎，又是时代变迁的物证。这一建构过程源自自然，又反哺自然，既作用于社会又受制于社会。它们与时代发展同步，与社会变迁同频，在促进旅游与环境的协调发展进程中，不断与自然环境及社会生态发生作用，既相互促进又相互制约，建立基于共同目标达成的互构关系，以及利益紧密相连的互馈关系。

7.3　景观维护惯习助力沙漠旅游地可持续发展

沙坡头作为以旅游产业为主导的新兴城市，其发展脉络紧密关联着旅游业的起伏。近年来，受新冠疫情的影响，沙坡头的旅游业发展步伐明显放缓。在此背景下，当地景观维护的重心逐渐从景观建设扩张转变为景观日常打理。这一策略在疫情常态化的当下，有效防止了自然景观的荒废，避免了沙漠旅游陷入停滞，也维护了乡村旅游的价值属性，为旅游业的可持续发展注入了活力，并为构建旅游韧性机制保留了宝贵空间。

功利主义思想驱动的景观生态建设，侧重于从个体利益出发进行生态环境建设，并强调从短期目标实现的角度维护景观，防止旅游业衰退导致的产业发展停滞，确保旅游业的可持续发展。而道德主义思想指导下的景观生态建设，更倾向于从社会整体利益出发进行景观的建设与维护，通过长期规划来应对社会不确定性对当地生产生活的影响，确保目的地知名度的持续，以此促进社会可持续发展效应的发挥。

7.3.1　景观日常维护成为防止旅游塌陷的权宜之计

在功利主义思想的影响下，当地居民以个体为单位参与自然景观维护的动力与目的，主要倾向于保持现有的乡村景观、田园景致与庭院美景，使这些自然景观在尚未充分展现旅游潜力之时，回归传统农耕时代的生活生产功能，避免因自然景观荒废而引发的庭院乡村旅游价值属性断裂。

“我们家是在沙坡头景区里面开快艇的，新冠疫情以前游客多的时候，我们生意可好了，有时候一天能赚 1 万块钱。后来因为孙子上学，我和老伴为了照顾孙子，就搬到市里面去了。疫情这三年游客变少了，我们的生意一落千丈，现在我们就是吃老本。但是我们家的老宅还在沙坡头村，过去生意好的时候可以租给别人开农家乐，现在租不出去了，你看这房子闲置着多可惜啊，我就和老伴商量，她在市里照顾孙子，我回到老宅打理房子和院子。我现在每天就是给院子里的葡萄浇浇水，杏子成熟了摘摘果子。沙坡头村啊空气好，吃的都是自己家种的，我很乐意住在这里啊。再说啦，现在把院子打理好，别让它荒着，说不定疫情过后，又有人来租这个院子了呢，是吧（V12）。”“现在游客少了很多，生意没有过去好了，我们反正闲着也是闲着，就打理果园，收拾家务，有时候还是会有团队或者游客来，我们得保持营业状态。没生意的时候大家就坐在外面聊聊天，有生意的时候就热情接待。你看。我们前院是餐厅，做农家乐，后院是果园和住房，我们就住在这里，天天开着门，有生意就做，没生意就给果树浇浇水，种点菜，就算没有游客光临，把院子打理整洁干净了，我们自己住着也舒服啊。另外，偶尔有游客来，一看你家乱七八糟的，哪还愿意在你家吃饭，在你家住（V27）。”

在面对如“黑天鹅”与“灰犀牛”这类突发事件时，当地居民大多未远离乡土，与故乡有着深厚的情感纽带，因此，当旅游业面临更多不确定性时，他们倾向于回归田园和家乡。在回归的过程中，他们会凭借长期积累的治沙植树经验，致力于农业种植和传统放牧，以期在困难时期过后能够“重拾旧业”。“现在游客明显变少了，你看以前迎水桥一带全是游客，那里是游客集散中心，如今生意冷清。我们就在家种种树，杏子熟了就摘杏子。有些闲不住的年轻人就去市区开出租车或跑运输，毕竟我们这里离中卫市区近。以前在景区骆驼队的，现在就在家养骆驼。以前游客多的时候赚的钱也多，现在虽然游客少了，但大家都相信疫情会很快过去。要是跑到外地去，不在家打理院子，游客来了，看到院子乱七八糟的，人家也不住在你家是不。而且，我们这里的人上一辈是农民和吊庄移民，这一辈的年轻人大多干旅游这一行，或者从事旅游相关的工作，很少出去打工，经济上还过得去（V10）”。

面对新冠疫情带来的不确定性，当地从事旅游业与乡村旅游业的居民采取了多种权宜之计来维持生活与发展，如打临工、削减消费、回归乡村参与家园维护与建设等。在疫情防控政策稍有放松，旅游行业相关恢复性措施出台之际，他们积极参与乡村旅游经营，继续维持既有的经营模式，同时坚持植草种树、种瓜护林的习惯，以避免劳动力闲置，并防止因景观要素建构断档而导致的旅游业塌陷。“我们家生意好的时候啊，忙都忙不过来。那时候，我让全家都来参与农家乐，特别是家里小的，像我的侄儿侄女我都叫来这里上班，家里只要来帮忙的，我都给他们开工资。我给他们开着工资，也是为了将来疫情结束，旅游业恢复做准备不是。并且吧，我们家的农家乐是用自己的房子和院子开的，不是租的，压力不大啊，来吃饭的人少了嘛，我们就多花心思打理院子。现在放暑假了，虽然省外的游客不多，但市里来的顾客还是有的啊。等到疫情解封的时候，西安、甘肃等地的游客也会陆续来（V11）。”

2022 年年底新冠疫情解封后，当地多数依赖旅游为生的居民和村民重新振作，继续通过拉骆驼、担任导游、驾驶游艇、经营农家乐和特色民宿等方式来维持生产与生活。“你看，我们的房子依旧打扫得干干净净的，不为别的，当初我们搬迁过来从事乡村旅游的时候，生意相当好。因为靠近沙坡头，这一带游客特别多，旅游旺季更是一房难求。尽管现在疫情，没有那么多游客，但我们相信疫情只是暂时的，待疫情过去，我们还得靠开民宿、办农家乐来维持生计。所以，我们现在没事就搞装修，打扫屋子，以待疫情解封后游客的到来。我们这里还好，因为房子都是自己的，没有投入大量资金，现在维持生计的钱还是有的。以前游客多的时候，我们还是赚了些，有积蓄，若是租房来开办农家乐的，确实不容易挺过去（V11）。”尽管新冠疫情解封后，沙漠旅游的繁荣景象尚未恢复至疫情前水平，但大多数人对维系生计仍抱有积极乐观的态度，尤其是当地拥有自有房产、田地、果林等产权的经营户，他们依旧满怀热情、信心坚定地维持着原有的生计。

上述这些生计转型实践，一方面，避免了田地果园的荒废，在一定程度上维系了原有的村落景观与自然景观；另一方面，借助当地主体的亲身实践，再构自然景观，展现出特殊发展时期当地人维持可持续生计的方式，以及应对不确定旅游环境的弹性策略。尽管三年疫情对旅游业与中卫市的沙漠旅游业造成了巨大冲击，但当地发展沙漠旅游业的主导理念、当地人继续经营沙漠旅游业的就业意愿，以及当地人守土不出的本位观念，依然蕴含着蓬勃潜力。这不仅对维护生计安全、培育生计韧性具有积极作用，而且有助于进一步落实乡村振兴计划，通过培育、发展、壮大沙漠旅游业，助力共同富裕目标逐步实现。

在功利主义思想的影响下，文化景观的维护与自然景观的维护存在明显差异。尽管在政府统筹和财政拨款的支持下，文化景观中的建筑遗产能够得到持续修缮与维护，但其他文化景观，特别是新建的文旅小镇等，却因投入与产出之间的巨大差距而陷入闲置甚至废弃的困境。例如，新建的旅游小镇、旅游街区等，需要所辖企业投入大量的资金和人力进行维护，资金回报周期漫长，资金回笼率较低，在新冠疫情的冲击下，这些项目普遍出现大面积亏损，因此大多处于关停歇业的状态。调研结果显示，研究区沙坡头水镇所有商铺都已关门歇业。过去打造的迎水桥镇游客集散中心也深受疫情严重影响，生意十分惨淡。“沙坡头水镇啊，过去不少自驾游客会去那里购物、闲逛，那儿还不定期举办一些活动，像美食节之类的，以此来吸引客源。可现在啊，也是闲置着，你们去也看见了，大多数商户都经营不下去了（V15）。”“迎水桥啊，当初是政府规划的，作为我们这里的游客集散中心，很多团队游客到了这里，都会先被拉到迎水桥镇。那边有大量的星级酒店，在疫情以前，迎水桥镇的游客非常多。但疫情一来，团队游客少了很多，那里生意十分惨淡，你看咱们路过都很难看到人影。现在那里的酒店也改成隔离酒店了（V14）。”由此可见，在沙坡头，文化景观的再构与自然景观的维护存在明显差异。文化景观的运营维护成本更高，投资回报所承担的风险也更大。而自然景观环境因与当地居民的日常生活紧密相连，能在一定程度上得到当地居民的自觉维护与保持。相比之下，商业化的旅游小镇、旅游街区的经营维护，不仅需要投入大量资金、倾注诸多精力，而且在疫情冲击下难以实现资本积累。大多数商户选择撤资撤离的“断腕式疗法”，导致这些地方的经营维护陷入停滞。

在疫情常态化的大背景下，社会景观的维系举步维艰，在夹缝中艰难生存，呈现出大部分社会景观维护荒置的状态，只有小部分社会景观符号得到持续维护。调研发现，金沙海通过引入网红主播的宣传营销机制，在一定程度上改善了该景区的经营状况，景区内的“麦草方格”等景观也得以持续建设。“我们这里最出名的就是火车酒店嘛。现在景区打算自己开通一条观光小火车道，所以，你看见我们在这里扎草格子，就是为了让这条观光火车道免受或者少受风沙的侵袭。你们也看见啦，今天的火车酒店都被网红公司预订出去啦。这样也好，最起码我们有生意可以做，有钱可以赚，还有利于景区的维持与运转（V9）。”金沙海景区内的景观符号“麦草方格”也因此得到了旅游化开发与利用。

由此可见，在新冠疫情常态化的背景下，景观的维护会因不同的时代发展阶段而出现目标追求的转变。在与旅游业的相互作用过程中，既会产生大面积的相互制约，又会出现小面积的相互补充，两者在交互胁迫中实现相互促进。

7.3.2 家园守护惯习成为景观要素维持的原动力

在道德主义思想的影响下，政府和企业推进生态文明建设的工作重心，逐渐从关注沙漠旅游发展，转移到重视生态治理工程的推进。此外，就个人层面而言，受传统“家”观念的影响，过去参与沙漠治理并因当地发展沙漠旅游而获利的居民，由于长期投身生态环境建设，积累形成了家园守护的惯习。这种惯习培育了他们朴素的生态环境意识和勤俭勤劳的务实品格，促使他们自觉、自发、自愿地维护当地的自然生态景观面貌。“就拿我们沙坡头村二组来说，每家都有好几亩地，现在正是杏子成熟的季节。我们种果林，一方面，是为了绿化环境。我们这里的人啊，大多吃过风沙的苦，都喜欢种树，也乐意见到把小树苗种成大果树，我们绝对不会去毁坏树苗。不像新闻里说的有些地方的人，果子卖不出去了就把果树砍了去做别的生意。我们很珍惜果林和树苗，很多人饱受风沙之苦，都特别珍惜果园。另一方面，我们种果树也是为了吸引游客来采摘，发展农家乐。虽说现在来的游客少了，但也不能让果子烂在地里，家里老人就会让自己的娃把果子摘下来。（V3）”“就像现在疫情期间，我们这里只有小部分人去市里打工，总体来说去市里打工的人还是少，大家主要还是待在家里，管理果园、采摘果子、给蔬菜瓜果浇水，有超市的就经营超市啥的。现在农家乐生意比以前差了很多，我们就减少消费呗。在我们这里，也没什么可消费的，想吃水果，自己家的李子、杏子、桃子都吃不完，蔬菜也是自己种，基本上能自给自足（V47）。”当地人通过将自然景观整理融入日常生产生活，以顺应特殊时期的发展模式，并借助整理庭院、打理家园等具身实践参与景观再构，让理想的“家”在特殊时期暂时回归现实的“家”。这一举措增强了景观韧性与主体适应性，使其能够适应不确定环境下旅游业转型发展的现实。如今，随着疫情管控解除，原有的旅游生产生活方式逐步恢复，在当地大多数人的持续经营下，特殊时期现实的“家”正继续朝着向往的“家”与理想的“家”的建设进程迈进。

在道德主义思想的影响下，文化景观得以维护的重要前置条件，源于当地人的故土情结、情感延续、传统生计的传习与继替①。“咱们这里为什么叫童家园子啊，因为我们以前都是一个村的，现在也都还是一个村的，全村大部分人都姓童。后来因为政府规划、建设和搬迁，我们就把这儿取名叫童家园子了（V11）。”“我们村有几户专门养骆驼的，他们平时会组成自己的骆驼队。游客多的时候，就分别排班在沙坡头景区拉骆驼。你们进来的时候看见的那几只骆驼，就是我们童家的几个嫂子养的。现在游客少了，他们就又恢复了以前养骆驼的习惯。游客少、养骆驼不赚钱了，也不能弃养呀，骆驼和喂养它的主人是有感情的。你们平时养只狗、养只猫

① 余汝艺，梁留科，李德明，等．旅游种群的入侵、继替与古村落空间秩序重组研究：以徽州古村落宏村为例［J］．经济地理，2013，33（8）：165－170.

都有感情，更何况是以前能给他们创造收入的骆驼，怎么会没有感情呢（V11）？”

凝结着当地人长期实践智慧的驯养骆驼等生计技能，因旅游市场环境的变化，阶段性地呈现出需求的急迫性与饱和性。他们既受到旅游业的冲击，又受益于旅游业的发展。在旅游市场繁荣时期，驯养骆驼的技能产生了跨地域的经验外溢，而在旅游市场紧缩时期，驯养骆驼的作用则回归传统。“我们这儿搞骆驼队的人家有养骆驼的经验，你看，尤其是到夏天，养骆驼得给骆驼喂醋、喂蛋黄、喂白糖等一些泻火的东西，要不然骆驼一身毛，驮游客的时候它累得不行。后来，周边沙漠旅游火起来的时候，我们这里有些人就带着养骆驼的经验和技术到内蒙古、陕西、甘肃、新疆这些地方去谋生，他们既养骆驼，又开沙漠卡丁车，很受那些老板欢迎。现在游客少了，很多人家就回到了几十年前的生活状态，该种地的种地、该养羊的养羊，该喂骆驼的就喂骆驼。等疫情过去，游客逐渐多啦，大家就又去景区里拉骆驼了（V11）。”

当地人通过调适生产生计方式，适应不同时期、不同环境下的“人—物”关系与“人—社”关系变迁。“你看，我家以前在前面村口承包了一个农家乐，过去游客多，承包费用每年差不多要20万元，生意好得不得了。这两年疫情我见情况不妙，赶紧还给房东了，没办法，你一拿过来就得亏钱，所以我让家里人赶紧退出来了。现在没啥事情可做，还得还一些欠款，我就靠着过去做旅游业时积攒的人脉，另外凭借本地人的优势，先在社区里帮帮忙，当疫情防控的志愿者。这段时间，社区见我工作认真负责，就安排我到社区里工作，让我有个事干。等疫情放开，租金价格合适，再重新考虑干回旅游业，慢慢来，多等等（V12）。”他们通过韧性实践，重构了过去以文化景观为依托的旅游生计秩序，也重构了不同群体之间的合作同盟关系。其成效在于，造就了干旱、半干旱地区以骆驼为文化标识的文化景观，避免了因旅游业冲击而造成的“文化休克”①。

① 李彩霞．跨文化适应视角下的文化休克研究[J]．广西社会科学，2015(11)：196-201.

在道德主义思想的影响下，社会景观的维护源于当地人的沙漠治理使命，以及由此形成的沙漠治理惯习。长期的生态治理理念经当地多元主体的持续实践，已逐渐内化为他们骨子里的行为惯习。"治沙有用、治沙有效、治沙有益"的观念已深深扎根于当地人的思想，他们通过不断的生态环境维护与"麦草方格"实践，展现出珍惜资源、珍爱家园、维护生态秩序的态度与情感。"我们这里的人都对植草种树怀有深厚感情。比方说我家修院子，都是先种树、种花。你看我们沙坡头景区，现在也还在开展'麦草方格'工作，这个习惯是我们长年累月形成的，已经深深刻在我们骨子里了。你看现在我们黄河边上的生态环境是不是变得越来越好啦，你看我们的黄河在夏天都是浅绿色的吧，这就是我们生态变好的象征（V13）。"这种社会景观再构行动自觉在日积月累的实践中，潜移默化地融入当地人的认知与情感，并随着岁月的积淀，凝结形成了沙坡头居民朴素的生态伦理道德观念。

7.3.3 双重主义牵制下"自然—社会—自然"互制互补此消彼长

景观既是静态的，又是动态的；既是知识的载体，又是行动的产物。其中蕴藏着人类在地实践的痕迹，也隐含着人类思维形成的逻辑。景观作为"感知"的物化自然与人化自然的体现，是不同区域、不同群体通过人文活动赋予自然环境的符号系统的再现，蕴含着某一地域人类共享的历史①②。关于景观的研究如同一面"透镜"，深入开展相关研究，能够将人、社会、经济、自然的空间关系表象关联起来，解读出人类建构景观要素与自然生态环境变迁之间的内在联系。

景观以"社会与自然的持续相互作用"为内涵，以"变化"为本质，在人类功利主义思想的裹挟与道德主义思想的加持下，它随着人类主体意识流的演变而发生物质化与精神化的形成与演变。景观既是生态环境服务

---

①② 薛芮，阎景娟．景观管理嵌入乡村旅游人地关系研究的应用框架建构［J］．地理科学进展，2022，41（3）：510－520.

功能和资源供给塑造的人类生活生产空间，又是人类社会历史性与创造性的物质记录，还是一种被拥有、被创造、被改变且表达意义的语言。而人类主体的能动性则是景观形成的主导力量。景观与生态的互动以人类的主流意识和价值为指引，以人类理解事物、看待事物、参与自然建设的行动为导向，在生态环境维护与景观社会建构之间进行调适与适应。

在功利主义思想的影响下，景观社会建构将个体对周遭环境的认知与当下利益的实现纳入个体实践与考量范围，从个体感受及个体行为习惯出发做出景观要素建构选择，以此降低不确定性环境带来的损失，并最小化生产生活风险。尽管在这种逻辑思想指导下，景观要素建构行为在某种程度上显得自利与狭隘，但不可否认的是，其基于不确定性环境所做出的生计调适和实践调适，在一定程度上也有利于生态环境和景观环境的优化。由此可见，以功利主义思想为出发点的环境实践并非完全不可取。只要在充分理解个体可承受的生产生活底线和个体行为意向逻辑的基础上，施以政策刺激或措施鼓励，那么社会与自然的互补互馈关系就能得以持续维持。

在道德主义思想的制约下，人在空间中的景观实践能赋予景观意义，并建构生产景观记忆。人类实践与行动的逻辑，多以情感的回归和情怀的寄托作为在地实践的指南，强调非工具理性的价值产出。人们认为人与自然是一个相互渗透、不可分割的整体，人地之间相互联系、彼此支持。人类善待自然、与自然和谐相处，就是在守护自己的家园，与自然形成一种互惠关系。并且，在不确定市场环境要素增多的情况下，这能在一定程度上实现自然的可持续维护。

总之，在功利主义思想与道德主义思想的指导下，沙坡头生态环境的维护与景观要素的建构，在特殊时期有赖于人们的道德价值观念、恋地情结、行为惯习来维系。相信在不远的将来，通过多元群体的共同努力与实践，当地沙漠旅游业定能重现往昔的繁荣景象。

7.4 本章小结

本章基于工具理性与价值理性视角、人类中心主义思想与非人类中心主义思想视角、功利主义思想与道德主义思想视角，结合前期的实证结果、访谈资料与图片等，厘清了景观要素建构与旅游地可持续发展之间的互动关系发现：

（1）在工具理性与价值理性的指导下，沙坡头呈现出自然景观优化、文化景观回归、社会景观表征的景观要素建构趋势。这些发展趋势是生态优化、价值凝结与效益溢出在沙坡头的集中展现。基于景观要素建构所产生的环境实践，使整个城市在生态文明建设的理念规划、目标制定与精神感召方面，更符合多元主体的共同利益，也更契合未来社会发展的趋势。

（2）在人类中心主义思想与非人类中心主义思想的影响下，景观要素建构，将自然与社会的互构融入生态管理实践，衍生出“人化自然”的自然景观、文化景观与社会景观，自然景观也被赋予了更多“物化”属性。此类景观要素建构路径，其结果既具有意识领域的精神感召价值，又存在主观意愿建构导致的景观原真性丧失问题。无论何种结果，在沙坡头都是以沙漠为建构对象的在地实践表征，反映了自然与社会的相互制约和相互作用关系。从长远来看，“旅游与环境”“自然与社会”“生态与发展”在交互胁迫中相互促进的主基调与主趋势将保持不变。

（3）在功利主义思想与道德主义思想的指导下，沙坡头生态环境维护与景观要素的建构，在特殊时期有赖于人们的道德价值观念、恋地情结、行为惯习来维系。以功利主义思想为出发点的环境实践并非完全不可取，只要在充分理解个体可承受的生产生活底线、个体行为意向逻辑的基础上，施以政策刺激或措施鼓励，那么社会与自然的互补互馈关系就能得以持续维持。在道德主义思想的制约下，人类善待自然、与自然和谐相处，就是在守护自己的家园，与自然形成一种互惠关系，并且在不确定市场环境要素增加时，能够在一定程度上实现自然的可持续维护。

8　结论与展望

8.1　研究结论与实践启示

8.1.1　研究结论

总体而言，在防风固沙、植草增绿以促进经济社会发展的执政理念指导下，沙漠旅游地生态环境历经了“生态胁迫—生态修复—生态优化”的发展变迁过程。在此过程中，生态环境治理与区域旅游发展从互不相关，逐渐演化为弱相关，进而迭代为较强相关、高度相关，直至发展到沙漠旅游目的地的建立建成与提质增效阶段。在这一进程中，自然景观要素建构的初衷是治沙植绿，其结果表现为生态环境逐年改善，景观的恢复性和多样性逐年提升。文化景观要素建构的初衷是保护文化遗产和涵养城乡文明精神，其结果是实现了文化遗产资源的旅游化开发利用，充分挖掘了文化资源的旅游价值，进而促进了经济社会的全面发展。社会景观要素建构的初衷是推动生态建设、社会发展和城乡发展建设，其结果是生态修复优化与城乡建设发展齐头并进、双向协同。由此可见，人类对自然景观的改善与修复、对文化景观的保护与开发利用、对社会景观的建构，经实践检验，有利于沙坡头沙漠旅游地生态环境的优化，有利于文化景观的回归与旅游化利用，也有利于社会景观要素符号表征的再生产。这对促进生态系统旅游服务价值的产生具有重要意义，也有利于旅游社会福利的溢出。

具体而言，本文通过对沙漠旅游地生态环境与景观要素之间的互构过程、动力、效果及互动关系的分析，得出以下基本结论：

（1）在时间性视角下，生态环境与旅游发展的关联过程及阶段性特征可划分为：1984 年以前，处于生态胁迫治理与旅游发展的沉寂阶段；1984—1994 年，进入生态稳步优化与旅游发展的自组织阶段；1994—2007 年，步入生态持续向好与旅游开发的市场化运作阶段；2007 年至今，处于生态文明建设与区域旅游发展的提质升级阶段。

在生态胁迫治理与旅游发展的沉寂阶段，当地通过修建并开通包兰铁路，显著增强了沙坡头与其他区域的社会联通。1954 年，为促进区域间的货物流通、人流往来与贸易发展，在中央政府的主导下，包兰铁路的建设工程正式启动。历时四年的辛勤建设，直至 1958 年，包兰铁路终于建成并顺利通车。与此同时，当地还积极成立各级林场，构建防风固沙的生态体系。鉴于长期遭受大风扬沙天气的侵袭，且受制于沙漠地区缺水少地等环境条件，1950 年，在中央政府的主导下，国营卫宁防沙林场（即中卫防沙林场的前身）应运而生。该林场的成立与包兰铁路的建成通车，从宏观层面揭开了向沙漠进军、推动区域社会经济发展与提升人民生活水平的序幕，也标志着沙坡头在新中国成立后迈出了“向沙漠宣战”的第一步。此外，当地还通过实施推进“三北”工程，有效减缓了当地的生态胁迫程度。

在生态稳步优化与旅游发展的自组织阶段，以“中卫沙坡头沙漠植物自然保护区”的获批成立为标志，当地对自然环境的保护工作越发重视。之后，随着防风固沙工程的稳步推进，当地成立了沙坡头旅游管理所，标志着区域内旅游发展模式的雏形开始显现。至 20 世纪末，随着“麦草方格”技术在国际上声名鹊起，这一创新技术吸引了众多国内外的科学技术人员和各类组织人员前来沙坡头参观考察，从而使沙坡头的科考旅游蓬勃发展起来。

在生态持续向好与旅游开发的市场化运作阶段，沙坡头自然保护区升格为国家级自然保护区后，当地更加重视旅游资源的开发利用和对保护区内文化遗产的保护与维护。得益于生态环境的稳步改善，通过植草种树、封沙育林、封山育林等措施的持续实施，沙坡头逐渐孕育出具有鲜明地域异质性和区域特色的自然景观。同时，借助文化遗产的旅游化开发利用，这里形成了集黄河文化、长城文化与丝路文化于一体的标志性人文景观。沙坡头也越发重视旅游业市场化运行对当地生产生活方式、产业结构与社会发展的影响。2004 年，沙坡头被国家体育总局评为“全民健身二十个著名景观”，并被中央电视台等评为“中国十大最好玩的地方”之一；2005 年，又被《中国国家地理》杂志评选为“中国最美的五大沙漠”之一。至此，沙坡头的沙漠旅游吸引力显著增强，知名度与美誉度持续提升，有力推动了沙漠旅游业成为当地的主导产业。

在生态文明建设与区域旅游发展的提质升级阶段，沙坡头景区荣获 5A 级评定，其知名度与美誉度随之不断攀升。港中旅集团的入股，更是给沙坡头景区带来了投资开发、管理运营与宣传推广等方面的全面提升，推动其步入集团化、公司化的管理模式。随着生态文明建设的不断深入，当地积极挖掘人文遗址、非物质文化遗产、传统村落与社会景观的旅游价值，实现了多元景观要素在沙坡头的聚合呈现。依托深厚的文化底蕴，结合“一带一路”倡议、黄河国家文化公园与长城国家文化公园的建设战略，当地精心提炼出具有独特历史文化内涵、文化表征价值与标志性景观意义的文化景观。通过对长城文化遗址、丝路文化遗产、黄河文化遗址等历史印记的保护、开发与利用，成功塑造了集历史底蕴、文化特质与旅游属性于一体的景观要素。

规范有效的景区管理和长期不懈的沙漠治理举措，显著增强了大地景观的多样性、观赏性和层次性，塑造出“沙水环绕、沙绿参差、沙湖泊环伺”的独特旅游景观形象，并成功建构了“沙漠水城”这一鲜明的旅游景观符号。沙坡头通过生态治理，不仅大幅提升了人居环境质量，有效解决了人畜饮水问题，而且显著增加了沙坡头建成区的绿地面积，促进了生活水平的提高和生活质量的优化，进一步建构了“塞上江南”的景观意象符号。历时多年的持续建设与营销推广，沙坡头“世界沙都”的旅游目的地形象日益稳固，并逐步凝练为沙坡头独特的旅游城市形象。在后工业时代背景下，沙漠旅游目的地的扩容、提质、升级，持续满足了旅游者对摆脱一致性、追求差异化体验、崇尚冒险精神与探索暗夜星空旅游等多元化、高品质的消费需求。

（2）在空间性视角下，持续推进的“三北”工程等举措，促进了自然景观生态稳定性提升，促进了文化景观价值多样性生成，促进了社会景观功能丰富性生成与表征，进而激活了社会生态系统的旅游服务价值。

在自然景观生态稳定性提升方面，随着沙漠生态环境治理工作的不断推进，当地生态系统的稳定性显著增强，其抗干扰能力和自然恢复力逐步提升。景观结构的多样性和丰富性保持稳定状态。总体来看，沙坡头自然景观格局呈现出“一增两减三均衡”的发展态势：林地景观面积逐渐扩大，沙漠景观面积与裸土地景观面积逐渐缩减，而耕地、草地与河流（特指黄河）面积有一定幅度的波动。这一结果表明，沙坡头的土地沙漠化问题得到了长期有效控制，整体绿地面积显著增加，商业用地得到合理规划且面积有所增加，绿植景观日益丰富，生态环境得到重塑，城乡人居环境也因此得到了显著优化。

在文化景观价值多样性生成方面，文化景观的空间分布呈现出“一核、两区、多中心”的特征。首先，“一核”指的是沙坡头景区，在旅游观赏游憩价值、地域特色彰显价值、节事娱乐融合价值、非遗传承创新价值、休闲功能娱乐价值和社会效益溢出价值等多个维度上，均占据核心地位并展现出显著的龙头效应。沙坡头景区产生的价值辐射与效益最广泛，其影响力与带动效应也最深远、最显著。其次，“两区”是指沿黄河东西两侧分别形成的两大文化景观区，即以沙坡头为中心的文化景观区和以中卫市区为中心的文化景观区。这两大区域以黄河为纽带，以文化要素为基底，依托旅游业的发展，共同助力并推动了研究区经济社会的全面、协调与可持续发展。最后，“多中心”是指研究区以旅游村落如沙坡头村、鸣沙村、鸣钟村为乡村旅游发展引擎，以旅游景区如金沙海、金沙岛为旅游替代品与互补品，同时以文物保护单位如中卫高庙等为文化支撑。这些元素围绕“一核”“两区”，呈现出不同文化景观价值多点散布的空间特征。文化景观 9 类价值特质的形成与中卫市城乡建设和城乡融合发展协调共进密切相关，同时离不开规划师、管理者的顶层设计思维和长远目标规划，更与旅游业壮大发展和旅游产业融合发展紧密相连。

在社会景观功能丰富性的生成与表征方面，研究区社会景观的功能表征在空间分布上呈现出“一带双驱”的特征。具体而言，这一特征突出地体现在沙坡头、“五带一体”、包兰铁路等蕴含社会景观要素特质的地理要素上。无论是在地方话语生成传播功能、人地互构意义生产功能方面，还是在沙绿意向地理标识功能与沙漠旅游符号表征功能方面，这些地理要素均展现出尤为明显的作用，形成了以沙坡头景区为核心的条带状景观功能集聚区。此外，中卫市区作为反映沙漠生态优化水平提升、时代发展进步与沙漠旅游业蓬勃发展的城市缩影，其发展步伐与沙坡头景区紧密协同，共同构成了推动经济社会发展的另一重要地理要素集。社会景观6类功能，不仅发挥着景观标识功能，传递出不同时代背景下人地互动的关系表象，还发挥着景观叙事功能。它们以沙漠旅游符号的表征与沙漠旅游地的生成发展方式，映射出自然的商品化的演化过程，同时揭示了自然在社会多重力量的建构作用下，随着社会演进而变迁的历史轨迹。

（3）在主体性视角下，景观要素建构对旅游社会福利效应的影响，其正面效应远超负面影响。

本研究基于访谈材料进行了扎根分析，并在量表开发与假设模型检验的基础上发现：在景观要素建构方面，自然景观的优化对旅游社会生态福祉的影响不显著，而文化景观的回归与社会景观的表征对旅游社会生态福祉有显著正向影响；同时，自然景观的优化对旅游社会发展福祉有显著负向影响，相比之下，文化景观的回归与社会景观的表征对旅游社会发展福祉有显著正向影响。就景观要素建构对生态环境变迁的影响而言，文化景观的回归对生态环境变迁没有显著正向影响，而自然景观的优化和社会景观的表征对生态环境变迁有显著正向影响。在生态环境变迁对旅游社会福利的影响方面，生态环境变迁对旅游社会生态福祉正向影响不显著，但对旅游社会发展福祉有显著正向影响。此外，就生态环境变迁的中介效应而言，它在自然景观的优化与旅游社会生态福祉之间起完全中介作用，而在文化景观的回归与旅游社会生态福祉之间、社会景观的表征与旅游社会生态福祉之间、自然景观的优化与旅游社会发展福祉之间、文化景观的回归与旅游社会发展福祉之间、社会景观的表征与旅游社会发展福祉之间起部分中介作用。

（4）在多重理念影响下，景观要素建构与旅游地可持续发展在交互胁迫中相互促进，不同时期呈现出互构互馈、互制互促、互制互补的互动关系。

在工具理性与价值理性指导下，沙坡头景观要素建构目标得以阶段性达成，其特征与功能得以聚合呈现。这一过程中，展现出自然景观的优化，文化景观的回归，社会景观的表征的景观要素建构趋势。这些趋势是生态优化、价值凝结与效益溢出在沙坡头的集中体现。基于景观要素建构开展的环境实践，使整个城市生态文明建设在理念规划、目标制定、精神感召等方面，更加符合多元主体的共同利益，也更贴合未来社会的发展趋势。

在人类中心主义思想与非人类中心主义思想的驱动下，生态环境的景观要素建构被赋予了景观叙事功能，而城乡生态的旅游化开发利用再构生产了景观符号意义。景观要素建构将自然与社会的互构融入生态管理实践，衍生出“人化自然”与“物化自然”建构方式。这类景观要素建构路径，其结果虽有意识领域的精神感召价值，但也可能因主观意愿建构引发景观原真性丧失。无论结果如何，整体而言，在沙坡头地区，“旅游与环境”“自然与社会”“生态与发展”在交互胁迫中仍将保持相互促进的主基调与主趋势。

在功利主义思想与道德主义思想牵制下，沙坡头景观的日常维护成为防止旅游断层与塌陷的权宜之计，而家园守护惯习成为景观生态维持的动力源。总之，在功利主义思想与道德主义思想指导下，沙坡头生态环境维护与景观要素建构在特殊时期有赖于人们的道德价值观念、恋地情结和行为惯习来维系。只要充分理解个体可承受的生产生活底线，把握个体的行为意向逻辑，并在此基础上施以政策激励或措施鼓励，那么社会与自然的互补互馈关系就能得以持续保持。同时，人类善待自然，与自然建立一种互惠关系，将在市场环境要素不确定性增加时，一定程度上实现自然的可持续保护。

8.1.2　实践启示

在全球化进程中，资本往往追逐符号化地方景观产生的经济价值，并借助资本的力量提炼出景观的固有特点，与当地其他资源相结合，整合成更加多元化、更具差异性的景观组合，以凸显地方性特色。人文主义对景观要素建构的诠释，更多关注普通群体对地方景观的理解、参与建构的态度，以及他们对景观变化的情感体验。对于长期居住在某地的个体或群体而言，景观具有主体差异性，是长期文化积累与地方实践构建的人与地方之间的文化认同和情感联系①。而游客则关注目的地景观是否符合他们对该地的理想想象，主要从感知与体验的角度来评判整个目的地的建设质量。因此，本研究认为可从以下三个方面着手，加强对沙漠旅游地的生态环境实践与景观要素建构。

（1）持续优化沙漠生态环境治理，统筹城乡景观建设规划布局，激发当地多元主体参与生态环境建设和社会发展建设的主动性与积极性，促进沙坡头生态、旅游、社会全面协调可持续发展。

在生态环境脆弱区，政府是“三北”工程、植树造林、退耕还林等生态环境治理政策措施的贯彻者、执行者与监督者，中国科学院沙坡头沙漠试验研究站是沙坡头沙漠治理技术革新与绿色技术进步的探索者与开拓者，治沙林场与治沙企业是沙漠治理的排头兵和先锋队，当地民众则是沙漠治理与社会发展建设的参与者和见证者。因此，在推动沙坡头生态、经济与社会全面协调可持续发展的进程中，需综合考量各方群体的职责，发挥各方群体的作用和功能，通过绘制蓝图、描绘愿景、设定目标、利益联结等方式，构建多元主体利益共同体，从多角度助力当地生态经济与社会

① 周尚意，杨鸿雁，孔翔．地方性形成机制的结构主义与人文主义分析：以798和M50两个艺术区在城市地方性塑造中的作用为例［J］．地理研究，2011，30（9）：1566－1576．

的全面发展。

首先，政府层面在进一步落实中央下达的治沙固绿目标的同时，应紧密结合现代社会发展实际，利用现代社会综合实力提升的契机，抓好生产发展与生态建设。要重视对当地城市建设的规划，以及对乡村保护利用的规划，杜绝项目的跟风开发、盲目上马和过度集聚，避免顶层设计与现实发展脱钩引发城乡重复建设和资源浪费。要加强跨区域合作与发展共享，通过交通互通、交流互惠、资源互补、合作共享等方式，形成以沙漠旅游为主要吸引物的合作宣传与开发模式，推动当地沙漠旅游产业做大、做强、做深、做优。其次，要通过政策引导、目标激励等措施，加强政、产、学的联系合作，助力治沙知识、治沙技术转化为生态系统旅游服务价值，助力沙漠环境治理成效转化为旅游社会福祉，促进当地社会生态的全面协调发展。最后，要通过政策倾斜、区域帮扶、项目援引等措施，加大对当地旅游基础设施建设的投入，调动当地居民参与社会发展和家园建设的自主性与自觉性，激发城乡青壮年劳动力参与社会建设的积极性和热情。

（2）充分发挥景观的叙事功能，讲好沙坡头治沙故事，传承并弘扬沙坡头党政军民齐心协力治沙、共谋发展的时代精神，持续向全世界传播治沙固绿知识，在全中国树立治沙与致富典范。

首先，要充分发挥“麦草方格”、“五带一体”、包兰铁路等景观要素的叙事功能与视觉表征功能，挖掘并留存这些景观要素的历史记忆价值。通过梳理不同时期景观建构的方式、目标和意图，使之成为当地人深刻铭记、永恒怀念的历史记忆。同时，深入挖掘典型人物、标志性事件、重大节点的历史记忆与故事，赋予这些景观符号精神内涵和标识功能，让它们成为传承沙坡头治沙精神、展现沙坡头当代风貌、记录沙坡头发展印记的标志性符号。其次，要在沙坡头的城市与乡村中遴选并树立治沙与致富的旅游发展典范，发挥生态治理集体叙事功能与景观要素建构的自我叙事功能，向全中国展示沙坡头的生态治理成果与社会发展成就。

（3）重视建构具有地域文化特征的景观要素，充分发挥产业融合赋能、历史文化增魅与科技创新助力的综合作用，将沙漠生态改善与优化价值转化为旅游社会福利，促进西部地区旅游业的高质量发展。

首先，要重视对历史文化遗产的保护性挖掘，彰显传统地域文化特色。通过修旧如旧的方式保护历史遗迹，创新开发利用传统节事活动，同时传承弘扬并利用非遗资源，打造具有沙坡头特征的文化旅游 IP。其次，要注重沙坡头第一产业、第二产业与旅游业的深度融合发展。在现有农业采摘旅游、葡萄酒生产加工旅游、农业观光旅游、产业研学旅游的基础上，深入挖掘第一产业、第二产业的资源潜力，准确把握旅游市场发展新趋势和疫情常态化背景下游客新需求，深入推广定制旅游、家庭旅游、自助旅游、云旅游、虚拟旅游等产品与服务，加速推动不同环境下旅游业的融合发展与转型升级，促进旅游业在不确定性背景下的恢复性发展。最后，要学习借鉴发达地区文旅产品服务成功的经验，深入挖掘当地历史文化内涵，明确文化旅游发展定位，结合声、光、电等现代科技手段，打造文化旅游与科技融合的新产品。

8.1.3 管理建议

如今，绿水青山随处可见，要使沙漠旅游目的地脱颖而出，实现“引流”和“引资”，就需要一定的转化路径和催化机制①，创新产业融合模式、管理模式与营销模式。本研究针对沙漠旅游地存在的问题，结合新冠疫情常态化下的旅游业发展实际，提出了五点管理建议。

（1）明确沙漠旅游竞争优势，凸显发展差异，精准定位沙漠旅游目的地形象与市场。

一方面，沙坡头沙漠旅游需明确自身竞争优势，对比地理位置相近的同类型景区，如鸣沙山月牙泉景区、响沙湾旅游景区等，从旅游产品形态和旅游体验项目内容上进行差异化发展。同时，结合地域历史文化特色与自然地理环境特点，培育并完善暗夜星空旅游项目，大力推出沙漠黄河飞跃与低空探险体验等特色旅游产品。此外，应充分利用宁夏特有的葡萄、

① 邹统钎．绿水青山与金山银山转化的乡村旅游机制探讨[J]．旅游学刊，2020，35（10）：4－7.

枸杞、西瓜等种植优势，扩大当地葡萄酒旅游的知名度和影响力，打造“农业+旅游”“工业+旅游”等具有产业融合优势的旅游产品体系。另一方面，沙坡头需在“星星的故乡”“沙漠水城”“塞上江南”“沙漠之都”“云天中卫”“花儿杞乡”等众多形象符号中，进一步凝练自身优势，找准特色定位，明确旅游形象，叫响其旅游形象口号。

（2）发挥互联网、自媒体等新兴媒体平台的营销与传播功能，提升沙坡头旅游影响力与吸引力。

自媒体技术跨越了时空界限，使“自我”成为数字世界中备受瞩目的客体，同时将孕育个体的城市与乡村推向了世界舞台①。对潜在游客而言，通过他者的视角，原本“缺场”的城市与乡村在自媒体中得以更具象化地展现②。因此，在新媒体与自媒体时代，沙坡头旅游一方面可通过赛事选拔、旅游网络视频制作征集、旅游网络直播带货、网红打卡旅游景区（点）等方式，扩大沙坡头旅游景区、旅游产品、旅游线路的知名度与影响力；另一方面，应有针对性地向北上广、江浙沪、陕甘新等重点客源市场投放旅游广告，并借鉴《爸爸去哪儿》《亲爱的客栈》等综艺节目营销宣传的成功经验，探索与抖音、今日头条、去哪儿、携程、同程、驴妈妈等更多在线旅游代理商合作，进一步扩大其网络宣传营销影响力。

（3）精心优化沙坡头沙漠旅游产品与服务，打造地域特色鲜明、旅游形式多样化的沙漠旅游 IP 形象。

宁夏、甘肃、新疆、内蒙古及陕西的部分地区都以沙漠作为核心旅游资源，导致此类沙漠景区在特色定位上存在同质化竞争的问题。对此，沙坡头应深入发掘自身的历史文化底蕴、地域文化特色及民俗风情，在自然地理景观相似的情况下，寻求文化旅游产品与线路的独特优势，打造生态旅游产品的差异性，凸显农业旅游产品的特色及工业旅游产品的个性。通

---

① 孙九霞，罗意林．跨越时空的旅游“新村民”：他者的数字化自我呈现［J］．西北民族研究，2022(2)：14.

② 唐书转．基于自媒体的旅游景区营销策略研究［J］．吉首大学学报（社会科学版），2013，34(6)：49－54.

过丰富旅游产品与产业形态，塑造出具有宁夏特色、中卫风貌及沙坡头标识的旅游产品 IP 形象，从而增强产品的竞争力和吸引力。

（4）在新冠疫情常态化背景下，紧跟旅游市场前沿动态，不断创新沙漠旅游产品，丰富沙漠旅游内容供给，培育沙漠旅游市场韧性机制，推动旅游市场的恢复性增长。

自 2020 年新冠疫情在全国不定期、多区域暴发以来，旅游业受到严重影响。作为以沙漠旅游业为主要产业支撑的沙坡头，其旅游业发展也在此次不确定性事件中受到了重创。面对疫情反复、散点多发的严峻形势，一方面，沙坡头在严格执行防疫政策的同时，积极探索旅游业发展的新路径。在疫情相对平稳的时期，通过发放文旅消费券、减免商户税收和租金等措施，鼓励工商业复苏，并刺激扩大省内游、周边游、乡村游等客源市场。另一方面，沙坡头通过试点定制化旅游、宅酒店体验、开发研学旅游、探险旅游及暗夜星空旅游产品与线路等创新形式，吸引以家庭为单位的小团体游客，以此丰富旅游产品种类，增强旅游业的风险抵御能力，提升旅游业的韧性。如今，随着疫情的全面解封，当地政府、市场及企业需重点关注疫情过后文化旅游消费的新特征与新趋势，完善沙漠旅游消费体系。需围绕资源、客源和服务三大要素，提升目的地吸引力与产品魅力，激发游客的消费潜力与热情，进而提高沙坡头的旅游服务质量与游客满意度。

（5）筑牢生态文明建设底线，传承并弘扬不惧艰险、不畏困难、敢于拼搏、勇于奋斗的治沙精神，丰富生态系统旅游服务价值，创造旅游社会福利。

若要实现沙坡头生态、经济与社会的全面发展，一方面，必须以生态文明建设为科学指引，以促进沙坡头经济社会发展为目标。在沙漠治理过程中，需综合考虑治理带来的产业发展效应，将沙漠生态治理理念融入旅游产业发展进程，特别是在景区规划建设中，以实现生产、生活、生态空间的优化整合，达成社会效益、经济效益与生态效益的和谐统一，进而形成生态—社会良性互动的循环机制。另一方面，沙坡头应将过去几十年来与沙漠斗争的精神转化为新时代的精神感召和价值引领，号召并鼓励新一代年轻人积极参与到沙坡头的城乡建设与发展中，发扬敢于吃苦、勇于创新、善于拼搏的时代精神，携手共建美丽家乡与美好家园。

8.2 研究创新、不足与展望

8.2.1 研究创新

本研究选取沙坡头作为案例地，运用自然的社会建构理论与景观要素建构理论，深入探究沙漠旅游地生态环境与景观要素之间的互构关系，聚焦沙坡头生态环境与旅游发展之间的关联过程及其阶段性划分，同时关注在“三北”工程等持续推动下，生态系统呈现的旅游服务价值，以及环境质量提升带来的旅游社会价值溢出效应。在此基础上，本研究实现了以下四个方面的创新。

（1）研究构建了以自然的社会建构理论为基础的生态环境与景观要素互构分析框架，为区域旅游发展辩证利用沙漠生态治理效应提供了理论基础。

以往对自然的社会建构理论的运用，主要聚焦自然的商品化进程中产生的商业化与市场化影响，并着重考察在此过程中人与地之间关系、结构、角色、权益等变化。本研究相较于既有研究的突出表现：首先，研究关注自然的社会建构带来的社会生态效应，关心生态优化带来的社会生态系统旅游服务价值，其落脚点关涉人民生活幸福度与满意度，同时深入探究自然的社会建构过程中人与地之间关系、结构、情感、态度及价值观的变化。其次，研究以自然的社会建构为核心议题，将其划分为自然景观、文化景观和社会景观的建构，并从时间性、空间性和主体性的多维视角，总结归纳这些建构过程对自然景观、文化景观与社会景观的具体影响。最后，研究区别于传统仅从生态建设探讨生态文明或从沙漠治理讨论环境变化的模式，而是将关切点放在沙漠生态治理产生的旅游社会福利上，关注由此带来的旅游社会生态福祉与旅游社会发展福祉，在关注生态环境变化的同时，更加重视当地民众的获得感、满意度，以及他们参与生态文明建设的自觉性和积极性。

（2）研究以景观要素建构为分析基础，建立了景观要素建构的分析维度，具体涵盖自然景观、文化景观与社会景观要素的建构。在此基础上，研究进一步明确了这些景观要素建构带来的生态系统旅游服务价值与功能。

首先，研究结合沙坡头生态环境建设的实践案例，发展了景观的社会建构理论，并延展了景观社会建构的分析维度，具体从自然景观、文化景观与社会景观三个层面，观察分析了沙坡头生态环境的变化情况及其景观生态建设状况。其次，研究以自然的社会建构为切入点，采用“压力（P）—状态（S）—响应（R）”的分析框架，聚焦生态环境脆弱的沙漠区域，探讨其生态环境变化与旅游发展之间的相互作用过程及阶段性特征。最后，研究从自然景观、文化景观与社会景观要素建构的演进历程与内在逻辑出发，分析了在“三北”工程等持续推动下，自然景观要素建构实现的生态效应；评估了文化景观要素建构催生的旅游发展价值及其空间分布特征；探讨了社会景观要素建构承载的生态与旅游功能及其空间分布特性，从而清晰界定了景观要素建构对于生态系统旅游服务价值与功能的贡献。

（3）开发测量景观要素建构对区域旅游社会福利影响的量表，并从当地居民的角度出发，实证检验了景观要素建构对旅游社会福利的实际作用，突破了以往研究仅通过构建指标体系来评估旅游相关社会福利的传统模式。

本研究的另一创新点在于，它摒弃了以往通过构建指标体系来衡量旅游社会福利的常规方法，转而通过开发量表并建立假设模型的方式来验证旅游社会福利。首先，与以往依赖经济、生产或效应等客观指标来评估旅游社会福利绩效的做法不同，本研究聚焦沙坡头当地居民的主观感知，特别是他们如何看待景观要素建构对旅游社会福利的影响。基于此，研究在深入访谈的基础上，运用扎根理论构建了反映景观要素建构与旅游社会福利关系的量表，旨在衡量居民的主观体验和感受。其次，该量表的开发并非基于无法体现主体情感态度的宏观数据或数值，而是根植于当地居民的主观认知与感受，能够更全面地反映他们对沙坡头生态环境、社会环境及经济发展的看法与感知。最后，该量表主要从人文主义与人本主义的角度出发，测量旅游社会福利，这一方法是对传统测量方式的有益补充，能够多维度地观测与评价生态系统产生的旅游服务价值。

（4）研究厘清了在多重理念影响下，景观要素建构与旅游地可持续发展之间如何在相互胁迫与促进中形成互动关系。同时，分析了不同历史时期、不同年代、不同群体在参与沙漠生态治理和社会发展进程中遵循的行动逻辑与价值导向。

首先，从工具理性与价值理性的视角出发，本研究剖析了生态环境建设与景观要素建构如何共同推动旅游发展，并评估了自然与社会相互作用、互构互馈取得的成效。其次，结合人类中心主义思想与非人类中心主义思想，探讨了景观功能拓展与旅游地转型升级之间的内在联系，以及在这两种思想指导下，社会与自然如何实现相互制约与促进的双重效果。最后，从功利主义思想与道德主义思想出发，分析了景观维护惯习与旅游地可持续发展之间的关系，以及在双重主义的制约下，“自然—社会—自然”系统展现出的互制互补效应。

8.2.2 研究不足

本研究存在若干局限性，具体包括理论基础有待强化、研究区域覆盖范围有限、案例地虽具典型性但普适性需进一步验证，以及对研究问题的探讨尚需深化。

（1）研究的理论基础仍需深化，尤其是在运用自然的社会建构理论来洞察沙漠旅游地生态环境变迁与产业结构变化之间的相互作用关系及其内生驱动力方面，分析尚不够深入。

研究依据自然的社会建构理论，聚焦生态环境变化对沙坡头发展方式与产业结构的影响，与以往关注自然商品化进程中资本、权力与关系演变的研究有所不同。然而，在分析过程中，对于生态环境变迁与景观要素变化间互动逻辑引发的旅游社会福利这一核心议题，其内在驱动机制的分析不深。具体而言，研究主要关注了外显的物质变化，如自然景观的优化、文化景观的回归及社会景观的效率展现，但在探讨这些变化背后的驱动要素与扰动因素时，仅停留于价值凝结、情感表征与精神指引等层面，未能对其他潜在扰动因素进行深入拓展与详尽分析，从而导致对生态环境变迁与景观要素建构间相互影响关系的探讨缺乏足够的深度。

（2）研究在区域覆盖面上存在局限性，未能将研究范围扩展至中卫市整个沙坡头行政区。研究主要聚焦发展沙漠旅游的区域，而对于那些未涉及旅游发展的区域，则未能给予充分的关注与考察。

本研究的调研区域涵盖了中卫市区、金沙海、金沙岛、沙坡头景区、沙坡头村、鸣沙村、鸣钟村等旅游景区与旅游村镇。这一选择主要归因于研究聚焦旅游发展对当地城乡环境、产业结构、生计方式与行为响应等方面产生的影响。相应地，对于未直接涉及旅游发展的区域与乡镇，本研究未给予充分重视。考虑到生态环境的变迁通常以块状形式出现，而旅游发展的村镇则呈条带状或点状分布，研究在筛选时未将整个沙坡头区纳入，主要是基于其部分区域在旅游发展方面的典型性不足。然而，为了能够从个别案例推广到整体情况，形成全面深入的研究结论，未来或许需要更多考虑将非典型旅游区域纳入研究范畴。

（3）案例地具有一定的典型性和代表性，但案例地呈现的问题与现象能否广泛适用于其他沙漠旅游区，以及这些发现是否具有普适性，仍需进一步探索与验证。

本研究精心挑选的沙坡头区沙漠旅游城镇、休闲游憩街区与传统村落等案例，展现出了较高的典型性和代表性。然而，对于这些案例的生态环境演化过程、景观要素呈现方式的分析，是否能够清晰阐释生态环境变迁与景观社会建构对旅游社会福利的具体影响，仍需深入探讨。此外，所得结论与分析框架、逻辑能否广泛适用于其他沙漠旅游地，如鸣沙山月牙泉景区、响沙湾旅游景区等地，其理论适用性尚需经过实践的进一步检验。因此，本研究成果的普遍适用价值尚需更多学者通过后续研究加以验证。

（4）虽然研究方法、手段与工具能够在一定程度上有效解答本研究所提出的基本问题，但其他研究方法仍可使用与尝试。

本研究为紧密围绕中心议题，运用遥感影像分析技术来探究自然景观生态建设效果的时序演变，借助参与式制图与农户参与式评估方法对沙坡头文化景观要素、社会景观要素的冷热点分布进行了空间可视化分析，同时，通过深度访谈、实地调研、扎根理论与结构方程模型等方法，完成了社会生态福利效果的量表开发与假设验证。尽管上述方法已足以验证并阐释生态环境与景观要素间的互动关系及互构逻辑，但本研究在方法多元性上仍有提升空间，如可考虑引入地理探测器、地理加权回归等分析方法，以及“生态—社会—旅游”发展耦合验证等方法，以进一步丰富和完善研究路径。

（5）研究关注的重点与视角仍有待拓展，未来可进一步探讨与环境正义、空间冲突、权益公平等相关的热点议题。

本研究主要聚焦因生态环境变化与景观要素建构带来的社会经济变迁，其核心在于探讨这些变化如何影响旅游社会福利，具体从旅游社会生态福祉和旅游社会发展福祉两个维度进行阐释。然而，对于沙漠治理过程中可能涉及的环境正义、空间冲突、权益公平等议题，本研究尚未深入探究。研究结果显示，在生态环境脆弱区，当地居民拥有强烈的获得感与幸福感，对沙漠治理政策表现出积极的态度与行动响应，有参与沙漠治理与社会发展的自主性和自觉性。或许，在其他沙漠生态环境优化区，存在着本研究未予关注的矛盾冲突与环境正义等问题，这些议题有待其他学者结合具体区域的发展实际，进行更为深入的探讨。

8.2.3 研究展望

今后，关于生态环境脆弱区的生态环境与生态系统服务价值的研究或可从以下几个方面予以更多的关注。

（1）沙漠生态环境得到改善后，绿色治理技术进步与生态系统旅游服务价值溢出效应的一致性和协同性应当受到更多的关注。

不同区域的沙漠生态治理技术、治理方式与组织生产逻辑各有特色，如沙坡头当前采用“政府＋企业＋林场＋当地居民”的治沙模式，辅以

“麦草方格”技术，结合飞播治沙、化学治沙、农业治沙、物理治沙等多种手段，促进城市和乡村的发展。而在其他区域，如河北承德的塞罕坝，则以国有林场为主导进行治理。另有地区采取企业为主、政府监督为辅的模式，由当地牧民组建治沙队伍。这些治理模式依据各自的产业政策和项目资金来源，选择不同的治沙方式和技术，但共同目标是改善生态环境、减轻风沙危害。因此，未来研究应更加关注不同绿色治理技术方式下生态系统旅游服务价值的呈现，同时，重视干旱、半干旱地区生态农产品的附加值问题，深入探索治沙与致富、治沙与增进民生福祉及社会福祉之间的多元关系，这将是今后研究的重点及方向。

（2）沙漠生态环境优化后，由生产生活方式变化引发的环境绅士化、地理非均衡性、空间冲突、权利剥夺、环境正义等问题，应得到更为深入的研究。

就当前的沙坡头而言，生态环境优化带来的旅游社会福利显而易见，但隐藏在表面和谐之下的潜在问题同样不容忽视。随着沙坡头产业结构的日益成熟和城市与乡村建设的逐步完善，由生态移民和景区特许经营引发的环境绅士化、空间冲突、环境正义等问题，将随着沙坡头社会经济的持续发展而逐渐凸显。因此，未来应更加关注生态优化过程中出现的权益冲突、利益排他、权利剥夺、政策规训、环境正义等问题，并重视多元群体的利益诉求。同时，思考沙漠生态环境修复优化进程中的社区治理模式与管理方式，探索构建集权益共同体、刚性规范与柔性治理、利益共享机制于一体的现代化管理体系和具有中国特色的沙漠生态环境优化自主知识体系，也将成为未来研究的重点方向。

（3）在新冠疫情常态化背景下，以旅游业为主导产业的沙漠旅游地可持续发展与旅游业韧性机制的研究应被给予更多的关切。

自2020年新冠疫情全球暴发以来，旅游业遭受重创，尤其在沙坡头等以沙漠旅游为主导产业的地区，其社会经济发展水平深受疫情影响。因此，在重大公共卫生事件背景下，统筹考虑旅游业的韧性机制构建、恢复性发展策略、沙漠旅游地的可持续发展路径，成为该时期研究的重中之重。步入2023年，作为后疫情时代的元年，全面放开疫情防控措施，加速经济复苏，激发文化旅游消费潜力，以及增强文化旅游消费信心，成为旅游研究的核心关切。这一时期，文化与旅游的消费步入新阶段，展现出新面貌。同时，随着数字经济焕发新生机，数字文旅、智慧旅游、云看展、元宇宙、场景式旅游、体验经济等多元化、差异化的新兴旅游、休闲、消费与娱乐方式不断涌现，成为新质生产力，备受旅游学界、业界与文旅消费市场的瞩目。展望未来，结合新时期文化旅游行业与市场呈现的新消费特征与时代特点，打造新旅游业态、新消费场景、新旅游产品等，或将成为未来一段时间内的研究焦点。此外，干旱、半干旱地区依托自身资源禀赋，探索将旅游资源与新质生产力结合、旅游业态与科学技术融合、旅游产业与数字经济契合的路径，以发展壮大沙漠旅游业，也将是近期研究的重要方向。

参考文献

[1]AGNEW J A , LIVINGSTONE D N , ROGERS A . Human geography : an essential anthology[J]. Blackwell Publishers, 1996.

[2]BAGOZZI R P . Evaluating structural equation models with unobservable variables and measurement error: a comment[J]. Journal of Marketing Research, 1981, 18(3):375 -381.

[3]BAKER A , Genty D . Environmental pressures on conserving cave speleothems: effects of changing surface land use and increased cave tourism [J]. Journal of Environmental Management, 1998, 53(2):165 -175.

[4]BARRETT G W , DYNE G , ODUM E P . Stress ecology[J]. BioScience, 1976.

[5]BERGER P, LUCKMANN T. The social construction of reality [M]. London: Allen Lane, 1966: 2 -5,204.

[6]BRAMWELL B , LANE B . Critical research on the governance of tourism and sustainability[J]. Journal of Sustainable Tourism, 2011, 19(4 -5):411 -421.

[7]BUTA N, HOLLAND S M, KAPLANIDOU K. Local communities and protected areas: the mediating role of place attachment for pro - environmental civic engagement[J]. Journal of Outdoor Recreation and Tourism, 2014(5): 1 -10.

[8]BUTLER A, KNEZL, ÅKERSKOG A, et al. Foraging for identity: the

relationships between landscape activities and landscape identity after catastrophic landscape change[J]. Landscape Research, 2019, 44(3): 303 -319.

[9]CARBONI M, PERELLI C, SISTU G. Is Islamic tourism a viable option for Tunisian tourism? Insights from Djerba[J]. Tourism Management Perspectives, 2014(11): 1 -9.

[10]CARLO S. The morphology of the landscape[J]. University of California Publications in Geography,1925(2).

[11]CARNICELLI -FILHO S, SCHWARTZ G M,TAHARA A K. Fear and adventure tourism in Brazil [J]. Tourism management, 2010,31(6):953 -956.

[12]CARSON D B,TAYLOR A J. Sustaining four wheel drive tourism in desert Australia: exploring the evidence from a demand perspective [J]. Rangeland Journal, 2008, 30(1):77 -83.

[13]CASTREE N. Commodifying what nature? [J]. Progress in human Geography, 2003, 27(3): 273 -297.

[14]CASTREE N. Making sense of nature[M]. New York: Routledge, 2014.

[15]CASTREE N. Nature: key ideas in geography[M]. Hoboken: Routledge, 2005.

[16]CASTREE N. Social nature: theory, practice, and politics[M]. Oxford, Malden, MA: Blackwell Publishers, 2001.

[17]CETINKAYA CIFTCIOGLU G. Assessment of the resilience of the agricultural landscapes and associated ecosystem services at multiple scales (a farm and landscape) in Kyrenia (Girne) Region of Northern Cyprus[J]. Landscape and Ecological Engineering, 2022, 18(2): 277 -298.

[18]CHATELARD G. Desert tourism as a substitute for pastoralism? Tuareg in Algeria and Bedouin in Jordan[A]//Nomadic Societies in the Middle East and North Africa . Leiden:Brill, 2006: 710 -736.

[19]CHENG C K, KUO H Y. Bonding to a new place never visited: exploring the relationship between landscape elements and place bonding[J]. Tourism

Management, 2015(46): 546 –560.

[20]COLLISON F M, POE K. "Astronomical tourism": the astronomy and dark sky program at Bryce Canyon National Park[J]. Tourism Management Perspectives, 2013(7): 1 –15.

[21]DANT T. Material culture in the social world[M]. Buckingham: Open University Press, 1999.

[22]DAUGSTAD K. Negotiating landscape in rural tourism[J]. Annals of Tourism Research, 2008, 35(2): 402 –426.

[23]DE BEER G, ELLIFFE S. Tourism development and the empowerment of local communities[R]. DPRU industrial strategy project: Phase two, Working paper,1997(11).

[24]DE URIOSTE –STONE S M, LE L, SCACCIA M D, et al. Nature –based tourism and climate change risk: visitors' perceptions in Mount Desert Island, Maine[J]. Journal of Outdoor Recreation and Tourism, 2016(13): 57 –65.

[25]DELLA DORA V. Setting and blurring boundaries: pilgrims, tourists, and landscape in Mount Athos and Meteora[J]. Annals of Tourism Research, 2012, 39(2): 951 –974.

[26]DWYER O, BUTLER D, CARTER P. Commemorative surrogation and the American South's changing heritage landscape[J]. Tourism Geographies, 2013, 15(3): 424 –443.

[27]EGOZ S, DE NARDI A. Defining landscape justice: the role of landscape in supporting wellbeing of migrants, a literature review[J]. Landscape research, 2017,42(sup1): S74 –S89.

[28]Griffith T. Environment,village and city:a genetic approach to urban Geography(with some reference to possibilism)[J]. Annals of the Association of American Geographers,1942,32(1):1 –67.

[29]GROV R H. Ecology, climate and empire[M]. Cambridge: White

Horse Press,1997.

[30] GUTBERLET M. Geopolitical imaginaries and Cultural Ecosystem Services (CES) in the desert[J]. Tourism Geographies, 2019.

[31]HAYWOOD K M. Visitor - employed photography: an urban visit assessment[J]. Journal of Travel Research,1990,29(1):25 - 29.

[32]HERSPERGER A M, GRĂDINARU S R, PIERRI DAUNT A B, et al. Landscape ecological concepts in planning: review of recent developments [J]. Landscape ecology, 2021, 36(8): 2329 - 2345.

[33]HILLEL D, BELHASSEN Y, SHANI A. What makes a gastronomic destination attractive? Evidence from the Israeli Negev[J]. Tourism Management, 2013(36): 200 - 209.

[34]HOELSCHER S. DEREK H. Alderman, memory and place: geographies of a critical relationship[J]. Social & Cultural Geography, 2004, 5(3): 347 - 353.

[35]INGOLD T. The temporality of the landscape in the perception of the environment[M]. London: Routledge, 2000.

[36]INOUE T, MANABE R, MURAYAMA A, et al. Landscape value in urban neighborhoods: a pilot analysis using streetlevel images[J]. Landscape and Urban Planning, 2022(221): 104357.

[37]JOHNSTON M. Polar Tourism: an environmental perspective[J]. Tourism Management, 2012, 33(3):723 - 724.

[38]KATRIINA S. Exploring human dimensions of multifunctional landscapes through mapping and man - mapping[J]. Landscape and Urban Planning,2001(57):225 - 239.

[39]KITCHIN R, Thrift N. International encyclopedia of human geography [M]. Amsterdam:Elsevier, 2009.

[40]KNIGHT R L, SWANEY D P. In defense of ecosystems[J]. The American Naturalist, 1981, 117(6): 991 - 992.

[41]KOBAYSHI A. International encyclopedia of human geography [M]. Amsterdam:Elsevier, 2019.

[42]KOOT S, FLETCHER R. Donors on tour: philanthrotourism in Africa [J]. Annals of Tourism Research, 2021(89): 103216.

[43]KOSHIMIZU H, MORIMOTO Y. What is "landscape and ecological engineering"? [J]. Landscape and Ecological Engineering, 2005, 1(1): 1.

[44]KWOK A O J, KOH S G M. Deepfake: a social construction of technology perspective [J]. Current Issues in Tourism, 2021, 24 (13): 1798 -1802.

[45]LAING J, FROST W. Explorer travellers and adventure tourism[M]. Channel View Publications, 2014.

[46] LARSON L R, POUDYAL N C. Developing sustainable tourism through adaptive resource management:a case study of Machu Picchu,Peru[J]. Journal of Sustainable Tourism,2012,20(7):917 -938.

[47]LEMELIN R H . Tourism and the consumption of wildlife: hunting, shooting, and sport fishing [J]. Annals of Tourism Research, 2008, 35 (3):842 -843.

[48]LEW A. Tourism planning and place making: placemaking or placemaking? [J]. Tourism Geographies, 2017,19(3):448 -466.

[49]LIVINGSTONE D N. The geographical tradition[M]. Oxford:Blackwell,1992.

[50]LOWENTHAL D. Past Time, Present Place, Landscape and Memory [J]. Geographical Review, 1975, 65(1): 1 -36.

[51]LU S, LI G, XU M. The linguistic landscape in rural destinations: a case study of Hongcun Village in China [J]. Tourism Management, 2020 (77): 104005.

[52]MA S D, KIRILENKO A P, STEPCHENKOVA S. Special interest tourism is not so special after all: big data evidence from the 2017 Great Ameri-

can Solar Eclipse[J]. Tourism Management, 2020(77): 104021.

[53]MARCONI , VINCENT C, et al. Code saturation versus meaning saturation: how many interviews are enough? [J]. Qualitative Health Research, 2017, 27(4): 591 -608.

[54]MATLESS D. Action and noise over a hundred years: the making of a nature region[M]. Abingdon: Routledge, 2007: 117.

[55]MC GRANAHAN D A. Identifying ecological sustainability assessment factors for ecotourism and trophy hunting operations on private rangeland in Namibia[J]. Journal of Sustainable Tourism, 2011, 19(1): 115 -131.

[56]MEKAWY M A. Responsible slum tourism: egyptian experience [J]. Annals of Tourism Research, 2012, 39(4): 2092 -2113.

[57]MICHALCZUK J, MICHALCZUK M. Rural parks as refugia of cavity nesters in an agricultural landscape: which habitat features are important for cavity dwellers? [J]. Landscape and Urban Planning, 2022(223): 104407.

[58]MIZUOKA F . Geographers awaken to talk in the geographers' langue [J]. Chiriga - ku Hyōron, 1997, 70(12):824 -834.

[59]MKONO M, HOLDER A. The future of animals in tourism recreation: social media as spaces of collective moral reflexivity [J]. Tourism Management Perspectives, 2019(29): 1 -8.

[60] MOUFAKKIR O, SELMI N. Examining the spirituality of spiritual tourists: a Sahara desert experience[J]. Annals of Tourism Research, 2018 (70): 108 -119.

[61]MUSACCHIO L R. The ecology and culture of landscape sustainability: emerging knowledge and innovation in landscape research and practice[J]. Landscape Ecology, 2009, 24(8): 989 -992.

[62]MÜLLER N, MORIMOTO, Y. Landscape design and urban biodiversity[J]. Landscape and Ecological Engineering,2016(12): 105 -106 .

[63]NARAYANAN Y, MACBETH J. Deep in the desert: merging the des-

ert and the spiritual through 4WD tourism[J]. Tourism Geographies, 2009, 11(3): 369 -389.

[64]NEWSOME D, DOWLING R, LEUNG Y F. The nature and management of geotourism: a case study of two established iconic geotourism destinations [J]. Tourism Management Perspectives, 2012(2): 19 -27.

[65]O'FARRELL P J, ANDERSON P M L. Sustainable multifunctional landscapes: a review to implementation[J]. Current Opinion in Environmental Sustainability, 2010, 2(1 -2): 59 -65.

[66]ODUM E P , FINN J T , FRANZ E H . Perturbation theory and the subsidy - stress gradient[J]. BioScience, 1979(6):349 -352.

[67]PITKÄNEN K. Second - home landscape: the meaning (s) of landscape for second - home tourism in Finnish Lakeland[J]. Tourism Geographies, 2008, 10(2): 169 -192.

[68]PRIMDAHL J, BOJESEN M, VESTERAGER J P, et al. Hunting and landscape in Denmark: farmers' management of hunting rights and landscape changes[J]. Landscape Research, 2012, 37(6): 659 -672.

[69]PRITCHARD A, MORGAN N J. Privileging the male gaze: gendered tourism landscapes[J]. Annals of Tourism Research, 2000, 27(4): 884 -905.

[70]RAYMOND C M , BROWN G , WEBER D . The measurement of place attachment: personal, community, and environmental connections [J]. Journal of Environmental Psychology, 2010, 30(4):422 -434.

[71]REICHEL A , URIELY N , Shani A . Ecotourism and simulated attractions: tourists' attitudes towards integrated sites in a desert area[J]. Journal of Sustainable Tourism, 2008, 16(1):23 -41.

[72]REICHEL A , URIELY N . Sustainable tourism development in the Israeli Negev Desert: an integrative approach [J]. Journal of Park & Recreation Administration, 2003:21(4).

[73]RICHARD H. The nature of geography: a critical of current thought in

the light of the past[M]. Larcaster, Pa: Association of American Geographers, 1939:149.

[74]RYAN C, Ninov I, Aziz H. Ras Al Khor – Eco – tourism in constructed wetlands: post modernity in the modernity of the Dubai landscape[J]. Tourism Management Perspectives, 2012(4): 185 – 197.

[75]RYAN C, SSTWART M. Ecotourism and luxury: the case of Al Maha, Dubai[J]. Journal of Sustainable Tourism, 2009, 17(3): 287 – 301.

[76]SANTARÉM F, PAIVA F. Conserving desert biodiversity through ecotourism[J]. Tourism Management Perspectives, 2015(16):176 – 178.

[77]SAUER C O. Recent development in cultural geography[A]//Hayes E C. Recent Development in the Social Sciences. New York: Lippin Cott, 1927.

[78]SAUER C. The morphology of landscape[M]. Los Angeles: University of California Press, 1974.

[79]SCHIRPKE U, ZODERER B M, TAPPEINER U, et al. Effects of past landscape changes on aesthetic landscape values in the European Alps[J]. Landscape and Urban Planning, 2021(212): 104 – 109.

[80]SCHMIDT J, URIELY N. Tourism development and the empowerment of local communities: the case of Mitzpe Ramon, a peripheral town in the Israeli Negev Desert[J]. Journal of Sustainable Tourism, 2019, 27(6): 805 – 825.

[81]SCHMIDT J, URIELY N. Tourism development and the empowerment of local communities: the case of Mitzpe Ramon, a peripheral town in the Israeli Negev Desert[J]. Journal of Sustainable Tourism, 2009, 27(6):805 – 825.

[82]SHACKLEY M. Tourism development and environmental protection in southern Sinai[J]. Tourism Management, 1999, 20(4): 543 – 548.

[83]SMITH J W, MILLER A B, LAMBORN C C, et al. Motivations and spatial behavior of OHV recreationists: A case – study from central Utah (USA)[J]. Journal of Outdoor Recreation and Tourism, 2021(36): 100426.

[84]SOINI K. Exploring human dimensions of multifunctional landscapes

through mapping and mapmaking[J]. Landscape and Urban Planning, 2001, 57 (3/4) : 225 - 239.

[85]SPRUGEL D G, BORMANN F H. Natural disturbance and the steady state in high - altitude balsam fir forests[J]. SCIENCE, 1981(211): 390 - 393.

[86]STOFFELEN A, VANNESTE D. An integrative geotourism approach: bridging conflicts in tourism landscape research [J]. Tourism Geographies, 2015, 17(4): 544 - 560.

[87]SUTTON , JOHN . From desert to destination: conceptual insights into the growth of events tourism in the United Arab Emirates[J]. Anatolia An International Journal of Tourism & Hospitality Research, 2016, 27(3): 352 - 366.

[88]SZARY A . Towards experimental mountaineering? [J]. Revue de Géographie Alpine, 2014, 101(101 - 2).

[89]TERMORSHUIZEN J W, OPDAM P. Landscape services as a bridge between landscape ecology and sustainable development[J]. Landscape Ecology, 2009, 24(8) : 1037 - 1052.

[90]WALSHAM A. The reformation of the landscape: Religion, identity, and memory in early modern Britain and Ireland[M]. Oxford: Oxford University Press, 2011.

[91]WANG L . A Summary on the ice-snow tourism development and research at home and abroad[J]. Ecological Economy, 2010(3): 66 - 69.

[92]WHITTLESEA E R , OWEN A . Towards a low carbon future: the development and application of REAP Tourism, a destination footprint and scenario tool[J]. Journal of Sustainable Tourism, 2012, 20(6): 845 - 865.

[93]WOODGATE G, REDCLIFT M. From a "sociology of nature" to environmental sociology: beyond social construction[J]. Environmental Values, 1998, 7(1): 3 - 24.

[94]WU J. Landscape sustainability science: Ecosystem services and human well - being in changing landscapes[J]. Landscape ecology, 2013, 28(6):

999 – 1023.

[95]安传艳,翟洲燕,李同昇. 传统村落空间的表征与话语权力:基于文本话语的分析[J]. 地理科学,2022,42(4):702 – 710.

[96]柏格·P,卢克曼·T. 知识社会学:社会实体的建构[M]. 台北:巨流图书公司,1991:13.

[97]保继刚,楚义芳. 旅游地理学[M]. 北京:高等教育出版社,1999.

[98]鲍梓婷. 景观作为存在的表征及管理可持续发展的新工具[D]. 广州:华南理工大学,2016.

[99]邴振华,高峻. 九寨沟景观游憩价值评估及空间分异[J]. 生态学报,2016,36(14):4298 – 4306.

[100]陈岗,黄震方. 旅游景观形成与演变机制的符号学解释:兼议符号学视角下的旅游城市化与旅游商业化现象[J]. 人文地理,2010,25(5):124 – 127.

[101]陈娟,王润强,唐雪琼,等. 景观基因视角下云南寺观园林景观特征分析:以昆明圆通寺为例[J]. 中南林业科技大学学报,2020,40(12):159 – 168.

[102]陈利顶,李秀珍,傅伯杰,等. 中国景观生态学发展历程与未来研究重点[J]. 生态学报,2014,34(12):3129 – 3141.

[103]陈思淇,张玉钧,高云,等. 基于 AHP – PROMETHEE – GIS 的半干旱地区生态旅游活动适宜性分析:以宁夏灵武市白芨滩沙漠公园为例[J]. 中国沙漠,2022,42(2):121 – 133.

[104]陈向阳. 环境库兹涅茨曲线的理论与实证研究[J]. 中国经济问题,2015(3):51 – 62.

[105]陈忠祥. 宁夏特色旅游发展研究[J]. 干旱区地理,2002(4):360 – 363.

[106]程宪波,陶宇,欧维新. 生态系统服务与人类福祉关系研究进展[J]. 生态与农村环境学报,2021,37(7):885 – 893.

[107]崔庆明,徐红罡. 反思生态旅游中自然的社会建构[J]. 旅游导

刊, 2019, 3(4): 15 –29.

[108]崔鑫生,韩萌,方志. 动态演进的倒“U”型环境库兹涅茨曲线[J]. 中国人口·资源与环境,2019,29(9):74 –82.

[109]邸明慧,广新菊. 差异形成旅游产品吸引力研究:以宁夏沙坡头市场营销为例[J]. 地理与地理信息科学,2004(6):91 –93.

[110]董瑞杰,董治宝,吴晋峰. 沙漠生态旅游适宜度评价[J]. 中国沙漠,2014,34(4):1177 –1183.

[111]董瑞杰. 沙漠旅游资源评价及风沙地貌地质公园开发与保护研究[D]. 西安:陕西师范大学,2013.

[112]窦璐. 生态旅游景区服务场景的量表开发研究[J]. 旅游学刊,2022,37(5):110 –123.

[113]杜涛,白凯,黄清燕,等. 红色旅游资源的社会建构与核心价值[J]. 旅游学刊,2022,37(7):16 –26.

[114]段艺凡,张延龙. 康复景观视野下的五感体验园林景观营造[J]. 西北林学院学报,2017,32(3):284 –288.

[115]顿耀权,屈建军,康文岩,等. 包兰铁路沙坡头段防护体系研究综述[J]. 中国沙漠,2021,41(3):66 –74.

[116]樊胜岳,麻亮亮. 中国大陆足迹家族的环境库兹涅茨曲线分析[J]. 自然资源学报,2016,31(9):1452 –1462.

[117]冯琳,赵经纬. 活态共构:社区博物馆的非物质文化遗产保护实践[J]. 西北民族研究,2022(4):93 –101.

[118]冯智超. 马克思生态观视域下中国城镇化生态胁迫效应探析[D]. 成都:四川师范大学,2014.

[119]付伟,赵俊权,杜国祯. 基于生态足迹与环境库兹涅茨曲线的中国西北部地区生态安全分析[J]. 中国人口·资源与环境,2013,23(S1):107 –110.

[120]高帅,孙来斌. 习近平生态文明思想的创造性贡献:基于马克思主义生态观基本原理的分析[J]. 江汉论坛,2021(1):5 –12.

[121]顾朝林，于涛方，李平．人文地理学流派[M]．北京：高等教育出版社，2008：5.

[122]郭程．居伊·德波景观社会理论研究[D]．济南：山东师范大学，2014.

[123]郭生岐．中卫县志[M]．银川：宁夏人民出版社，1995.

[124]何继红，孙冰，施招婉，等．基于 PPT 战略的广东省乐昌市生态旅游扶贫模式探讨[J]．热带地理，2021，41(3)：645－655.

[125]洪佳，卢晓宁，王玲玲．1973—2013 年黄河三角洲湿地景观演变驱动力[J]．生态学报，2016，36(4)：924－935.

[126]胡美娟，侯国林，周年兴，等．庐山森林景观空间分布格局及多尺度特征[J]．生态学报，2015，35(16)：5294－5305.

[127]胡炜霞．景观生态视角下周边环境与旅游景区协调规划研究：以平遥古城为例[J]．人文地理，2011，26(6)：155－159.

[128]胡雪萍，李丹青．城镇化进程中生态足迹的动态变化及影响因素分析：以安徽省为例[J]．长江流域资源与环境，2016，25(2)：300－306.

[129]胡榆杰，董鑫，李玉杰．基于遥感与 GIS 的南充市区景观格局动态分析[J]．四川环境，2021，40(6)：81－88.

[130]胡最，刘沛林．中国传统聚落景观基因组图谱特征[J]．地理学报，2015，70(10)：1592－1605.

[131]黄文炜，袁振杰．地方、地方性与城中村改造的社会文化考察：以猎德村为例[J]．人文地理，2015，30(3)：42－49.

[132]黄向．网络新部落的情感空间社会建构研究：基于对“沙发客”的观察[J]．思想战线，2021，47(3)：45－54.

[133]黄越，赵振斌．旅游社区居民感知景观变化及空间结构：以丽江市束河古镇为例[J]．自然资源学报，2018，33(6)：1029－1042.

[134]季景涛．基于虚拟现实观的景观创作方法研究[D]．哈尔滨：哈尔滨工业大学，2014.

[135]季明明，孙虎．1980—2018 年镇赉县湿地景观格局变化与人为干

扰的关系[J]. 浙江大学学报(理学版),2021,48(6):760 - 770.

[136]蒋依依,成升魁,王仰麟,等. 旅游地生态持续性评价及其空间分异分析:以云南省丽江纳西族自治县为例[J]. 资源科学,2007(3):117 - 123.

[137]蒋依依,王仰麟,成升魁,等. 旅游景观生态系统理论[J]. 生态学报,2008(4):1786 - 1793.

[138]蒋依依,王仰麟,成升魁. 旅游景观生态系统格局研究方法探讨:以云南省丽江纳西族自治县为例[J]. 地理研究,2009,28(4):1069 - 1077.

[139]蒋依依,王仰麟,成升魁. 旅游景观生态系统理论[J]. 生态学报,2008,28(4):1786 - 1793.

[140]焦彦,陈冰. 艺术家移民在乡村旅游社区的社会融合研究:基于场域理论[J]. 旅游学刊,2022,37(8):26 - 39.

[141]矫克华. 中国园林景观植物设计中儒家文化理念探析[J]. 中国人口·资源与环境,2015,25(S2):224 - 228.

[142]金红燕,孙根年,张兴泰,等. 传统村落旅游真实性对旅游者环境责任行为的影响研究:怀旧和道家生态价值观的作用[J]. 浙江大学学报(理学版),2022,49(1):121 - 130.

[143]孔翔,卓方勇. 文化景观对建构地方集体记忆的影响:以徽州呈坎古村为例[J]. 地理科学,2017,37(1):110 - 117.

[144]匡红云, 江若尘. 主题公园资源要素与"令人难忘的旅游体验"[J]. 经济管理, 2019(1): 137 - 155.

[145]来婷婷. 宁夏中卫沙坡头国家级自然保护区景观变化及优化研究[D]. 兰州:兰州大学,2013.

[146]李波. 云南旅游地质景观类型与区划研究[D]. 昆明:昆明理工大学,2009.

[147]李伯华,郑始年,刘沛林,等. 传统村落空间布局的图式语言研究:以张谷英村为例[J]. 地理科学,2019,39(11):1691 - 1701.

[148]李彩霞. 跨文化适应视角下的文化休克研究[J]. 广西社会科

学,2015(11):196－201.

[149]李福祥. 中卫史话[M]. 银川:宁夏人民出版社, 2012.

[150]李慧明,卜欣欣. 环境与经济如何双赢:环境库兹涅茨曲线引发的思考[J]. 南开学报,2003(1):58－64.

[151]李凯,侯鹰,Hans Skov－Petersen,Peter S Andersen. 景观规划导向的绿色基础设施研究进展:基于"格局—过程—服务—可持续性"研究范式[J]. 自然资源学报,2021,36(2):435－448.

[152]李拉扬. "旅游凝视"视角下的城市研究:从城市性到城市景观[D]. 大连:东北财经大学,2017.

[153]李蕾蕾. 从新文化地理学重构人文地理学的研究框架[J]. 地理研究,2004,23(1):125－134.

[154]李鹏,杨桂华. 云南香格里拉旅游线路产品生态足迹[J]. 生态学报,2007(7):2954－2963.

[155]李文青,赵雪雁,杜昱璇,等. 秦巴山区生态系统服务与居民福祉耦合关系的时空变化[J]. 自然资源学报,2021,36(10):2522－2540.

[156]李小建. 中国经济地理思想的历史演变及发展走向[J]. 地理学报,2022,77(8):1873－1891.

[157]李昀霏,李陇堂. 沙漠型景区旅游形象感知对比研究:以宁夏沙坡头、沙湖景区为例[J]. 宁夏社会科学,2016(4):128－133.

[158]李正. 造园意匠[M]. 北京:中国建筑工业出版社,2010.

[159]厉新建,陆文励,沈铮杰. 发展夜间旅游应重视夜空资源开发[M]. 北京:社会科学文献出版社,2019.

[160]梁鑫源,金晓斌,韩博,等. 长三角快速城市化地区景观多功能性演变:以苏州市为例[J]. 地理科学进展,2021,40(2):207－219.

[161]林若琪,蔡运龙. 转型期乡村多功能性及景观重塑[J]. 人文地理,2012,27(2):45－49.

[162]刘保, 肖锋. 社会建构主义:一种新的哲学范式[M]. 北京: 中国社会科学出版社, 2011: 1－12.

[163]刘晖．基于 DPSIR 模型的延边朝鲜族自治州生态系统胁迫评估[D]．延吉:延边大学,2020.

[164]刘静艳．从系统学角度透视生态旅游利益相关者结构关系[J]．旅游学刊,2006,21(5):17－21.

[165]刘俊,王胜宏,余云云．科技创新:生态旅游发展关键问题的思考[J]．旅游学刊,2021,36(9):5－7.

[166]刘孟安．基于景观生态学思想的寒地建筑形态地景化创作方法研究[D]．哈尔滨:哈尔滨工业大学,2020.

[167]刘沛林．中国传统聚落景观基因图谱的构建与应用研究[D]．北京:北京大学,2011.

[168]刘瑞程,沈春竹,贾振毅,等．道路景观胁迫下沿海滩涂地区生态网络构建与优化:以盐城市大丰区为例[J]．生态学杂志,2019,38(3):828－837.

[169]刘艳艳,王少剑．珠三角地区城市化与生态环境的交互胁迫关系及耦合协调度[J]．人文地理,2015,30(3):64－71.

[170]刘焱序,傅伯杰．景观多功能性：概念辨析、近今进展与前沿议题[J]．生态学报,2019,39(8)：2645－2654.

[171]刘阳,赵振斌,李小永．基于 PPGIS 的乡村旅游社区景观价值变化研究:以丽江束河古镇为例[J]．地理科学,2021,41(2):328－339.

[172]刘忠伟,王仰麟．生态旅游及其景观生态学透视[J]．人文地理,2001(3):11－15.

[173]鲁丰先,秦耀辰,徐两省,等．旅游生态足迹初探:以嵩山景区2005 年“五一”黄金周为例[J]．人文地理,2006(5):31－35.

[174]陆邵明．眼动追踪视野下上海古典园林文化基因的刻画[J]．同济大学学报(社会科学版),2020,31(6):93－102.

[175]路春燕,王宗明,刘明月,等．松嫩平原西部湿地自然保护区保护有效性遥感分析[J]．中国环境科学,2015,35(2):599－609.

[176]吕婷,李君轶,代黎,等．电子口碑对乡村旅游行为意向的影响:

以西安城市居民为例[J]. 旅游学刊,2018,33(2):48－56.

[177]罗兰・巴尔特. 符号学原理[M]. 王东亮,等译. 北京:三联书店, 1999:25－39.

[178]罗文斌,唐沛,孟贝,等. 国外旅游可持续生计研究进展及启示[J]. 中南林业科技大学学报(社会科学版),2019,13(6):93－100.

[179]马尔科姆・沃特斯. 现代社会学理论[M]. 杨善华, 李康, 译. 北京: 华夏出版社,2000: 53.

[180]马丽梅,史丹. 京津冀绿色协同发展进程研究:基于空间环境库兹涅茨曲线的再检验[J]. 中国软科学,2017(10):82－93.

[181]梅诗婧,李陇堂,石磊,等. 沙漠型景区旅游安全风险评价:以宁夏沙坡头景区为例[J]. 中国沙漠,2019,39(5):143－154.

[182]纳日・碧力戈. 各烟屯蓝靛瑶的信仰仪式、社会记忆和学者反思[J]. 云南大学人文社会科学学报, 2002, 26(2): 60－65.

[183]聂桂博, 艾少伟. 景观意义的发掘诀窍:用心,就读出来了:评《触景生情——文化地理学人笔记》[J]. 热带地理, 2022, 42(6):3.

[184]潘宝. 旅游社会建构过程中民族文化的解构与重构[J]. 北方民族大学学报,2022(2):88－94.

[185]彭建, 吕慧玲, 刘焱序, 等. 国内外多功能景观研究进展与展望[J]. 地球科学进展, 2015, 30(4): 465－476.

[186]彭建,杜悦悦,刘焱序,等. 从自然区划、土地变化到景观服务:发展中的中国综合自然地理学[J]. 地理研究,2017,36(10):1819－1833.

[187]秦晓楠,孙凤芝,袁文华. 中国旅游城市生态安全系统作用机理研究:基于PLS与SD的组合[J]. 中国人口・资源与环境,2019,29(7):31－40.

[188]邱坚坚,刘毅华,袁利,等. 人地系统耦合下生态系统服务与人类福祉关系研究进展与展望[J]. 地理科学进展,2021,40(6):1060－1072.

[189]任维,王向荣. 温州传统人居环境景观体系研究[J]. 中国园林,2021,37(10):30－35.

[190]阮艳萍,王雯. 丁村媒介景观的意义生产方式探析[J]. 文化遗

产,2016(2):23-29.

[191]沙爱霞,陈忠祥. 宁夏沙漠旅游开发研究[J]. 宁夏大学学报(自然科学版),2004(1):81-84.

[192]申嘉澍,李双成,梁泽,等. 生态系统服务供需关系研究进展与趋势展望[J]. 自然资源学报,2021,36(8):1909-1922.

[193]石德生. 景观社会理论:经济社会景观化构序构境的深刻批判[J]. 青海社会科学,2017(1):123-128.

[194]是丽娜,王国聘. 湿地旅游的生态伦理属性及其价值选择[J]. 南京林业大学学报(人文社会科学版),2019,19(1):40-50.

[195]舒小林,高应蓓,张元霞,等. 旅游产业与生态文明城市耦合关系及协调发展研究[J]. 中国人口·资源与环境,2015,25(3):82-90.

[196]苏毅清,秦明,王亚华. 劳动力外流背景下土地流转对农村集体行动能力的影响:基于社会生态系统(SES)框架的研究[J]. 管理世界,2020,36(7):185-198.

[197]孙冰颖. 中国沙漠型旅游景区发展现状及前景[J]. 中国沙漠,2021,41(1):75-81.

[198]孙刚, 盛连喜. 胁迫生态学理论框架(上):受胁生态系统的症状[J]. 环境保护, 1999(7):3.

[199]孙刚,盛连喜,周道玮,等. 胁迫生态学理论框架生态系统的症状[J]. 环境保护,1999(7):37-39.

[200]孙刚,周道玮,盛连喜,等. 胁迫生态学理论框架(下)——受胁生态系统的阶段性适应反应[J]. 环境保护,1999(8):32-34.

[201]孙刚,周道玮. 胁迫生态学研究进展[J]. 农村生态环境,1999(4):42-46.

[202]孙九霞, 罗意林. 跨越时空的旅游“新村民”:他者的数字化自我呈现[J]. 西北民族研究, 2022(2):14.

[203]孙九霞,黄秀波,王学基. 旅游地特色街区的“非地方化”:制度脱嵌视角的解释[J]. 旅游学刊,2017,32(9):24-33.

[204]孙九霞,王钰宁,庞兆玲．基于生活实践的人与自然生命共同体构建:西藏夏乌村案例[J]．地理科学,2022,42(5):751－760.

[205]孙姝博,孙虎,徐崟尧,等．运城黄河湿地景观空间格局变化及其驱动因素[J]．水生态学杂志,2021,42(1):17－25.

[206]唐书转．基于自媒体的旅游景区营销策略研究[J]．吉首大学学报(社会科学版),2013,34(6):49－54.

[207]唐志强,曹瑾,党婕．水资源约束下西北干旱区生态环境与城市化的响应关系研究:以张掖市为例[J]．干旱区地理,2014,37(3):520－531.

[208]藤井明．聚落探访[M]．宁晶,译．北京:中国建筑工业出版社,2003.

[209]王德刚．旅游资源与旅游景观[J]．桂林旅游高等专科学校学报,1998(1):11－14.

[210]王纪伟,刘康,瓮耐义．关中地区人类活动对生态系统胁迫变化影响评估[J]．安徽农业科学,2014(11):3326－3329.

[211]王建英,邹利林,黄远水,等．基于胁迫生态理论的旅游度假区用地布局优化:以武夷山国家旅游度假区为例[J]．生态学杂志,2017,36(4):1165－1172.

[212]王婧雯．地方感视角下广州西关景观意象研究[D]．广州:暨南大学,2018.

[213]王凯,邹楠,甘畅．旅游技术效率、旅游绿色生产率收敛性及其影响因素[J]．经济地理,2022,42(6):215－224.

[214]王萌,李君轶．城市历史文化街区景观对游客情感及行为意向影响研究:以西安历史文化街区为例[J]．西南大学学报(自然科学版),2021,43(10):146－153.

[215]王敏,赵美婷,朱竑．广州河涌的自然社会构建与城市记忆[J]．地理学报,2019,74(2):353－365.

[216]王舒媛,白凯．西安回坊旅游劳工移民的地方依恋与幸福感[J]．旅游学刊,2017,32(10):12－27.

［217］王涛，赵哈林，肖洪浪．中国沙漠化研究的进展［J］．中国沙漠，1999(4)：3－15.

［218］王晞月，张希，王向荣．古老的城市支撑系统：中国古代城市陂塘系统及其空间内涵探究［J］．城市发展研究，2018，25(10)：51－59.

［219］王馨，白凯，包军军．丽江古城旅游移民地方融入的维度建构与检验［J］．旅游学刊，2021，36(6)：116－132.

［220］王旭科，赵黎明．宁夏中卫市旅游资源及开发对策研究［J］．干旱区资源与环境，2008(1)：107－112.

［221］王艳峰，徐伟新．马克思恩格斯生态观及其当代启示［J］．科学社会主义，2019(2)：30－37.

［222］王仰麟．格局与过程：景观生态学的理论前沿［A］//基础科学进展．北京：中国科学技术出版社，1995.

［223］王庸弼．地理五诀［M］．李非，校，译．郑州：中州古籍出版社，1999：37.

［224］王勇，俞海，张永亮，等．中国环境质量拐点：基于 EKC 的实证判断［J］．中国人口·资源与环境，2016，26(10)：1－7.

［225］王兆峰，陈青青．长江经济带旅游产业与生态环境交互胁迫关系验证及协调效应研究［J］．长江流域资源与环境，2021，30(11)：2581－2593.

［226］王志弘，林纯秀．都市自然的治理与转化 新北市二重疏洪道［J］．台湾社会研究季刊，2013(92)：35－71.

［227］魏莉．基于特色优势的旅游精准扶贫开发思路：以云南省景东彝族自治县旅游开发为例［J］．社会科学家，2022(1)：64－70.

［228］魏小衬，李陇堂．基于 DPSIR 模型的西北干旱风沙区旅游生态安全预警研究：以宁夏回族自治区中卫市为例［J］．生态经济，2021，37(6)：134－139.

［229］邬建国．景观生态学：格局、过程、尺度与等级（第二版）［M］．北京：高等教育出版社，2007.

［230］吴必虎，党宁，吴冬青．传统商业街区旅游景观整治研究：以安徽

屯溪老街为例[J]. 规划师,2004(11):17 - 20.

[231]吴红斌,郝耀明,刘迺发. 宁夏沙坡头国家级自然保护区综合科学考察[M]. 兰州:兰州大学出版社,2005.

[232]吴良镛. 人居环境科学导论[M]. 北京:中国建筑工业出版社,2001.

[233]吴兴帜. 文化遗产的原真性研究[J]. 西南民族大学学报(人文社科版),2016,37(3):1 - 6.

[234]吴志华,王晓辉. 巢湖东端湖滨带物理基底及生态修复[J]. 合肥工业大学学报(自然科学版),2006(9):1068 - 1071,1076.

[235]吴宗杰. 话语与文化遗产的本土意义建构[J]. 浙江大学学报(人文社会科学版),2012,42(5):28 - 40.

[236]伍乐平. 基于符号学的哈尼梯田旅游景观管理研究[D]. 昆明:云南大学,2018.

[237]武鹏飞,周德民,宫辉力. 线性抽样及分形理论在景观异质性研究中的应用[J]. 地理研究,2013,32(8):1391 - 1401.

[238]武文杰,孙业红,王英. 农业文化遗产地女性居民旅游参与的情感响应:以浙江青田稻鱼共生系统为例[J]. 旅游学刊,2022,37(4):128 - 139.

[239]向远林. 陕西传统乡村聚落景观基因变异机制及其修复研究[D]. 西安:西北大学,2020.

[240]肖笃宁,李秀珍,高峻,等. 景观生态学[M]. 北京:科学出版社,2003.

[241]肖笃宁,钟林生. 景观分类与评价的生态原则[J]. 应用生态学报,1998(2):217 - 221.

[242]邢怀滨,陈凡. 社会建构论的思想演变及其本质意含[J]. 科学技术与辩证法,2002, 19(50):70 - 73.

[243]邢振杰,康永祥,李明达. 园林植物形态对人生理和心理影响研究[J]. 西北林学院学报,2015,30(2):283 - 286.

［244］邢志娟．宁夏沙坡头景区沙漠体育旅游的游客体验分析及产品开发研究［D］．银川：宁夏大学，2017.

［245］熊梅，周宏伟．西北地区历史文化村镇研究述评［J］．中国社会经济史研究，2015（1）：71－79.

［246］徐冬，黄震方，洪学婷，等．乡村旅游地文化胁迫类型、格局与机理研究：以苏州东山镇为例［J］．地理研究，2020，39（10）：2249－2267.

［247］徐冬．旅游开发对乡村文化的胁迫效应与机理研究［D］．南京：南京师范大学，2020.

［248］徐海敏．从“景观”到“景观社会”：国内外研究现状述评［J］．廊坊师范学院学报（社会科学版），2009，25（5）：88－91，99.

［249］薛晨浩，李陇堂，任婕，等．宁夏沙漠旅游适宜度评价［J］．中国沙漠，2014，34（3）：901－910.

［250］薛晨浩．旅游活动对沙漠生态环境的影响研究［D］．银川：宁夏大学，2014.

［251］薛芮，阎景娟．景观管理嵌入乡村旅游人地关系研究的应用框架建构［J］．地理科学进展，2022，41（3）：510－520.

［252］杨阿莉，南宇，李海军．生态脆弱区旅游开发与环境建设协调发展问题研究：以石羊河流域为例［J］．资源开发与市场，2009，26（1）：45－48.

［253］杨骏．聚焦宁夏回族自治区旅游对沙漠环境的影响［J］．贵州民族研究，2018，39（4）：183－186.

［254］杨立国，彭梓洺．传统村落文化景观基因传承与旅游发展融合度评价：以首批侗族传统村落为例［J］．湖南师范大学自然科学学报，2022，45（2）：74－82.

［255］杨兆兴．沙坡头·世界奇迹［M］．北京：解放军文艺出版社，1990.

［256］杨振之，谢辉基．“修旧如旧”“修新如旧”与层摞的文化遗产［J］．旅游学刊，2018，33（9）：6－9.

［257］仰海峰．商品社会、景观社会、符号社会：西方社会批判理论的一种变迁［J］．哲学研究，2003（10）：21－26，96.

[258]姚亦锋．以生态景观构建乡村审美空间[J]．生态学报,2014,34(23)：7127－7136

[259]尹郑刚．我国沙漠旅游景区开发的现状和前景[J]．干旱区资源与环境,2011,25(11):221－225.

[260]于川．实践哲学语境下的生态伦理研究[D]．合肥:中国科学技术大学,2017.

[261]于贵瑞,王秋凤,杨萌,等．生态学的科学概念及其演变与当代生态学学科体系之商榷[J]．应用生态学报,2021,32(1):1－15.

[262]余红艳．景观生产与景观叙事[D]．上海:华东师范大学,2015.

[263]余汝艺,梁留科,李德明,等．旅游种群的入侵、继替与古村落空间秩序重组研究:以徽州古村落宏村为例[J]．经济地理,2013,33(8):165－170.

[264]俞孔坚．论景观概念及其研究的发展[J]．北京林业大学学报,1987(4):433－439.

[265]俞晓萍,于华友．中国西部地带旅游景观特色研究[J]．乐山师范学院学报,2003(2):75－78.

[266]喻锋,李晓波,张丽君,等．中国生态用地研究:内涵、分类与时空格局[J]．生态学报,2015,35(14):4931－4943.

[267]袁轶男,金云峰,聂晓嘉,等．基于 Fragstats4 的上海市城市景观格局指数动态研究[J]．山东农业大学学报(自然科学版),2020,51(6):1157－1162.

[268]曾斌,钟培源,马汉泽,等．宁夏,人与沙的千年博弈[J]．宁夏画报,2021(3):66－69.

[269]曾诗晴,谢彦君,史艳荣．时光轴里的旅游体验:历史文化街区日常生活的集体记忆表征及景观化凝视[J]．旅游学刊,2021,36(2):70－79.

[270]斋藤幸平,谢宗睿,陈世华．马克思与生态问题[J]．南京工业大学学报(社会科学版),2020,19(5):58－64,116.

[271]张蔼恒,孙九霞．语言景观研究进展:地方主体的空间实践[J]．

人文地理,2019,34(4):13－19.

[272]张春燕,资明贵,罗静,等. 旅游业驱动下的林区乡村地域景观演化与重构[J]. 华中师范大学学报(自然科学版),2022,56(1):189－200.

[273]张菲菲,刘刚,康洁,等. 京郊民俗生态旅游发展探讨:以怀柔区北宅村为例[J]. 北京社会科学,2007(4):81－85.

[274]张冠乐,李陇堂,王艳茹,等. 宁夏沙湖景区生态旅游环境容量[J]. 中国沙漠,2016,36(4):1153－1161.

[275]张海洲, 徐雨晨, 陆林. 民宿空间的地方表征与建构:网络博客的质性分析[J]. 旅游学刊, 2020, 35(10): 122－134.

[276]张辉,徐红罡. 触“景”会生“情”吗?——旅游体验场景和目的地熟悉度对游客地方依恋的影响[J]. 旅游学刊,2023,38(6):122－135.

[277]张家骥. 中国造园论[M]. 太原:山西人民出版社,2012.

[278]张建,雷刚,漆良华,等. 2003—2018 年土地利用变化对丹江口市景观格局与生态服务价值的影响[J]. 生态学报,2021,41(4):1280－1290.

[279]张兴泰,陈志钢,张骁鸣,等. 流动与想象:西藏地方意义的多元互构研究[J]. 地理研究,2021,40(8):2292－2313.

[280]张旭. 民宿型乡村景观规划与设计研究初探[D]. 长沙:中南林业科技大学,2016.

[281]张艺馨,陈建文,钟晟,等. 基于扎根理论的武汉大学樱花景观叙事研究[J]. 地理与地理信息科学,2021,37(6):135－140.

[282]张至楠. 旅游对沙漠型旅游景区沙坡形态影响研究[D]. 银川:宁夏大学,2015.

[283]赵惠,吴金希. 基于环境库兹涅茨曲线的京冀区际环境污染转移的测度研究[J]. 中国人口·资源与环境,2020,30(5):90－97.

[284]赵敏. 旅游挤出效应下的丽江古城文化景观生产研究[D]. 昆明:云南大学,2015.

[285]赵世瑜, 周尚意. 中国文化地理概说[M]. 太原: 山西教育出版社, 1991.

[286]赵文武,房学宁．景观可持续性与景观可持续性科学[J]．生态学报,2014,34(10)：2453－2459.

[287]郑文俊．旅游视角下乡村景观价值认知与功能重构:基于国内外研究文献的梳理[J]．地域研究与开发,2013,32(1):102－106.

[288]仲佳,潘洪义,郑渊博．乡村旅游区的景观格局空间演变分析:以成都市三圣乡为例[J]．四川师范大学学报(自然科学版),2017,40(6):817－823.

[289]周剑云,蒋定哲,鲍梓婷,等．历史景观特征评估:链接保护区与城市历史景观[J]．国际城市规划,2023,38(2):124－132,142.

[290]周尚意,阚天悦．以文化地理学四对视角展示景观意义的多元发掘方法:以圆明园为例[J]．自然与文化遗产研究,2021,6(6):52－60.

[291]周尚意,杨鸿雁,孔翔．地方性形成机制的结构主义与人文主义分析:以798和M50两个艺术区在城市地方性塑造中的作用为例[J]．地理研究,2011,30(9):1566－1576.

[292]周正柱,刘庆波,王云云．经济增长与工业环境污染关系的环境库兹涅茨曲线检验:基于长江经济带省域的面板计量模型[J]．南京工业大学学报(社会科学版),2020,19(2):64－72,112.

[293]朱竑,尹铎．自然的社会建构:西方人文地理学对自然的再认识[J]．地理科学,2017,37(11):1609－1616.

[294]朱亚茹,高峻,邴振华,等．基于参与式制图方法的景观服务评估与空间结构研究[J]．地球信息科学学报,2020,22(5):1106－1119.

[295]庄红娟．三峡库区草堂河流域生态系统胁迫特征与生态恢复研究[D]．重庆:重庆师范大学,2011.

[296]邹统钎,韩全,秦静．"千年运河"品牌基因谱系识别与空间分异研究[J]．地理研究,2022,41(3):713－730.

[297]邹统钎．绿水青山与金山银山转化的乡村旅游机制探讨[J]．旅游学刊,2020(10).

附　录

附录一　访谈提纲

生态环境、景观要素与旅游发展情况调研提纲

亲爱的朋友：

您好，我们是来自陕西师范大学旅游管理专业的学生，为了解沙坡头区旅游发展前后生态环境的基底变化、景观格局的变化，以及您对这些变化的感知和评价，我们进行了本次调查，以期对推进生态环境改善与优化和旅游业可持续发展提供参照，希望能得到您的真诚回答和积极配合。以下各项问题所获资料仅做学术研究之用。非常感谢您的支持与配合！

一、基本信息

1. 您的性别：A 男；B 女

2. 您的年龄：

A. 18 岁以下；B. 18 ~ 29 岁；C. 30 ~ 44 岁；D. 45 ~ 59 岁；E. 60 岁及以上

3. 您的受教育程度是：

A. 小学及以下；B. 初中；C. 中专或高中；D. 大专；E. 本科；F. 硕士及以上

4. 您的职业是：

A. 工人；B. 农民；C. 个体经营人员；D. 企业管理人员；E. 专业技

术人员；F. 公司职员；G. 公务员；H. 军人；I. 离退休人员；J. 教师；K. 学生；L. 下岗待业人员；M. 其他________________

5. 您的月收入是：

A. 1000 元以下；B. 1001 ~ 3000 元；C. 3001 ~ 5000 元；D. 5001 ~ 7000 元；E. 7001 ~ 9000 元；F. 9000 元以上

6. 您是以何种方式参与旅游业的：

A. 经营旅馆；B. 餐饮服务；C. 民族歌舞表演；D. 地方导游；E. 手工艺品加工与销售；F. 销售旅游纪念品；G. 帮工（服务员）；H. 景区工作人员；I. 其他________________

7. 沙坡头的以下景观，哪些您最了解？

A. 沙坡头景区；B. 腾格里沙漠湿地·金沙岛旅游区；C. 宁夏腾格里·金沙海旅游度假区；D. 中卫寺口子风景旅游区；E. 中卫高庙；F. 沙坡头水镇景区；G. 南长滩村；H. 北长滩村；I. 童家园子；J. 黄河宿集；K. 66 号公路；L. 麦草方格固沙治沙工程；M. 包兰铁路；N. 大河之舞文化主题园区；O. 迎水桥全域旅游示范镇；P. 其他________________

二、导入问题

（一）当地居民

1. 请您谈谈沙坡头这些年的发展变化。

2. 这里的生态环境变得比以前好了吗？主要体现在哪些方面？

3. 这里的人居环境比以前好了吗？主要体现在哪些方面？

4. 这里有哪些好玩的景区、乡村和地方？外地游客多吗？

5. 现在留在这里就业的本地人多吗？外出务工的人多吗？

6. 您认为这里旅游业的发展和生态环境的变好与什么有关联？

7. 您认为在这里治理沙漠有必要吗？

8. 您了解这里的治沙先进人物或单位吗？您会被他们坚持不懈的治沙精神感动吗？

9. 您了解这里的“五带一体”“麦草方格”技术吗？您认为它们是否代表了坚强、勇敢、不畏艰苦，勇于改造自然，不懈拼搏的治沙精神？

（二）当地旅游从业人员

1. 这里有哪些好玩的景区、乡村和地方？外地游客多吗？

2. 您以前是干什么工作的？现在主要从事哪方面的旅游工作？家里有人参与旅游工作吗？

3. 发展旅游业给您的生活带来了哪些变化？

4. 您认为这里旅游业的发展和沙漠生态环境的优化有必然的关联吗？

5. 您认为在这里治理沙漠有必要吗？

6. 疫情结束，国家及政府出台刺激旅游消费、激活旅游市场的措施后，您还有意愿继续从事旅游相关工作吗？

（三）沙坡头地方管理者

1. 请您简要介绍一下近些年沙坡头沙漠生态治理情况，生态环境变化情况以及沙漠旅游业发展情况。

2. 您认为这里旅游业的发展和沙漠生态环境的优化有必然的关联吗？

3. 疫情结束，国家及政府出台刺激旅游消费、激活旅游市场的措施后，您对沙坡头沙漠旅游业的恢复发展有信心吗？

4. 请您谈谈“五带一体”“麦草方格”“飞播治沙”等沙漠治理技术给当地发展带来的影响。

5. 您认可“五带一体”“麦草方格”等技术不仅代表的是治沙技术的进步，而且还代表的是当地人艰苦卓绝、不屈不挠、勇于拼搏的一种精神符号吗？

附录二　调查问卷

景观要素建构对区域旅游社会福利的影响研究调查问卷

尊敬的女士/先生：

您好，我们是陕西师范大学旅游管理专业研究生，衷心感谢您参与沙坡头生态环境变迁、生活质量变化以及沙漠旅游地发展的调查。本次调查采用匿名方式回答，您的宝贵意见与个人资料将仅用于本次学术研究！请放心填写，由衷地感谢您的帮助与支持！

第一部分：

1. 您的性别（　）

A. 男；B. 女

2. 您是不是当地人（　）

A. 是；B. 否，您在这里居住了________年

3. 您的年龄（　）

A. 18 岁以下；B. 18 ~ 30 岁；C. 31 ~ 40 岁；D. 41 ~ 50 岁；E. 51 ~ 60 岁；F. 60 岁以上

4. 您的受教育程度（　）

A. 高中以下；B. 高中；C. 大专；D. 本科；E. 硕士；F. 硕士以上

5. 您的职业（　）

A. 学生；B. 企业人员；C. 公务员；D. 事业单位人员；E. 自由职业者；F. 军人；G. 农民；H. 工人；I. 其他

第二部分：

根据您对沙坡头沙漠治理，沙坡头生态和人居环境变化，以及沙坡头旅游发展情况的了解，请您结合自身认知，选择对应选项	非常不同意	不同意	比较不同意	比较同意	同意
自然景观要素					
1. 沙漠治理后，这里的自然环境变美了	1	2	3	4	5

续表

根据您对沙坡头沙漠治理，沙坡头生态和人居环境变化，以及沙坡头旅游发展情况的了解，请您结合自身认知，选择对应选项	非常不同意	不同意	比较不同意	比较同意	同意
2. 沙漠治理后，这里出现了有沙又有水的景点（金沙海、金沙岛、香山寺）	1	2	3	4	5
3. 沙漠治理后，沙坡头的景观得到了合理的规划	1	2	3	4	5
4. 沙漠治理有助于条带状绿色景观的形成，如包兰铁路附近的沙绿组合带、沙水组合带等	1	2	3	4	5
5. 沙漠治理成就了沙坡头“塞上江南”的美称	1	2	3	4	5
6. 沙漠治理改善了这里的居住环境	1	2	3	4	5
文化景观要素					
7. 保护与开发古建筑与古遗址，能够保留它们结构的完整性	1	2	3	4	5
8. 保护与开发古建筑与古遗址，能够保留它们原来的样子	1	2	3	4	5
9. 保护与开发古建筑与古遗址，能够让更多的人知道	1	2	3	4	5
10. 这里的古村落（南、北长滩村）具有浓厚的乡村特色	1	2	3	4	5
11. 这里的古村落（南、北长滩村）很有西北特色	1	2	3	4	5
12. 保护与开发古村落，能够保留它们原来的样子	1	2	3	4	5
13. 保护与开发古村落，能够促进村落的就地保护	1	2	3	4	5
14. 保护与开发古村落，能够保留村落原来的街道和巷子	1	2	3	4	5
社会景观要素表征					
15. 沙坡头的治沙技术非常有名，如麦草方格、五带一体、化学治沙、飞播治沙等	1	2	3	4	5
16. 沙漠治理的成功让沙坡头名声大噪	1	2	3	4	5
17. 治理好生态环境对沙坡头旅游发展很重要	1	2	3	4	5
18. 沙漠旅游形象的宣传对沙坡头的旅游发展很重要	1	2	3	4	5
19. 旅游发展让沙坡头比以前更有吸引力了	1	2	3	4	5
生态环境变迁					
20. 沙漠治理让这里的绿色植被变多了	1	2	3	4	5

续表

根据您对沙坡头沙漠治理，沙坡头生态和人居环境变化，以及沙坡头旅游发展情况的了解，请您结合自身认知，选择对应选项	非常不同意	不同意	比较不同意	比较同意	同意
21. 沙漠治理丰富了沙坡头的风景	1	2	3	4	5
22. 沙漠治理让沙坡头变得更加适合居住了	1	2	3	4	5
23. 沙漠治理促进了沙漠旅游的发展	1	2	3	4	5
区域旅游社会福利					
24. 多年的沙漠治理提高了沙坡头的现代化建设水平	1	2	3	4	5
25. 多年的沙漠治理提高了沙坡头的城市建设水平	1	2	3	4	5
26. 多年的沙漠治理促进了沙坡头城镇和乡村的发展	1	2	3	4	5
27. 多年的沙漠治理促进了沙坡头人民生活水平的提高	1	2	3	4	5
28. 沙坡头的游客越来越多了	1	2	3	4	5
29. 发展沙漠旅游，增加了当地人的谋生和工作机会	1	2	3	4	5
30. 沙坡头的发展让越来越多的当地人愿意留下来	1	2	3	4	5
31. 近年来，沙坡头从事农家乐经营的人多了，外出务工的人少了	1	2	3	4	5
32. 近年来，在沙坡头市区或旅游景区打工的人多了，外出务工的人少了	1	2	3	4	5
33. 近年来，在沙坡头从事旅游与服务的人变多了，而从事传统农牧业，如种地、放牛羊的人变少了	1	2	3	4	5